评 注 版

大教学论

The Great Didactic of John Amos Comenius

【捷】约翰·阿莫斯·夸美纽斯　著

刘富利　赵雪莉　译

中国轻工业出版社

图书在版编目（CIP）数据

大教学论：评注版／（捷）约翰·阿莫斯·夸美纽斯著；刘富利，赵雪莉译. —北京：中国轻工业出版社，2018.2（2019.5重印）

ISBN 978-7-5184-1651-6

Ⅰ.①大…　Ⅱ.①约…②刘…③赵…　Ⅲ.①教学理论　Ⅳ.①G42

中国版本图书馆CIP数据核字（2017）第249129号

总　策　划：石　铁
策划编辑：吴　红　　　　　　　责任终审：杜文勇
责任编辑：孔胜楠　　　　　　　责任监印：刘志颖

出版发行：中国轻工业出版社（北京东长安街6号，邮编：100740）
印　　刷：三河市鑫金马印装有限公司
经　　销：各地新华书店
版　　次：2019年5月第1版第2次印刷
开　　本：710×1000　1/16　印张：18.25
字　　数：183千字
书　　号：ISBN 978-7-5184-1651-6　定价：48.00元
读者热线：010-65125990，65262933　传真：010-65181109
发行电话：010-85119832　传真：010-85113293
网　　址：http://www.chlip.com.cn　http://www.wqedu.com
电子信箱：1012305542@qq.com
如发现图书残缺请与我社联系调换
171030Y1X101ZYW

译 者 导 读

夸美纽斯（John Amos Comenius, 1592—1670）是出生于捷克的教育家、哲学家和神学家。夸美纽斯一生在欧洲游历，著述丰富，被誉为"现代教育之父"。夸美纽斯提出教育的机会平等，倡导使用插图文本的教材实施教学，要求采用有效的教学方法，最终促进人的全面发展。《大教学论》集中体现了夸美纽斯的教育思想。这本书先是用捷克文写成并出版于1632年，后翻译为拉丁文并出版于1657年。

在17世纪上半叶，欧洲经历了文艺复兴的冲击，封建社会解体，资本主义兴起。文艺复兴表面上是恢复古希腊、古罗马时期的思想文化，实际上是要消弭长期禁锢人们思想的中世纪神学体系，事实上也就成了资产阶级反封建的思想文化运动。神学的教条权威被逐步摧毁，从神到人的中心得以转变。人们认识到，人是现实生活的创造者和主人，人应该追求现实生活的幸福。文艺复兴带来了人们思想上的觉醒，人文主义精神得以强调，人的价值和尊严得以树立。经过半个世纪，到了18世纪初，欧洲启蒙运动燎原，以理性主义精神更为猛烈、更为彻底地反封建、反神权。

《大教学论》的成书时间恰恰就在这个阶段，即欧洲文艺复兴之后和启蒙运动之前。在这个背景下，《大教学论》的思想内容就比较容易理解了。

《大教学论》的内容可以分四个部分来理解。第一部分包括第1—5章，从最为核心的部分谈起，即人的价值和意义。第二部分包括第6—10章，论述普遍教育的作用。第三部分包括第11—14章，指出学校教育改革的方向。第四部分包括第15—33章，内容涉及教学实践的各个方面。

1. 第1—5章以统领的方式论述人的价值和意义。在这个部分中，夸美纽斯大量论述了"造物""来世""永生""皈依""虔诚"这样的宗教内容。但是，结合夸美纽斯当时的历史背景，他对作为"最高级的、最权威的、最优秀的""造物"——"人"的强调，已经是一个巨大的突破。夸美纽斯以人文主义的精神来颂扬人的价值和尊严，以此为基础提出对人进行教育的重要作用。

2. 第6—10章以总括的方式论述教育的作用。这包括教育在一个人的发展过程中起到的作用，教育过程中的关键期，以及学校教育的功用。夸美纽斯所提出的普遍教育在这个部分得以充分显现。

3. 基于前面部分对人的价值和意义的强调，以及对教育作用的勾勒，第11—14章针对的是具体的学校教育的改革问题。为什么要改革，改革是否存在成功的可能性，如何改革，应该遵循什么样的方法论，夸美纽斯对这些问题的一一回答为实施普遍教育提供了初步答案。

4. 第15—33章论述具体的教学论：原则、方法、科目、教材、阶段、管理等诸多方面。显而易见，这其中论述到的"灌输虔诚"（第24章）、"基督教法则"（第25章）、"神的荣耀"（第33章）是受当时的历史背景所限。

第15章论述了健康教育（体育）的价值和方法，置于各个内容的前面，这看起来与整体结构不符，但是符合当时历史背景下的历史潮流，即对人的存在的强调。文艺复兴让人们认识到人是现实生活的创造者和主人，那么对于身体健康的重视也就是应有之理。我们在今天看来是理所当然的事情，但是在当时的历史背景下，提出这个问题就具有特别的意义。所以，夸美纽斯把这个部分单独成章，并且置于概括性的内容"人的价值和意义""教育的作用""学校教育的改革"之后、具体性的教育内容之前。以此理解夸美纽斯对健康教育（体育）的重视，就像理解文艺复兴看起来似乎是要恢复古希腊、古罗马时期的思想文化，实际上是要与中世纪的神权做斗争，并且要开启一个新的历史时期一样。

值得注意的是，这其中分别单独论述了"语言的教学方法"（第 22 章）、"国语学校概述"（第 29 章）、"拉丁语学校概述"（第 30 章），也应在当时的历史背景下予以理解。夸美纽斯被后人誉为"现代教育之父"，特别重视母语的学习，而不是一味强调学习拉丁文，从而把人们拘囿于宗教经文的研习中。同时，在传统的文法学校里开设数学、物理、地理、历史等课程也是受文艺复兴的影响，民智得以开启，资本主义的新的生产力也得以借此推动。

另外，在"论教导的通用且完善的秩序"（第 32 章）中，夸美纽斯甚至详细论述了印刷术在教学中的运用，这同样需要结合当时的历史背景进行思考。印刷术的发展与欧洲文艺复兴的发展之间存在着互动关系，因此夸美纽斯是以此来论述教育的发展。诸如此类的细节都需要读者仔细分辨，方能领略夸美纽斯的思想。

首先体现在夸美纽斯教育思想中的，即是人文主义的精神和泛智主义[1]的理念，这是当时文艺复兴历史背景下的直接产物。"《大教学论》阐明把一切事物教给一切人的全部艺术"，这关乎的是"人"的全面发展，而不是"神"的宗教奉献，这强调的是"一切人"，而不是"神挑选的少数人"。另外，在具体的教学中，夸美纽斯遵奉向自然学习的直观方法。通过客观实在的自然观察而不是虚无缥缈的主观冥想，人们才能真正获得真知。这种思想在本书中随处可见。

读者在阅读本书的过程中，不可避免地会体会到其中存在的悖论：客观与主观的冲突、科学与神权的纠缠、逻辑论证与漫谈综述的一体、进步思想与宗教经文的共轭。读者难免会生发疑问，而疑问本身就是批判思维的开始。夸美纽斯的教育思想出现在欧洲文艺复兴之后，高度颂扬人的价值和意义，热切

---

[1] 泛智主义（Pansophia），夸美纽斯提出的教育理念，即"把一切知识教给一切人"。——译者注

关注人的存在和发展。夸美纽斯被誉为"现代教育之父",既有肯定其现代教育思想发轫的象征意义一面,也有肯定其现代教育实践模式的具体意义一面。但是,由于夸美纽斯处于欧洲文艺复兴之后与启蒙运动之前,他对宗教神权的批判尚不彻底,理性主义的精神有待澄明。再者,夸美纽斯本人也是一位神学家,所论所述就难逃其身份认同的局限。所以,对本书中存在的悖论,就需要读者利用一双慧眼,分辨其中的虚实真伪,认识其中的轻重缓急,方能达到同情之理解。矛盾无处不在,我们需要认识矛盾存在的缘由,需要分析矛盾变化的方向。对《大教学论》的解读是如此,对夸美纽斯教育思想的认识也是如此。

同样,对于莫里斯·沃尔特·基廷[1]对《大教学论》的"评论"也应该持有相同的态度。基廷对《大教学论》的褒贬扬抑需要我们进行批判性的分析,我们需要对基廷的"评论"进行评论。那么,对《大教学论》的解读和对夸美纽斯的认识就可以无限递归下去,对教育研究和教育实践的认识也就可以无限发展下去。批判与创新,继承与发展,这是一个动态的过程,也是每一位教育研究者和实践者永无止境的使命。从这个意义上说,夸美纽斯的《大教学论》能够给予我们重要的启发、引领和指导。

"最后的但并非最不重要的",读者在阅读本书中会学习不少宗教经文和古希腊、古罗马时期的文化典故。基督教思想文化和欧洲古典文化是支撑整个西方文明的两大基石,因此,理解本书中的这些内容也会对读者有所裨益。

译者
2017 年 10 月于西南大学

---

[1] 莫里斯·沃尔特·基廷(Maurice Walter Keatinge,1868—1935),英国牛津大学教育学教师(Reader in Education in the University of Oxford,这里的"Reader"相当于国内的资深副教授)。基廷于 1896 年把《大教学论》从拉丁文翻译为英文,于 1910 年增补并出版了第二版。——译者注

引　　论

《大教学论》

阐明

把一切事物教给一切人的全部艺术

或者

论证在每个基督教王国的所有教区、城镇和乡村
建立此种学校，从而使一切男女青少年
无一例外地

迅速地、愉快地、彻底地

精于科学，纯于道德，习于虔诚
以此方法，教导在今生与来世
所需学习的万事万物

就这里建议的每种观点而言
其基本原理基于事物的核心本质
其真实性基于若干技艺实例

其顺序由年、月、日、时清晰表明
最后，提出一种简易可行的方法
由此方能愉快地付诸现实

  此书的主要目的是，探寻一种教育方法，教师能少教，学生能多学；学校能少些喧嚣、叛逆、无用功，多些清静、乐趣、扎实进步；基督教社会能少些黑暗、困扰、纷争，多些光明、秩序、和平与安宁。

  愿神怜悯我们，赐福于我们，用脸光照我们；
  好叫世界得知你的道路，万国得知你的救恩。

——《诗篇》，第 67 章第 1、2 节[1]

---

[1] 本书中有关《圣经》的译文参考中国基督教"两会"（即中国基督教三自爱国运动委员会与中国基督教协会的简称）2016 年 6 月出版的版本。根据此版，凡是称呼"神"的地方，也可以称"上帝"。另外，有关《圣经后典》的译文参考商务印书馆 1987 年 8 月出版的张久宣翻译的版本。——译者注

致 读 者

1. 教学论指的是教学的艺术。近来,一些有能力的人怜悯学校里西西弗斯[1]式的教育活动,想要努力找到一些教学的艺术,但技艺不一,成就不等。

2. 有的人只是想为更轻松地学习某种语言提供帮助,有的人寻找能够较快地传授某门科学或艺术的途径,有的人则提出了种种改进建议。但是,几乎所有人都是从脱离实际的教条着手,从浅薄寡陋的经验出发。也就是说,他们的方法是后验[2]的。

3. 我们敢于应诺一种"大教学论",即把一切事物教给一切人的全部艺术。而且,可以确切地实施教学,从而必有成效;可以愉快地实施教学,师生不会嫌恶而会沉醉其中;可以彻底地实施教学,不是敷衍塞责而是导向真实的学问、温良的道德和深深的虔诚。最后,我们想要通过先验[3]的方法来证明这一切。也就是说,从事物本身的不变本质出发,从活水源头引出汩汩溪流,再汇聚成一条江河。如此一来,我们方能奠定建立普遍学校的普遍艺术的基础。

---

[1] 西西弗斯(Sisphus),古希腊神话中科林斯的建立者和国王,后被惩罚推巨石上山,未上山顶又滚落下来,反复如是,永无休止,比喻繁重而无效的劳作。——译者注

[2] 英文是"*a posteriori*",源自拉丁文,意为后验的,从事实推断原因、由果及因。——译者注

[3] 英文是"*a priori*",源自拉丁文,意为先验的,由事实推断结果、由因及果。——译者注

4. 可以肯定地说，本书所提出之愿景是非常重要的，也是非常可行的。当然，我也知道不少人会觉得本书的阐述只是一种空想，而不是一个完全可以实现的理想。

同时，在明了我所阐述的真正内容之前，无论是谁都勿轻下结论。只有在有所认识之后，才能自如判断，才能公之于众。我不希望、更不能力劝别人支持某个未经充分论证的观点；我希望每一位读者都能自由地运用自己最为敏锐的思想（而不是被虚妄蒙蔽），来认识这个问题。这就是我最为诚挚的希望和恳求。

5. 这个问题的确非常严肃，大家也对问题之解决抱有热切的愿望。那就应该一起努力，认真对方法加以判断，因为对人类的拯救已是迫在眉睫。

除了教育青少年之外，我们还能为国家做出什么更好的、更有益的事情呢？特别是在现今的道德水准之下，他们已是如此沉沦。正如西塞罗[1]所说："大家定要通力合作，约之束之。"菲利普·墨兰顿[2]说过："把青年人教育好，功绩高过攻陷特洛伊[3]。"同时，我们会理解格雷戈里·纳齐恩曾[4]所说的话："教育人是一切艺术之中的艺术，因为人是所有造物之中最为复杂、最为神秘的。"

6. 描绘艺术之中的艺术确非易事，需要非凡之手笔。非一人之力所能

---

[1] 西塞罗（Cicero），全名是马库斯·图留斯·西塞罗（Marcus Tullius Cicero，前106—前43），古罗马哲学家、政治家、演说家、律师、执政官。——译者注

[2] 菲利普·墨兰顿（Philip Melanchthon, 1497—1560），德国人文主义学者，马丁·路德的重要战友，新教改革的思想领袖，第一位系统的神学家。——译者注

[3] 特洛伊（Troy），古希腊时期的一个城市，位于小亚细亚半岛的达达尼尔海峡东南，今土耳其的希萨利克。荷马史诗《伊利亚特》对特洛伊战争有所记载，特洛伊城由古希腊人用"木马计"攻破。——译者注

[4] 格雷戈里·纳齐恩曾（Gregory Nazianzen, 329—390），哲学家、神学家、演说家、君士坦丁堡主教。——译者注

为，需要众人齐参与。因为没有哪个人能够如此缜密、一览无余，不会有所遗漏。

7. 所以，我必须恳求我的读者们，恳求所有理解教育事业之要义的人们，为了拯救人类：首先，如若有人下定决心研究此要事，而且建言献策，请不要认为那是轻率之举，因为其所有目的在于造福同类；其次，如若初次努力没有马上成功，我们渴盼的结果没有完全实现，请不要灰心丧气。因为对于任何事物来说，种子先要发芽，然后才能逐渐长大。

无论我们的尝试是多么地不完美，无论距离我们的目标有多远，研究活动本身就表明已经达到了一个更高的阶段，而且朝着目标更进了一步。最后，我恳求读者们在进行批评的时候，在这个方面给予应有的关注和体察，因为事关重大。在本书之中，我会先谈及缘由，然后详列一些主要的、有所创新的观点。那么，我就可以满怀信心地面对读者的直言不讳，也可以帮助读者做出进一步的研究。

8. 在过去的几个世纪中，教与学的艺术几乎是闻所未闻的，遑论如今所期盼达到的完善程度。正因为如此，学校教育领域总是充斥着痛苦与厌倦、缺失与欺瞒，只有那些天资超常的学生才会获得满意的教育。

9. 但在最近，取悦神的一个新兴时代曙光乍现。一些坚毅的德国人厌倦了现在教学方法之中的谬误，神鼓励他们探索出教授语言的简易方法。他们找到了一个又一个方法，影响有大有小，这可以从他们编写出来的教学法著作中看出来。

10. 我在这里所指的人是拉特克[1]、卢宾[2]、赫尔维格[3]、里特[4]、博丁[5]、格劳姆[6]、沃格尔[7]、沃尔夫司提恩[8]，还有其中最为著名的约翰·瓦伦丁·安德里亚[9]（他在他的杰作里揭露了教会和政府的各种问题，也揭露了学校的各种弊端，并且指出了相应的办法）。在法国，也有人有所行动。例如，贾纳斯·塞西琉斯·弗雷[10]于1629年出版了一本关于教学法的名著（书名是"科学、艺术、语言、修辞：精要学习简易新法"）。

11. 每当我有机会翻阅这些著作的时候，我是多么的快乐。与此同时，我的祖国的陷落、德国正在遭受的压迫给我带来的痛楚也会有所缓解。在万能的神的眷护之下，旧式学校的衰落与基于新理念的新式学校的蓬勃得以同时发生。我想，这并非是无缘无故的。如果有人想要建造一座新的房屋，通常情况

---

[1] 拉特克（Ratke），全名是沃尔夫冈·拉特克（Wolfgang Ratke，1571—1635），德国教育改革家，夸美纽斯在学校改革中的引领之一。——译者注

[2] 卢宾（Lubin），全名是艾尔哈德·卢宾（Eilhard Lubinus，1565—1621），德国罗斯托克大学诗歌与神学教授，对夸美纽斯的教育思想产生过影响。——译者注

[3] 赫尔维格（Helwig），全名是克里斯托夫·赫尔维格（Christopher Helwig，1581—1617），德国吉森大学神学教授、希腊语教授、东方语言教授，1612年参与审查拉特克的教学方法。——译者注

[4] 里特（Ritter），全名是弗朗西斯·里特（Franciscus Ritter），可能是17世纪早期的牧师和数学家，疑是法国数学家弗朗索瓦·韦达（François Viète）。——译者注

[5] 博丁（Bodin），全名是让·博丁（Jean Bodin，1530—1596）或约翰尼斯·博丁（Johannes Bodinus），法国政治思想家、法学家，法国图卢兹大学法学教授。——译者注

[6] 格劳姆（Glaum），有关信息不详。——译者注

[7] 沃格尔（Vogel），可能是埃策希尔·沃格尔（Ezechiel Vogel），德国哥廷根的一位教师，曾著书立说，认为一个学生通过每天2个小时的努力，就可以在一年内学会拉丁文。——译者注

[8] 沃尔夫司提恩（Wolfstirn），有关信息不详。——译者注

[9] 约翰·瓦伦丁·安德里亚（John Valentine Andreae，1586—1654），德国斯图加特牧师，在教会和学校改革中具有重要的影响力。——译者注

[10] 贾纳斯·塞西琉斯·弗雷（Janus Caecilius Frey），德国物理学家，1631年逝于巴黎，曾就教育问题著书立说。——译者注

下都是先要平整地基，要拆掉破旧的、不适居住的房屋。

12. 这个想法让我欢欣鼓舞，充满希望，但很快就平静了下来。我知道，从零开始来建立一所如此重要的学校，那是不可能的。

13. 在某些方面，我想得到别人的指教。同时，在别的方面，我也想指导我的同人。于是，我就先后写信给前面所说的那些作者，但终是徒劳无功。一方面是因为有的人严守其知识，另一方面是因为信件根本就没有寄达收信人，于是就没有回音了。

14. 只有一个人（就是著名的 J. V. 安德里亚）给了我友好的回复，表示愿意给予一定的帮助，并鼓励我继续努力下去。在这封信的鼓舞之下，我的精神高涨，直至我对公众福祉的无限关心终使我把此事完全承担起来。

15. 所以，对于别人的发现、思想、观察、告诫统统搁置一边，我自己开始了深入的研究，寻找教学艺术的缘由、原则、方法、目的（德尔图良称之为学习的过程[1]）。

16. 这就是此书形成的缘由。基于时至今日的已有研究，我想更为深入地推进这一问题。最开始此书是用我的母语[2]写成，方便我国读者。后来，在几位贤达要人的劝说之下，此书翻译为了拉丁文，从而使其更为有用。

17. 正如卢宾在他的《教学论》中所说，应怀有一颗仁慈之心，而不吝

---

[1] 德尔图良（Tertullian，约155—约240），古罗马迦太基人，被誉为"拉丁基督教之父"和"西方神学奠基人"；学习的过程（discentia），德尔图良用以指学习行为的词语，即使未知事物转化成已知事物。——译者注

[2] 即捷克文。——译者注

神所给予我们的一切，使之公诸全世界。

所谓真正的拥有，即是与所有人一起分享；分享愈多，造福大众愈多。

18．另外，面对处境艰难之人，如果有谁能够就近施以援手，那就不应无动于衷。这也是人之为人的一个法则。而我们所面临的这一问题，不是关乎某个人，而是关乎诸多人；不仅是关乎什么人，更是关乎城镇、省份、国家。一言以蔽之，即是全人类。

19．如果有人迂腐不堪，竟敢说学校改革无关神学家什么事，那我就得说我自己从前就这样的执迷不悟。但是，我发现能够从这种想法之中解脱出来的唯一办法就是，要听从神的召唤，矢志不移地献身于神意所指之事业。

20．基督徒读者们，让我和你们说说心里话吧！我的那些密友都知道，我实乃无能之辈，在语言文字方面也未曾受过正经训导。然而，我痛感时代之缺憾，奋起有所补救，或是通过我自己的探索发现，或是通过别人的已有成果（当然了，这只能是在神的恩典之下才有可能）。

21．所以，倘若此书的什么内容能获读者首肯，那不是我的功劳，而是神恩使然。神总是从儿童的口中获得赞美[1]。神为了显现自己的诚挚、热切和仁慈，"凡祈求的就得着；寻找的就寻见，叩门的就给他开门"（《路加福音》，第11章第10节）。神赐予了我们恩惠，我们理当欣然转赠别人。救世主知晓，我心纯真，始终如一。教育别人或被别人教育，劝勉别人或被别人劝勉，是教员之中的教员还是学员之中的学员，于我而言，并无分别。

22．因此，凡是主应允我的所思所想，我即当作公共财物，公之于众，

---

[1] 基督教中有教义认为，成为儿童一样的人才能上天堂，即强调真诚的态度。——译者注

为民所用。

23. 如果有人能找到更好的教育方法，请一定要以我为例。不要把他的塔兰特包裹在手巾里[1]，否则神会斥其无端浪费。神告诫他的仆人要去获利，给予每个人的塔兰特当要赢得另一塔兰特（《路加福音》，第 19 章）。

追寻伟大即是高贵，过去、未来一贯如此。
既已开始与神同在，现在、以后定得恩惠。

---

[1] 英文是"buried his talent in a napkin"，可以理解为"埋没才能"。"talent"可以理解为"天资、才能"，也可以理解为"塔兰特"，即古希腊的重量单位和货币单位。本段所讲的内容是有关教育理论与实践的传播和发展，但借用了基督教的金钱观，即一方面敢于投资、诚实致富，另一方面乐于慈善、慷慨大方。——译者注

教学艺术的用途

教学的艺术应有恰当的基础，从而才能有益于——

1. 家长。迄今为止，大多数家长们并不明白对他们的子女应该抱有何等期望。家长们恳请、许以礼物、设法聘用家庭教师来从事教学，而一旦发现教学成效甚少时，又常常会更换他们。而如今，教学的方法已经被探索出来，精确无误。在神的护佑之下，教学的理想效果定能达成。

2. 教师。相当多的教师其实并不懂得教学的艺术，因而在履行职责时往往精疲力竭，在繁重的教学之中呕心沥血。又或接二连三地改变教学方法，徒然浪费精力和时间。

3. 学生。学生们因此而能够学习各门科学，没有困难、乏味、抱怨或鞭笞，更像是在游乐一样。

4. 学校。当方法确立之后，学校将会得以持续，活力张扬，更将发展下去，永无止境。学校将真真正正地成为欢快的地方、吸引人的地方，因为（方法是绝不会错的）无论禀赋如何，每一个学生都将成为饱学之士（程度高低有别）。那么，学校就不会再缺乏合格的教师，学问定能发扬光大。

5. 国家。西塞罗如是所说，毕达哥拉斯派[1]的第欧根尼[2]（见斯托布斯[3]的文集）亦有同感。国家的基础是什么呢？毫无疑问，应是青少年的发展。葡萄树没有加以精心培植，不会结出好的果实。

6. 教会。只要学校运行得当，教会就不会缺少有学问的神学家，有学问的神学家也不会缺少相应的听道者。

7. 天国。最后，这对天国是有益的。学校的改革是为了对人们的聪明才智进行确切的、普遍的培育。有的人虽则不能觉醒于神的宏音，但在神的光芒的照耀下，也更易于走出黑暗。尽管处处布道福音（我们希望福音传布到世界的每个角落），然后有时候布道者并未被人们洗耳恭听，所讲道的至善之事也并未被人们倾心接纳。人们总是忙碌于自己的凡事俗务，只是偶尔来到了传道者身边，或坐或站。这种情景往往出现在各个地方，集会、酒肆或其他人群喧闹之处。人世之间，难免如此。牧师们于众生之中满怀热忱、忠于职责，交谈、演说、劝诫、澄明，然而大多数人并未真正聆听。很多人只是偶尔才会参与宗教集会，有的人即便是参与了，也是视而不见、听而不闻，因为他们的脑子里尽是其他的事情，就无所谓眼前正在进行的事情了。而如果有人的确参与了，并且理解了庄严布道之要义，也没有做出应有之改变。因为他们的心灵耽于怠惰，他们的行为沾染了恶习，变得愚钝、蒙昧、麻木，无法摆脱旧习、跳出窠臼。如此一来，他们就深深陷入习惯性的盲目和罪过，牢牢束缚于根深蒂固的堕落和邪恶，唯有神才能帮助解救。曾有一位神父说，如若一个罪恶深重

---

[1] 毕达哥拉斯派，毕达哥拉斯与其信徒组成的哲学、政治、宗教联盟。毕达哥拉斯（Pythagoras，约前570—约前495），古希腊哲学家、数学家。——译者注

[2] 第欧根尼（Diogenes，约前412—前323），或译作狄奥根尼、戴奥真尼斯，古希腊哲学家，犬儒学派代表人物。——译者注

[3] 斯托布斯（Stobaeus），公元5世纪时期马其顿的斯托比人，曾编写一本约500位希腊作家的作品选集。——译者注

的人能够回心转意、诚心忏悔，那就近乎奇迹了。那么，教育之事亦是同理，神已经给予我们方法，在教育之中见证奇迹的发生定能让神喜悦。因此，我们要认真研究教育方法，激励每一个基督徒青少年的一腔热血，使他们精神昂扬，大爱无疆。如果我们能够做到这一点，我们将会看到天国的浩瀚无边，犹如往昔[1]一样。

所以，在如此神圣的事业之中，任何人的任何观点、思想、强项、方略，都不应有所保留。发愿之人，定要得见所愿。我们每一个人都应心怀善念，从神的仁慈之中各遂其愿。人的拯救迫在眉睫，神的荣耀千钧一发。

J. V. 安德里亚[2]

附言：无视前进的方向是可耻的，轻视别人的忠告是错误的。

---

[1] 英文是"old"，直译为"旧的"，即亚当和夏娃被驱逐之前的乐园。——译者注

[2] 署名为安德里亚，但依据其他版本的《大教学论》推测，可能是，最后一句话来自安德里亚的某一本著作。——译者注

目　录

译者导读 ··· I

引论 ·· V

致读者 ··· VII

教学艺术的用途 ·· XIV

第1章　人是造物之中最高级的、最权威的、最优秀的 ··················· 1

第2章　人的终极目的在今世之外 ·· 3

第3章　今世只是永生的预备 ·· 8

第4章　永生的预备有三个阶段：认识自己（也认识万物），管束自己，皈依神 ·· 11

第5章　这三者（学识、德行和虔诚）的种子已经自然而然地撒播在我们心中 ··· 15

第6章　如果要造就一个人，理应通过教育来塑造 ····················· 26

第 7 章　一个人在青少年早期最容易被塑造，过了这个阶段就无法恰
　　　　当塑造 ··· 31

第 8 章　年轻人必须接受共同的教育，所以学校是必需的 ············ 35

第 9 章　所有男女青少年都应该上学 ·· 39

第 10 章　学校的教育应是普遍的 ·· 43

第 11 章　至今尚未有一所完善的学校 ··· 48

第 12 章　改革学校是有可能的 ·· 53

第 13 章　学校改革的基础必然是万物的确切秩序 ······················· 64

第 14 章　严谨的教导秩序必以自然为鉴，不受任何阻碍 ············ 68

第 15 章　延长寿命的基础 ··· 73

第 16 章　教与学的一般要求；即一定能准确达到预期结果的教法
　　　　 和学法 ··· 79

第 17 章　教与学的便利原则 ··· 94

第 18 章　教与学的彻底原则 ··· 109

第 19 章　教学的简明原则和迅速原则 ······································· 125

第 20 章　特定的科学的教学方法 ·· 144

第 21 章　艺术的教学方法 ·················· 153

第 22 章　语言的教学方法 ·················· 161

第 23 章　道德的教学方法 ·················· 168

第 24 章　灌输虔诚的方法 ·················· 174

第 25 章　如果我们想按照真正的基督教法则改良学校，就必须排除校内的异教书籍，至少较以前更为谨慎地使用 ·········· 187

第 26 章　论学校纪律 ···················· 204

第 27 章　论基于年龄和成绩的学校四重划分 ········· 209

第 28 章　母育学校概述 ··················· 213

第 29 章　国语学校概述 ··················· 219

第 30 章　拉丁语学校概述 ·················· 226

第 31 章　论大学 ······················ 233

第 32 章　论教导的通用且完善的秩序 ············· 238

第 33 章　论实践此通用方法的前提 ·············· 245

附　　录　《大教学论》评论 ················· 253

第 1 章 ｜ 人是造物之中最高级的、最权威的、最优秀的

1. 古时候的皮塔克斯[1]警告世人："认识你自己。"智者们对此观点赞赏不已，为了让人们铭记在心，他们就宣称这句话来自上天，并让人用金光闪闪的文字镌刻在德尔菲的阿波罗神庙[2]上，因为人们通常在那里聚集。智者们的所作所为是苦心孤诣、深谋远虑的，但是他们的说辞是错误的。即便如此，这个真理得以为世人所知，并且对我们具有重要意义。

2. 真正来自上天，并且在《圣经》[3]中传颂的是："人啊，认识你自己，也要认识我。"[4]"我"即上帝[5]，是永生、智慧和仁慈的源泉；"你自己"是上帝

---

[1] 皮塔克斯（Pittacus），全称为缪提雷内的皮塔克斯（Pttacus of Mitylene，约前 640—前 568），古希腊七贤之一。——译者注

[2] 德尔菲的阿波罗神庙（Delphic Apollo），德尔菲位于希腊福基斯的帕那索斯山麓，有世界闻名的古希腊文化古迹；阿波罗神，即古希腊神话中的太阳神，掌管音乐、诗歌、医药、真理与预言、太阳与光明等。——译者注

[3] 英文中的"the Bible""the Holy Bible""the Scriptures""the Holy Scriptures""God's Words"，都指《圣经》。——译者注

[4] 英文是"Know thyself, O man, and know Me."，直译为"认识你自己，人啊，并认识我"。——译者注

[5] 在本书的翻译中，"God"即"上帝"，也翻译为"神"，也有称为"造物主""耶和华"；同时，"Me""My""He""His""the Creator""the Allmighty""the Merciful"等首字母大写的单词或词组，或者加了"the"做限定的，都是特指与"上帝"有关的概念。——译者注

"我的"造物、"我的"形似、"我的"喜悦。

3. 我已指定你作为我的永生的伴侣，为了你的存在，我又创造了天与地，还有世间的万物。我把这一切都统统给予了你，而对其他的创造物，我只是逐一单独给予的，例如存在、生命、感觉和理智。我已委派你来管理我亲手创造的世界，我已将万物置于你的脚下，包括牛羊、田间的走兽、天空的飞禽、海里的鱼儿，我已赐予你光荣和荣耀（《诗篇》，第8章）。最后，为了你能够完美无缺，我与你同在（我把我自己呈现在我们的沟通和交流之中），我与你永生（我的本质与你的本质相结合以达永恒）。如此一来，就可以把你与其他或隐或现的创造物区别开来。还有什么天上的或者地上的创造物能如此自豪，神在其肉身显现，并被天使们看见（《提摩太前书》，第3章第16节）。天使们渴望看到神，但是他们所看到的、所赞叹的其实并非只有神（《彼得前书》，第1章第12节），他们还敬慕神在肉身中显现，敬慕神和人的儿子（《希伯来书》，第1章第6节；《约翰福音》，第1章第51节；《马太福音》，第4章第11节）。因此，要认识到你是我的创造物的基石和缩影，是创造物中的神的代表，是我的荣耀的皇冠。

4. 但愿这句话不是铭刻在神庙的门上，不是印刷在书籍的扉页上，也不是出现在人们的嘴巴里、耳朵里或眼睛里，而是牢记在人们的心上！但愿从事着教育工作的人们都能做到这一点，都能认识到他们工作的光荣和他们自身的不凡，从而能够竭尽所能地去完美实现他们的神圣使命。

第 2 章 | 人的终极目的在今世之外

1. 理性自身表明，人作为一个如此完美的创造物，是注定要比其他的创造物有着更为崇高的目的，与最为完美、最为荣耀、最为幸福的神同在，与神永远共享神的无尽荣耀和幸福。

2.《圣经》上对此说得很清楚，我们对这一真理也笃信不疑。但是，神以哪些不同的方式指明我们的人生目的超越了今世，我们就要有所领略，这将对我们有所裨益。

3. 首先，神在创造世界中已经表明了这一点。神并不是简单地让人像其他的创造物一样存在于世间，而是经过深思熟虑之后，用自己的手指给人造出了一个身体，又给人的身体轻轻吹气，使得人又具有了灵魂。

4. 我们的本性表明，今世对我们来说是不够的。在今世，我们过着三重的生活，即植物的生活、动物的生活、心灵的或精神的生活[1]。三者之中，植物的生活拘囿于我们的身体之中，动物的生活通过我们的感觉和动作而延伸到客观世界，而心灵的或精神的生活却能够单独存在，就像天使[2]的存在一样。很

---

[1] 这是源于亚里士多德的三分法，亚里士多德在此基础上发展出了体育、德育、智育三种方式。——译者注
[2] 天使侍奉神的灵体，传达神的旨意，天使的形象是人形，头顶上有光环，背后长有翅膀，但天使本身没有实体。——译者注

显然，前两种生活极大地遮蔽了、阻碍了最后一种心灵的或精神的生活。那么，我们就有必要在未来的特定时刻，让我们的存在日臻于完美。

5. 我们今世所有的行为和情感表明，我们并没有在今世达到我们的终极目的。反而表明，与我们有关的一切，也包括我们自己，有着另外的目的。因为不管我们是什么样子的，不管我们做什么、想什么、说什么，或者不管我们谋划什么、获得什么、拥有什么，都有一个循序渐进的原则。尽管我们不停地攀登，从而可以达到更高境界，但是我们仍须不断前进，因为永无止境。

在最开始的时候，一个人什么也不是，从来都不曾存在过。人是从母亲的子宫里开始的。那个时候是什么样子的？那个时候，人只是一块具有生命的、没有成形的东西而已。然后，很快就形成了人的身体轮廓，但是还没有感觉和运动。

随后，这个生命开始有了动作。在经历了一个自然的过程之后，就来到了这个世界。逐渐地，眼睛、耳朵和其他感官完善了。随着时间的推移，内在感觉产生了，小孩开始觉知他所看到的、听到的和触摸到的东西。然后，智力得以形成，能够认识事物之间的不同之处。最后，意志占据了主导地位，使小孩可以去喜欢某些东西，同时厌恶另外的某些东西。

6. 透过这所有的点滴进步，我们能发现一个连续性的原则。支配人的活动的智力是逐渐显现的，就像是清晨的一束光照亮了黑夜一样。只要生命存在，这束光就会不断地照射进来，除非一个人真的是愚笨不堪。因此，在最开始，我们的行为是虚弱无力的、没有条理的、杂乱无章的。然后，随着我们身体的力量的增强，智力的力量也随之展现。只要我们存在一天，我们就不断地运用我们的智能（除非是我们变得昏昏然，如行尸走肉）。

在一个正常人的头脑里，所有的这些能力都是不断地往更高一级阶段发展的。因此，我们的企望或希冀也都是没有尽头的。

7. 无论一个人走的是哪条人生道路，他都会从实际经验中理解到这个道理。假如有人对财富有着无限的欲望，那么即便是他拥有了全世界，也不会满足他的贪婪，亚历山大[1]的例子就是明证。假如有人汲汲于功名，那么即便全世界都仰慕他，他也不会善罢甘休。

假如有人耽于享乐，他会沉浸在声色之中而忘乎所以。因为习惯于享乐，他的欲望也会永不满足。而假如一个人专心于学习智慧，他会永无止境，知道的越多，就越会意识到自己的无知和浅薄。所罗门[2]说得对，眼睛看不厌，耳朵听不厌。

8. 事实上，人的死亡本身也告诉我们，死亡并非存在的终结。有些人的一生是正直善良的，那么他们就会高高兴兴地进入另一个更美好的世界。有些人对这个世界有着无限的眷恋，当不得不离开，到另外一个地方的时候，他们就开始颤抖，只要偶有可能，他们就争取与神和人和好。这个时候，尽管身体已经垮掉，疼痛难忍，逐渐昏迷，意识模糊，生命衰竭，但是头脑却比以往任何时候都清楚。例如，我们会看到一个人在临终的时候，会仔细地召唤他的家人和子嗣。因此，从一个虔诚而智慧的人的死亡中，我们所看到的是一把泥土化为碎片[3]。而我们所听到的是天使的声音，这个声音明确无误地告诉我们，房屋倒塌了，居住者也离开了。即便是异教徒[4]也懂得这一点，所以据费斯特斯[5]

---

[1] 亚历山大（Alexander），指的是亚历山大大帝（Alexander the Great，前356—前323），亚历山大三世，马其顿帝国国王，亚历山大帝国皇帝，征服希腊、埃及、波斯帝国，建立亚历山大帝国，创造了古代历史上最大的帝国之一。——译者注
[2] 所罗门（Solomon，约前970—约前931），古代以色列王国第三位王，以其智慧、财富和权力而著称，《圣经》中对其有所记载。——译者注
[3] 源自《圣经》中上帝用泥土造人的故事。——译者注
[4] 英文是"heathen"，指异教徒或者不信上帝的人，有野蛮人和未开化的人的意思，也用"pagan"这个词指代。——译者注
[5] 费斯特斯（Festus），全名是塞克斯图斯·庞倍乌斯·费斯特斯（Sextus Pompeius Festus），公元4世纪末的罗马文法学家。——译者注

说，罗马人把死亡称作"abitio"，希腊人把死亡称作"οἴχεσθαι"，意思都是"离开"，而不是"死"或者"毁灭"，因为"死亡"只能被理解为向另一种生活的过渡。

9. 对于我们基督徒来说，这一点更为明确。基督是永生的神的儿子，被从天上派来，以在我们身上苏生神的形象。先是在一个妇人身上怀了孕[1]，而后就来到了人世间。在死亡之后，又复活并升天，因此死亡对基督而言永不降临。因此，基督被称为"作先锋的"（《希伯来书》，第6章第20节），"弟兄中作长子"（《罗马书》，第8章第29节），"万有之首"（《以弗所书》，第1章第22节），也被称为以神的模样来塑造的一切人的原型（《罗马书》，第8章第29节）。基督来到人世间，并不是为了停留在这里，而是在完成使命之后，再回到永生的殿堂。所以，我们作为基督的同伴，也是一样要离开的，不可以把此生当作永久的居所。

10. 那么，对于我们每一个人来说，我们的生命和居所都是三重的：母亲的子宫、人世间和天堂。人的诞生，即是从第一重进入第二重；人的死亡和复活，即是从第二重进入第三重。在第三重里，人就安定下来，获得了永生。

在第一阶段，我们发现，生命处于最初的状态，开始有了动作和感觉。在第二阶段，我们开始具有了生命的活力，有运动和情感，也有心智的基本条件。在第三阶段，我们的一切都尽善尽美。

11. 第一阶段的生命是第二阶段生命的准备，第二阶段的生命是第三阶段生命的准备，而第三阶段的生命即为至境，永恒存在。从第一阶段到第二阶段

---

[1] 根据基督教的教义，一个处女怀孕并诞下基督，这个"妇人"即圣母玛利亚（Blessed Virgin Mary）。——译者注

过渡，从第二阶段到第三阶段过渡，都是短暂的，而且是伴随着痛苦的。在这两种情况下，某些覆盖物或者伴随物就必须要去除（第一阶段的胎衣，第二阶段的身体）。就像是小鸡孵出来之后，蛋壳就要被丢弃，这是一样的道理。那么，第一阶段和第二阶段的居所就像是工厂：在第一阶段形成了身体，以供出生之后加以利用；在第二阶段形成了理性的灵魂，以供永生之中加以运用。在第三个永久的居所中，前两者终以圆满，得以大成。

12. 对此，以出生在埃及的以色列人为例[1]，我们可以明了这一点。从埃及开始，他们翻越高山，渡过红海，到达沙漠。他们建造庙宇，学习律法，抗击各个部落。他们历经千辛万苦，渡过约旦河，终于成为迦南地[2]的继承者，那是一个流淌着牛奶和蜂蜜的地方。

---

[1] 在《圣经·旧约》中的《出埃及记》中，摩西带领希伯来人逃离埃及，经过四十多年的跋涉，前往富饶的迦南地。——译者注

[2] 迦南地（Canaan），《圣经·旧约》中称之为乐土，位于地中海和约旦河之间，大致相当于今以色列、巴勒斯坦、黎巴嫩、叙利亚和一部分约旦王国。——译者注

第 3 章 ｜ 今世只是永生的预备

1. 既然今世的目的是在别处，那么（严格来说）今世就根本不是一种生命，而是真正的、永恒的存在的一个序幕。这一点可以从三个方面得以明证：首先是我们自身，其次是这个世界，最后是《圣经》。

2. 假如反省一下我们自己，就会发现，我们能力的发展遵循着这样一个路径：先发展的为后发展的铺平道路，做好准备。例如，我们第一阶段的生命是在母亲的子宫里。但是，这一阶段存在的目的是什么呢？是为了生命本身吗？根本不是。这一阶段所经历的过程是为了形成胚胎，是为灵魂创造一个合适的居所和工具，是为了以后在人世间的方便运用。一旦这个准备完成之后，我们就来到了人世间。在这个新的阶段，就再也没有什么进一步的发展了。同样的道理，今生今世只是为了永生的一个准备：今生今世的存在是为了灵魂通过身体的中介而为未来的生命做好充足的准备。一旦这个新的准备阶段完成之后，我们就会从此离开，因为除此之外也就没有什么意义可言了。当然，也有不少人没有做好这样的准备就被夺取了生命，突然离世。这就像是胚胎从子宫里面流产一样，命中注定要死亡，无法获得生命。对于每一例这样的情形，尽管都是经过神的允许的，但是人是罪过的根源。

3. 不管我们从哪个角度来看，这个可见的世界本身就是一个明证：世界创造出来是为了服务于人类的繁衍、养育和训导，除此之外，没有其他目的。

让神喜悦的是，神创造出了所有的天使，但是没有同时创造出所有的人类。神只是创造了一个男人和一个女人，因此可以代代相传。而这又需要足够长的时间，因此神允诺了几千年的光阴。为了这时光不致模糊、死寂、黑暗，神创造了天，并且在天上放置了日月星辰。神要求日月星辰旋转不息，从而得以度量年、月、日，还有时辰。另外，因为人类生而即为凡胎肉体，需要一个地方来栖居、呼吸、走动，需要食物裹腹，需要衣物遮蔽，神就在苍穹之中的最下部创造了一个坚实的底，即大地。在大地上，神用空气充盈，用河流灌溉，命令各种植物和动物生长发育。这一切，不只是为了给人类的繁衍提供必要的物质所需，更是为了人类能够获得精神享乐。因为神是以自己的形象创造了人，并且赋予了人心智，为了人的心智不致匮乏必要的思想，神就把世间所创造出来的万物分门别类。于是，这个世界就成了一面巨大的镜子，处处闪耀着神的无尽的力量、智慧和仁慈。人会认识到这一点，就会领略到神的威力、魅力和欢喜在永恒的无穷无尽之中无处不在，在大千世界之中处处发光，并能被人触及、被人看见、被人感知。于是，人就会不由自主地赞叹神，逐渐地认识到神的伟大，并且投身去热爱神。那么，这个世界只是我们的育婴室，只是我们的养育所，也只是我们的学校。因此，在今世之外应该还有一个地方。在那个地方，我们离开今世的学校的课堂，并被派送到永生的大学校园。理性本身就可以让这个道理清清楚楚，而神谕[1]对此说得更是明明白白。

4. 神在《何西阿书》中亲口证实，天之存在是为了地，地之存在是为了生产五谷、新酒和油，而这些东西最终是为了人（《何西阿书》，第2章第21、22节）。因此，万事万物，甚至包括时间，都是为了人的存在。因为除了补足选民的数量的必要时间之外，神不应允更长的时间（《启示录》，第6章第11节）。当这个任务完成之后，天和地将不复存在，故土将不知去向（《启示

---

[1] 神谕（divine oracles），即神通过某种方式传达的讯息。——译者注

录》，第 11 章第 1 节）。因为新的天地将会出现，正义将会降临其中（《启示录》，第 21 章第 1 节；《彼得后书》，第 3 章第 13 节）。最后，《圣经》中对今世的说法也表明，今世只是为了即将到来的永生的预备。今世被称作一条道路、一个进步、一道城门、一个期望，而我们被称作朝圣者、新来者、旅居者，是对另一个永恒世界的期盼者（《创世记》，第 47 章第 9 节；《诗篇》，第 39 章 12 节；《约伯记》，第 7 章第 10 节；《路加福音》，第 12 章第 33 节）。

5. 事实本身能教导我们这一点，所有人类的显而易见的生存条件也能教导我们这一点。人出生之后，将来都会从这个世界消失，因为我们注定要走向永生，这也是我们这些凡人存在的目的。基于这个事实，我们就能理解我们在今世的存在是一个过渡。因此，基督说："所以，你们也要预备，因为你们想不到的时候，人子就来了。"（《马太福音》，第 24 章第 44 节）这也就是为什么（从《圣经》中可以得知），神会在有些人还很年轻的时候就把他们召唤走，因为神认为他们已经做好了准备，如同以诺[1]的情形一样（《创世记》，第 5 章第 24 节；《所罗门智训》，第 4 章第 14 节）。但在另一方面，神又为什么让那些恶人长时间地受难呢？因为神认为任何人不应该在没有准备好的时候就离开，人都应该能够忏悔（《彼得后书》，第 3 章第 9 节）。但是，假如有人妄自滥用神的忍耐，神就会让他立刻死去。

6. 毫无疑问，我们旅居在母亲的子宫里，是为我们身体的生命做好准备。同样的，我们旅居在我们的身体里，是为了以后的生命做好准备，是为了未来的永久不朽。一个人从母亲的子宫里生出来，如果四肢健全，这是多么让人幸福啊。而如果一个人在今世的灵魂是纯洁无瑕的，那将是千百倍的幸福。

---

[1] "以诺（Enoch）的榜样"是指，一个叫以诺的人，他崇敬神，神也喜欢他，为了他不致被邪恶影响，神将他挪出了这个世界。——译者注

第 4 章｜永生的预备有三个阶段：认识自己（也认识万物），管束自己，皈依神

1. 很显然，人的终极目的是与神同享永恒的幸福。另外，我们在这个短暂的一生当中也有一些从属的目的，神在造人的时候曾说过这样的话，可资明证。他说："我们要照着我们的形象，按着我们的样式造人，使他们管理海里的鱼、空中的鸟、地上的牲畜和全地，并地上所爬的一切昆虫。"(《创世记》，第 1 章第 26 节）

2. 从以上可以看出，人在有形的造物之中要成为：
（1）一种理性的造物；
（2）所有造物的主宰；
（3）神的形象和喜悦的造物。

这三个方面是相互关联的、不可分开的，因为这三个方面构成了未来和今世的基础。

3. 成为一种理性的造物，人就要给万物命名，并且要思考和推理世间所存在的每一样事物。我们在《创世记》第 2 章第 19 节中能看到这一点，或者如所罗门所说（《所罗门智训》，第 7 章第 17 节）：人要知道世界是如何构造的和如何运行的；时间的起止和中间；太阳旋转的变化，季节的更替；年月的

周期，星辰的位置；有生命的造物的天性，野兽的暴怒；狂风的凶猛，人们的推理；植物的种类，根茎的用处——总之，世间的万事万物，世间的所有秘密。人拥有手艺的知识，具备说话的能力，这样就可以保证人不会无知（如同西拉之子[1]所说），无论是大事小事，无论是什么领域（《便西拉智训》[2]，第5章第12节）。因此，只要人懂得了万事万物的道理，人就能够被称得上是"理性的造物"。

4. 成为造物的主宰，就要取万物为其所用，使万物各尽其用。人在万物之中，就要举止高贵，庄严正义（崇敬人之上的唯一一个，即人的造物主；悦纳神的天使，和人一起共同服务于神；认为其他的一切造物远在其下）。因此，人就可以保持神所赋予他的尊严。人不应该屈从于任何造物，即便是人自己的血肉；人应该在服务之中自由地运用这一切，明明白白地运用这一切，小心谨慎地运用这一切，无论是在什么地方、什么时间、以什么方式、使用到什么程度。同时，也要知晓如何照顾到我们邻居的利益。总之，人应该能够严谨地控制自己的、他人的内在和外在的行为。

5. 最后，要成为神的样子，就是要代表神的完美原型。神说："你们要圣洁，因为我耶和华，你们的神，是圣洁的。"（《利未记》，第19章第2节）

6. 由此可以看出，人自然而然地需要：①熟知万物；②能够驾驭万物和自己；③把自己和万物都归于神，即万有之源。

假如我们用三个常用词来表达这三个方面，即是：

（1）博学；

---

[1] 西拉之子（the son of Sirach），即耶稣。——译者注
[2]《便西拉智训》（Ecclesiasticus），也译为《德训篇》《次经传道书》《耶稣智慧书》。——译者注

（2）德行或良好的道德；

（3）宗教或虔诚。

所谓博学，就是我们要懂得一切事物、艺术和语言的知识；所谓德行，不只是外在的端庄，更是我们内在和外在的言行举止的品性；所谓宗教，即是我们发自内心的崇敬，由此我们的心灵得以依附于、归属于最为崇高的神性。

7. 人的所有超凡卓越之处都表现在这三个方面，这三个方面是现世和来世的根基所在。其他的方面（健康、力量、美丽、富有、荣誉、友谊、好运、长寿）只会成为多余的浮华和有害的障碍，假如神把这些方面只是当作生命的外在饰物，假如一个人对这些方面怀有贪欲，乐此不疲，不可自拔，从而忽略了更为重要的东西。

8. 举例说明。时计（日晷或机械钟表）是一种用来度量时间的必要工具，其造型精致，其要义在于所有零部件的精密配合。时计外面的盒子，以及盒子上的雕镂、刻画、镀金，这些都是时计的外在饰物，与时计的用途毫无关联。假如有人愿意要一个外表好看的时计，而不愿意要一个性能优良的时计，那么人们就会嘲笑他不懂得时计的优劣好坏到底在哪里。同样的，一匹马的价值在于其力量，以及精神、速度、服从骑师的命令的敏捷度。马尾是否光滑下垂或者打成小结，马鬃是否梳理柔顺或者根根直立，镀金的马嚼子，光彩夺目的马服，各式各样的马具，的确都起到了装饰的作用。但是，如果一个人是从这些方面来判断一匹马的优劣，那么我们肯定会认为这个人是傻瓜。

最后，身体健康主要取决于食物的恰当烹调，还有我们的消化器官的正常无恙。睡得香甜，衣物光鲜，餐食讲究，这些都无益于我们的健康，反而会有损于我们的健康。因此，如果有人把美味佳肴看得比健康饮食更重，那么肯定就是一个傻瓜。如果一个人想要成为人，但是注重外在的花哨装饰而不是人存在的核心价值，那就是愚蠢有加，就是自寻罪孽。有些人认为，我们的生活是一种消遣娱乐或者是为了攫取财富，传道者就把那些人称为是无知的或者是不虔诚的,又说神的赞许和赐福是与他们无缘的(《所罗门智训》,第15章第12、19节)。

9. 所以,由此可以看出,随着我们在今世不断地追求学识、德行与虔诚,我们会逐步地接近我们的终极目的。

毫无疑问,这三个方面是我们生命中的主要部分,所有其他的方面都是旁门左道、前方障碍,或者外在虚饰。

第 5 章 | 这三者（学识、德行和虔诚）的种子已经自然而然地撒播在我们心中

1. 所谓自然，我们并不是指堕落[1]以来所有人都不可避免的腐化状态（因此我们也自然地被称为是被神惩罚的孩子，不能具备善良的思想），而是指我们最开始的原初状态，我们必须要回到这个原点。正是在这个意义上，维夫斯[2]说："一个人恢复自己的天性，回复到魔鬼使他堕落的原点，基督徒不正是这样的人吗？"（《和谐与不和谐》，第1卷）也正是在这个意义上，我们要正确理解塞涅卡[3]的名言："回归到自然之中，回复到我们由于共同的错误（即人类的错误，人类始祖所犯下的错误）而被驱逐的地方，这就是智慧"；"人本来不是善良的，而是逐渐变得善良，因为人不忘自己的本源，努力争取达到与神平等。没有任何一个心存邪念的人敢于回复到他开始堕落的地方"（《书信集》，第93封）。

---

[1] 堕落（the Fall），指夏娃被魔鬼撒旦引诱吃禁果，又引诱亚当吃，后被逐出伊甸园。——译者注

[2] 维夫斯（Vives），全名是约翰·卢多维奇·维夫斯（John Ludovicus Vives，1493—1540），西班牙人文主义者、教育家，后被英王亨利八世邀请从事教育工作。——译者注

[3] 塞涅卡（Seneca），全称为吕齐乌斯·安涅·塞涅卡（Lucius Annaeus Seneca，约前4—公元65），古罗马哲学家、政治家、作家，他的言论在《圣经》中有大量记载，他的思想对于基督教的形成起到了重要作用。——译者注

2. 所谓自然，我们理解为无所不在的天意，或者影响遍布的神性，永不停息地作用于万事万物。也就是说，天意或神性持续不断地让每一个造物达到其命定的目的。显而易见，神的智慧是，不做无益的事情，不会没有一个明确的目的，也不会缺乏达到目的所需要的相应手段。因此，万事万物的存在都有一定的目的，都有达到目的所必要的器具。而且，也都有一定的意愿，从而在创造出来之后，在达到目的的过程中不会感到心有不甘而勉强从事，而是行动敏捷、心情愉悦。假如有任何障碍出现在达到目的的道路上，无论是痛苦或者死亡，都会产生这种发自本能的意愿。因此，我们可以确信，人也是自然而然地能够理解事物，能够按照道德律而存在，最重要的是能够爱神（因为我们已经知晓人是命定要达到这些目的的）。这三个原则已经深深地扎根于一个人的心中，就像是一棵树深深地扎根于树下的大地。

3. 所以，为了能够透彻地理解西拉之子的话，即智慧已经在人身上奠定了永久的根基（《便西拉智训》，第1章第14节），我们需要认真思考学识、德行和虔诚的基础所在，因为这三个方面已经深入我们的内心。若是如此，我们将会发现，人是一个多么奇妙的智慧工具。

4. 很显然，人能够自然而然地学习有关万物的知识，首要的原因即是人是神的形象。如果一个形象是正确的，那么就必然会再现这个形象的原型的面貌，否则就不能称其为一个形象。神的首要特性即是全知，那么这个特性也就必然会反映在人身上。难道不是这样吗？这是明明白白的：人屹立在神的造物的中心，心智澄明，宛如室内高挂的一面圆镜，映出周围的一切事物。的的确确是一切事物，因为我们的心智不仅能够认知我们身边的事物，也能够认知在时间上或者空间上更为遥远的事物。我们的心智能够克服困难，发现未知，见微知著，苦苦求索，探秘寻幽。我们的心智无可限量，我们的心智势不可挡。假如一个人可以活到千年，不断地认知事物，不断地学习新知，他仍然会发现一些新的领域，并且从中获得新的领悟、新的知识。

第5章　这三者（学识、德行和虔诚）的种子已经自然而然地撒播在我们心中

人的心智是如此的不可限量，在认知事物的过程中，人的心智就如同无底深渊一般。身体封闭在小小的界限之中，声音或可稍远传播，视力限于苍穹之下。然而，人的心智却穿越了宇宙内外，无边无际。人的心智可上天、可入地，即便天地再大，再有万千宇宙，依然可以跃然其间，因其能以惊人的速度穿透宇宙。至此，我们还会否认说，人的心智能够度量一切，能够主宰万物吗？

5. 哲学家把人称作一个小宇宙或宇宙的一个缩影。因为人在其心智之中已经包罗万象，容纳了大宇宙的远近各处的万事万物。所谓大宇宙，即是我们所在的世界。我们也可以从其他地方明白这个道理。例如，当一个人来到这个世界，人的心智可以恰当地比喻为一粒种子或者一颗果核。虽然在种子或者果核之中的确存在着植物或者树的生命，但是我们尚看不到植物或者树的样貌。当然了，种子撒播到土地里，就会生根发芽。凭借其内在的生命力，又会长出枝叶，最终会枝繁叶茂，开花结果。因此，对于未知之物，大可不必直接呈现在人的面前，只需打开人内心的潜藏，时时注意各个独立的因素。所以，毕达哥拉斯常说，一个人能够通晓万事万物，这是自然而然的事情，即便是对一个7岁的男孩来说也是如此，如果审慎地问他任何哲学上的问题，他都能够给出一个正确的答案，因为理性之光就是一个充分的标准，足以度量万事万物。当然了，自从人类的堕落以来，理性之光变得晦涩难辨，已然不知如何正本清源，而那些应该恢复理想之光的人反而使得这一问题更加复杂难懂。

6. 对于我们内心的理性的灵魂来说，已然具备了各种感官，这些感官可以比喻为使者和探者。即是我们的视觉、听觉、嗅觉、味觉[1]和触觉，世界万物都逃离不了这些感官的感知。因为，在我们眼前的这个大千世界之中，尚没有什么事物不能被看到、被听到、被嗅到、被尝到或被触到。既然如此，万事万物的类别和特性也就不可能不被人掌握。人具备了感觉和理性，那么宇宙之

---

[1] 英文是"sound"，疑是翻译错误或者印刷错误，通过上下文理解，应为味觉。——译者注

中就没有什么事物不能被人认知。

7. 对于知识的渴求已经深入人的内心，除此之外，人还天然地忍耐劳动，甚至是热爱劳动。这一点在幼儿的最早期就可以看得出来，而且伴随我们终生。在幼儿早期，谁不渴盼看到、听到或者玩耍新鲜的事物呢？谁不乐于每天都能去未曾去过的地方、与人交流、出言吐语、新增阅历？总之，在获取信息的过程中，眼睛、耳朵、触觉还有思想本身都是乐此不疲的。对于任何一个活泼的人来说，最不可容忍的就是散漫和怠惰。无知之人敬慕饱学之士，单从这个事实我们也能发现，无知之人是受到了心里某种愿望的驱动。假如有可能，无知之人也想分享饱学之士的智慧。但无知之人既已灰心，只能叹息，于是就对他们前面的人表达敬佩之情。

8. 那些自学成才的例子非常清晰地表明，人在自然的引导之下，能够完全掌握万事万物的知识。很多人就是通过自学的方法取得了巨大的进步，或者说，（如伯纳德[1]所说）以橡树和山毛榉为师，较之以他们的教师的烦闷教导来说，更能取得进步。这一点不就恰恰证明了万事万物皆在人的心中？灯、油、火绒，万事俱备，只消他足够熟练，打出火花，生出火苗，点燃油灯，他就能够立刻看见并且深深地欣喜于神的智慧的奇珍异宝。神的智慧来自他自己的内心，也来自整个宇宙。也就是说，他能够理解所有造物之中的精密有序的安排。假如内心的灯还没有点燃，而在外部却有一些奇思怪想的火把，其结局就像是火光会照到关在黑暗地牢里的人身上。火光的确会穿过缝隙，但是光亮不能全然进去。因此，如塞涅卡所说："所有技艺的种子已经撒播在我们心中，而我们的主人，神，从黑暗之中给我们带来智力"。

---

[1] 伯纳德（Bernard，1090—1153），1115年任法国克莱尔沃（明谷）修道院院长，在教会和政治上都有着重要影响，是第三次十字军东征的煽动者之一。——译者注

9. 对我们的心智所做的譬喻也能说明这个道理。大地（《圣经》中常用来譬喻我们的心）接纳各种各样的种子，因而在同一座花园之中可以种植各种各样的药草、花卉和芳香植物，只要园丁不愚笨、不怠惰。花园之中的植物种类愈多，眼睛所见的景色就愈美丽，鼻子所嗅到的气味就愈甜蜜，心灵所感受到的欢欣就愈强烈。亚里士多德[1]把人的心智譬喻为一个空无一字的白板，但是可以任由刻画。一个作家会在白板上想写什么就写什么，一个画家会在白板上想画什么就画什么，只要是这个作家或画家懂得相应的技艺。同理，如果一个教师懂得教学的技艺，那么这个教师就很容易在人的心智上描画万事万物的知识。假若描画得不成功，这就不是白板的错（除非是这个白板有某些天然的缺陷），而是由于这个作家或者画家的无知所造成的，这一点是确定无疑的。当然了，这还是有区别的。在白板上写字是有空间的局限的，而对于人的心智而言，你可以持续不断地、永无止境地书写、刻画。人的心智是无边无际的，这一点在前文已经有所证明。

10. 而且，还可以把我们的大脑，即思想的工场，贴切地譬喻为蜡。蜡可以用来压封印章，可以用来浇注肖像。蜡可以一而再，再而三地被塑造成人们想要的各种形状。同理，大脑接纳万事万物的影像，接受整个宇宙之中的所有信息。这个譬喻可以非常真切地说明思想和知识的真实特点。对我来说，在我的视觉、听觉、嗅觉、味觉、触觉的感官上所留下的印象，就像是物体在我的大脑中压制出来的印章一样。这个譬喻是非常有道理的：当物体远离了我的眼睛、耳朵、鼻孔、手掌之后，我依然能感知到这个物体的影像。这个影像是一定会存留在我的心中的，除非是注意力没有集中而导致印象模糊不清。例如，如果我曾经看见过某人，或者我曾经和某人说过话，如果我在旅途中曾经看见过一座高山、一条河流、一块田地、一片树林、一个城镇，如果我曾经专

---

[1] 亚里士多德（Aristotle，前384—前322），古希腊哲学家、科学家和教育家。代表作有《工具论》（*Organum*）、《物理学》（*Physics*）、《形而上学》（*Metaphysics*）等。——译者注

心致志地阅读过某一个作家的作品,所有这些信息都会铭记在大脑之中。只要在我心中回忆起来,铭记之深刻就会犹如我亲眼看到、亲耳听到、亲口品尝、亲手触摸。当然了,在大脑中的这些印象中,有的比其他的更为突出,有的比其他的更为清晰和鲜活。但是,大脑总是以这样的或那样的方式,接纳、再现、存留所有的印象。

11. 在今世之中,我们本身已经反映出了神的了不起的智慧,神能够安排我们的小小大脑足以接纳万千影像。对于多年前曾经看到、听到、品尝、阅读、通过实际经历或者抽象推理而获得的经验,如果我们任何一个人都能够回忆起来这样的细节,很显然,这样的细节肯定是存在于大脑之中的。事实上,我们以前曾经看到、听到或者阅读过的事物的影像何止万千之多。而且,随着我们每天都在看、听和经历新的事物,万千影像也在与日俱增,毫厘不爽地储存起来。由此可见,神的智慧和力量是多么不可思议啊!所罗门惊叹于万流归海,然而大海永无充塞(《便西拉智训》,第1章第1节)。记忆犹如深渊,吸纳万事万物,又还原如初,永不充塞,永无空虚,谁不惊叹这一点呢?实际上,我们的心智比宇宙还要广阔,心智所包含的内容必然要比宇宙所包含的内容更为丰富。

12. 最后,眼睛(或者镜子)在很多方面都类似于心智。如果在眼睛或者镜子面前呈现某物,无论是什么形状或什么颜色,眼睛或者镜子里面立刻就会出现一个相似的影像。当然,如果你是处在黑暗之中,或者你转过了身,或者你是处在一个较远的地方而看不清楚,或者你不想对此有什么印象,或者你在活动中混淆了这个印象,那么在这些情况下,影像的反映的结果肯定是失败的。因此,我所谈到的都是自然而然发生的情况:光线充足明亮,事物安排恰当。这样一来,眼睛就不会勉强张开而去搜寻事物。眼睛是自然而然地渴望光明,乐有所望,万事万物皆能所见(除非是有时眼见太多而有所混淆)。正如眼睛是如此地永不满足于所见所望,心智也是永不满足于知悉万事万物。心智永远都在渴盼着、向往着考察和领悟,并最终掌握一切信息。只要面对的事物

第5章 这三者（学识、德行和虔诚）的种子已经自然而然地撒播在我们心中

的数量不是过多而难以承受，只要面对的事物前后有序而次第井然，那么心智就会乐此不疲。

13. 即便是异教徒哲学家也知晓，道德的和谐对人来说是必要的。他们并没有认识到来自上天的光芒，即指引永生的真正向导，而是把这一思想火花作为了他们的火把。这其实是徒劳无益的。所以，西塞罗曾说："德行的种子已经撒播在我们的秉性之中，只要能够继续向前发展，天性本身就可以引导我们走向幸福的生活。"下面这句话就显得太不可思议了："然而，自从我们出生后见到光明的那一刻起，我们持续不停地、非常邪恶地往前走，就像是从乳母的乳汁中吮吸谬误一般。"（《图斯库卢姆谈话录》[1]，第3章）德行的种子已经撒播在我们心间，这句话才是正确的，其中包含了两个论点：①每一个人都喜爱和谐；②人本身就是一种和谐，无论内在还是外在。

14. 人人喜爱和谐、渴求和谐，这是显而易见的。谁不喜欢一个高雅的人、一匹健美的马、一张美丽的肖像图、一幅漂亮的画？喜悦之源，不正是部分与部分之间的协调、颜色与颜色之间的搭配吗？眼睛的这种愉悦是很自然的。再者，谁不喜欢音乐呢，这又是为何？因为声音的和谐构成了和声。面对精心烹调的食物，谁不是吃得津津有味呢？因为美食的恰当搭配满足了口味。每一个人都喜欢适度的热、适度的冷、适度的休息放松、适度的肢体运动。一切和谐的事物都顺乎天性，带来生机，而一切缺乏节制的事物都逆乎天性，带来危害。除此之外，还能有什么原因呢？

甚至对某些人来说，别人的德行也是可供敬仰的一个缘由（缺乏德行的人敬仰拥有德行的人，尽管不会去效仿有德行的人；因为一旦染上恶习之后，他们就会觉得很难再形成良好的习惯）。既然如此，人人何不喜悦自身的德行呢？假如我们认识不到我们自身之中已然扎下和谐之根，那么我们肯定就是瞎了眼了。

---

[1] 《图斯库卢姆谈话录》（*Tuscul.*），西塞罗的作品之一。——译者注

15. 无论是就身体而言或就心智而言，人的的确确就是一种和谐。这就好像整个世界就是一个巨型钟表：钟表由许许多多的齿轮和钟组成，整体构思精巧，每一个零部件都与其他零部件紧密相连，相互协调，运转不息。那么，人也是一样的。人的身体就是通过惊人的技艺所构造的。心脏居于首要地位，因为心脏是所有的生命和活力的源泉，身体其他部位才能得以运动，并且获得运动的能量。大脑就像钟锤一样，在神经系统的帮助下成了运动的直接原因。神经系统就像绳索一样，由此可以推拉其他齿轮或者摆臂。就这样，身体内外的所有活动取决于各种运动的紧密配合。

16. 在灵魂的构造之中，最重要的齿轮就是意志，钟锤就是左右着意志的欲望和情感。擒纵轮就是理性，在追寻或者避免某物上，度量和裁决何物、何地以及多大程度。灵魂的其他机件就像是依附于主要齿轮的次要齿轮。基于此，如果欲望和情感的钟摆所带来的力量不过分，如果理性的擒纵轮"擒""纵"恰当、收推自如，那么美德的和谐与良好就必然会随之而来。显而易见，这是由于主动因素和被动因素的恰切结合。

17. 如此看来，人本身就是一种和谐。能工巧匠制作出来的一个钟表或者一件乐器，倘若破了、坏了，我们不会立刻就说不能用了（因为可以修理完好）。同理，对于人来说，无论如何堕落而犯下恶行，如何浑浑噩噩，在神的恩典之下，通过某些方法，总是能够恢复如初，再次达到和谐。

18. 虔诚之根已然生长在人的心灵里，这是有事实依据的，即人是神的形象。形象意味着相似，相似者之间是相互喜欢的，这是一条一成不变的自然法则（《便西拉智训》，第 12 章第 7 节）。因为人是唯一的、按照神的形象创造出来的相似造物，只要人清楚自己的生存条件，那么就会轻而易举地被自己的意愿带领到唯一的方向，即自己从何而来的渊源。

第5章　这三者（学识、德行和虔诚）的种子已经自然而然地撒播在我们心中

19. 这一事实也表现在道德哲学家[1]的例子中。他们并没有听从神的教导，而是由天性的本能盲目驱使。他们承认神，崇敬神，同时又呼唤神的名字[2]。尽管他们在行为之中践行了他们的宗教，但是他们的方式是错误的。亚里士多德写道："所有人都有关于神的某种概念，所有人都会赋予某个神最为崇高的地位。"（《天象论》，第1卷第3章）塞涅卡也说道："崇拜神，首先意味着相信神；然后要承认神的崇高和伟大，否则就无所谓庄严；然后要承认神主宰全世界，统辖万事万物，充当人类的监护者。"（《书信集》，第96封）这与使徒[3]所说的是多么相似："到神面前来的人，必须信有神，且信他赏赐那寻求他的人。"（《希伯来书》，第11章第6节）

20. 柏拉图也说："神是最高的善，远远高于一切存在，高于自然；一切造物都努力趋向于神。"（《蒂迈欧篇》）这是如此的千真万确（神是万物追寻的最高的善），西塞罗才说道："首先教导我们虔信的是自然。"（《论神性》，第1卷）这是因为（正如拉克坦提乌斯[4]所写，第4卷第28章）："神创造了我们，只要我们完全地崇拜神，我们就能得赦。愿我们完全地认识神、跟随神。通过如此这般的虔信，我们与神同在，与神同连。只有这样，宗教才能够名副其实。"

21. 必须承认，自从人类堕落以来，对于作为最高的善的神的内心向往已然消退，不知所踪。因此，单凭自己的力量，一个人无法回归到正道。但是，神通过《圣经》和圣灵启示了一些人，他们因此而焕然新生。大卫呼唤

---

[1] 英文是"moral philosophers"，疑为翻译错误，通过上下文推理，应为多神教徒。——译者注

[2] 随意呼唤神的名字，这是不敬的表现。——译者注

[3] 使徒（the Apostle），指由耶稣挑选并赋予使命的十二门徒。——译者注

[4] 拉克坦提乌斯（Lactantius），全名是卢修斯·凯基利乌斯·费弥阿努斯·拉克坦提乌斯（Lucius Caecilius Firmianus Lactantius，约250—约325），神学家，曾任第一位基督徒罗马皇帝君士坦丁一世（大帝）的顾问，影响了当时的宗教政策。——译者注

道:"除你以外,在天上我有谁呢?除你以外,在地上我也没有所爱慕的。我的肉体和我的心肠衰残,但神是我心里的力量,又是我的福分,直到永远。"(《诗篇》,第73章,第25、26节)

22. 所以,当我们在寻找拯救堕落的方法时,任何人就不要再责难于我们。神会通过圣灵和自然而然的方法来干预,从而消除堕落。就像尼布甲尼撒一样,他丧失了人的理性,他的灵魂如同野兽一般,可一旦承认上天是他的长上以后,就希望要恢复他的理智,重归他的王上尊严(《但以理书》,第4章第25节)。我们也是一样的,我们都是从神的乐园里面连根拔掉的树。树根仍在,沐浴在神的恩典的阳光雨露之中,树根就能再发新芽。自从人类堕落以后,自从人类被警告要被放逐以后(死亡的惩罚),神不是已经在我们的心中再一次撒播了仁慈的种子吗(允诺神的子民有福)?神不是已经派遣神的儿子,让我们恢复到以前的状态了吗?

23. 我们不断地抱怨我们的堕落,而不采取行动来加以修正;我们总是显现出老亚当[1]在我们心中种下的苦果,却从不去感受新亚当基督的所作所为。这些都是卑鄙、邪恶的,是不知感恩的一个典型表现。使徒以他自己的名义,也以他的救世主[2]的名义说:"我靠着那加给我力量的,凡事都能作"(《腓立比书》,第4章第13节)。如果一枝嫩枝能够嫁接到柳树上、荆棘上或者任何灌木上,并且能够生长、结果,那么为什么不可以嫁接到与之相似的树干上呢?请参看使徒的论点(《罗马书》,第11章第24节)。既然神能从这些石头中给亚伯拉罕兴起子孙来(《马太福音》,第3章第9节),而人在神创世之初就是神的儿子,又被基督重新收养,通过神的圣灵获得苏生,那么神为什么就不能激励人们行善如初?

---

[1] 老亚当,即人类始祖,由于偷吃禁果而堕落。——译者注
[2] 救世主,即耶稣基督。——译者注

24. 啊！我们要当心，不要忽视了神的恩典，神已经做好准备，要把仁慈慷慨给予我们。我们通过信仰与神同在，我们通过精神皈依而奉献予神。假如我们否认我们与我们的子孙后代不适合于神所创造的世界，那么基督何必说天堂属于儿童所有呢？再者，如果我们要想进入天堂，基督何必把我们称作儿童，何必让我们变成小小的儿童？（《马太福音》，第18章第3节）

为什么使徒宣称基督徒的孩子是神圣的（即便是父母中有一人信仰基督），并且说他们是圣洁的（《哥林多前书》，第7章第14节）？甚至对那些曾经犯下最为严重的罪行的人，使徒也敢于断言："你们中间也有人从前是这样。但如今你们奉主耶稣基督的名，并借着我们神的灵，已经洗净，成圣称义了。"（《哥林多前书》，第6章第11节）那么，我们要求基督徒这样的儿童（不是老亚当的后代，而是新亚当的后代，即是神的子民，是基督的小兄弟姐妹们）能够得以精心训导，并且断定他们心中适于撒播永生的种子。在大家看来，这难道是不可理喻的吗？事实上，我们并不期冀一棵野橄榄树能长出果实，而是借助嫁接的方法，在生命之树上嫁接嫩枝，从而助之结果。

25. 一个人在成长的历程中，会被一些偶然的堕落而妨害。但是我们也清楚，在圣灵的恩典之下，一个人会变得聪明、诚实、正直，而这一点更是显而易见的、自然而然的。因为，万事万物都会轻易地回归本性。《圣经》中有如是所说："爱好真理的人容易看到真理，寻求真理的人容易发现真理。真理只向有所理解的人展示出来，在真理门前等候的人容易得到真理。"（《所罗门智训》，第6章第13、15节）正如诗人维努西亚[1]所说：

<blockquote>
没有谁的野性不可被驯服，
只需耐心倾听教导和知识。
</blockquote>

---

[1] 维努西亚（Venusia），有关信息不详。——译者注

第 6 章 | 如果要造就一个人，理应通过教育来塑造

1. 如前所述，学识、德行和虔诚的种子已经自然而然地种植在我们心间。但是，实际的学识、德行和虔诚并没有直接给予我们，这就必须通过祈祷、教育和行动来获取。有人说"人是可教的动物"，这个说法还算行得通。的确，只有通过恰当的教育，人才能真正成为人。

2. 如果对知识进行一番考察，我们就会发现，知识是神的一个特质；一念之间即知万事万物，没有起始，没有过程，没有终结。然而，人和天使都是做不到这一点的，因为人和天使没有无限和永恒，即神性。人和天使要在心智上足够敏锐，以领悟神的创造，并且从神的创造中获取知识财富。只要做到这一点，就可以了。就天使而言，他们肯定也需要通过感觉学习（《彼得前书》，第 1 章第 12 节；《以弗所书》，第 3 章第 10 节；《列王纪上》，第 22 章第 20 节；《约伯记》，第 1 章第 6 节）。但是天使的知识，和我们一样，都是通过经验而获得的。

3. 所以，任何人都不要相信下面这一点：不去学习如何像一个真正的人一样行动，或者说，没有经过训导以掌握构成一个真正的人的那些要素，一个人就可以成为一个真正的人。这一点也可以从神的造物之中得到明证：虽然神的造物命定是为人所用，但是并非合乎人意，那就需要人依靠自己的双手来改

造，从而为己所用。例如，对于我们来说，石头可以用来建造房屋、高塔、围墙、柱子等。但是，如果没有经过开凿，没有砌得整齐，那么石头就没有什么用途可言。珍珠和宝石是用来装饰人的，就必须要进行切割、打磨、抛光。各种金属在我们的日常生活中都是非常有用的，就必须要经过开采、冶炼、去粗，再浇注和锻造成不同的形状。如果没有这些程序，金属就还不如一块泥土有用处。

从植物中，我们可以获取吃喝所需、医药之用。但是，药草和谷物首先要播种、耕耘、收割、筛拣、碾磨，树木要栽种、修剪、施肥，果实要采摘、晒干；如果想要从中得到药品，或者用来从事建造，那么就要付出更多辛劳。各种动物实际上都具有生命活力、能够到处跑动，似乎不需额外驯养。但是，如果你想要利用动物之力，达到为己所用之目的，那就需要一定的训练。例如，马天然地适用于作战，牛可用于拉车，驴可用于驮物，狗可用于守护和狩猎，鹰隼可用于捕捉野禽。然而，如果我们不训练这些动物，没有使之习于所做，那么这些动物就没有什么益处可言了。

4. 就人的身体来说，人生来就是要劳作的。但在人刚出生的时候，却只有天然禀赋。人需要教导，才会坐、会站、会走、会用双手。神的所有造物之中有一条规律：万事万物在其构成材料上和发展进程上，都是从无到有的，都是逐渐形成的。那么，难道我们的心智就可以生而完备，就可以无须预备吗？有一点是众所周知的，而且在上一章业已表明：天使之完善接近于神，然而也不是无所不知，而是逐渐地学习知识，才得以认识神的奇妙智慧。

5. 大家也知道，在人类堕落之前，天堂里面也开设了一个学校，以让人可以慢慢取得进步。尽管人的始祖最初被创造出来时，并不缺乏直立行走的能力、说话的能力、推理的能力，但从夏娃和蛇的对话中可以清楚地看出，从经验中得到的有关知识是非常匮乏的。如果夏娃有更多的经验，她就会知道蛇是不会说话的，因此其中必定有诈。

所以，在这样的堕落的状态中，就需要通过经验更多地学习。我们与生俱来的理解力是空白的，犹如一块白板；而且，我们也不是生来就做事灵巧、言语流畅、万物皆知。这些都是仅仅存在于潜能之中的，需要开发完善。相较以最为理想的状态，现在的问题是非常困难的。事物混乱不堪，语言各不相同（所以，需要学习的语言不只是一种，而是多种，如果要和不同的人有所交流，包括现在活着的人和过去逝去的人）。各个地方的方言更是日趋复杂，我们谁都不是生来就会的。

6. 有例子表明，在幼儿时期就被野兽抓去并且在野兽中长大的人，当再次回到人类社会之后，其智力水平未能高于野兽，其语言和手脚的运用都和野兽相差无几。我可以举出几个例子。大约在1540年，有一个叫作哈西亚（Hassia）的村庄，坐落在一片森林之中。由于父母的粗心，一个3岁的男孩丢失了。若干年之后，有村民看到了一个奇怪的动物。这个长相怪异的动物和狼一同到处奔跑，虽有四只脚，但却长有一张人脸。这个消息传遍了当地，长官就让农民们想办法活捉这个怪物，并呈送给他。他们捉住了这个怪物，最后送到了卡塞尔郡主那里。

被送到城堡里面之后，这个怪物挣脱开来，跑到一个凳子下面躲了起来。在凳子下面，这个怪物对着追捕的人怒目而视，发出骇人的咆哮。郡主就让人教育这个怪物，使之长期处在人类社会之中。如此这般，这个怪物的野蛮习惯逐渐地消退了，开始用后肢站立起来，像一个两足动物一样走路，最终智力开化，举止言行都像人一样。然后他尽自己最大的努力，讲述了如何被狼群掳去并被喂养长大，如何学会与狼群一道捕猎。这个故事见于德雷瑟[1]的著作《古

---

[1] 德雷瑟（Dresser），全名是马修·德雷瑟（Matthew Dresser，1536—1607），相继在德国埃尔福特成为希腊语教授，在德国耶拿成为修辞学教授，在德国梅森成为校长，在德国莱比锡成为希腊语和拉丁语教授。——译者注

代与现代的教育》。卡梅拉利乌斯[1]在他的著作《时间》里也提到了这同一件事情，也谈到了另一件类似的故事。

古拉修斯[2]（在《当代奇迹》中）也谈到了1563年在法国发生的一件事情。曾经有贵族去打猎，接连捕杀了12只狼之后，用网捉住了一个赤裸的男孩模样的动物，大约有7岁，皮肤是黄色的，头发是卷曲的，指甲像鹰爪一样弯曲着，不会说话，只会发出狂野的尖叫。被带到城堡里面之后，他凶狠地挣扎着，镣铐都差点扣不上去。但是，饿了他几天之后，他就变得驯服了一些，然后在7个月的时间里开始说话了。于是，他就被带到各个城镇巡回展览，他的主人从中赚了不少钱。最后，某一个贫穷的老妪认出这是她的儿子。因此，柏拉图说的真是千真万确："人若受过良好的教育，那就是最为温良的、最为崇高的存在；人若没有受过教育，或者受过错误的教育，那就是这个世界上最为麻烦的东西。"（《法律篇》，第1章第6节）

7. 如果我们思考一下能力的差异，就可以明白教育确乎人人所需。毫无疑问，愚笨之人需要教育，从而可以摆脱蒙昧。事实上，聪慧的人更是需要教育。倘若心智活泼，但不从事于有用的事情，就会沉溺于无所裨益的、稀奇古怪的、招致祸害的事情。就像一块田地愈是肥沃，其中生长的蒺藜就会愈多。如果没有播下智慧和德行的种子，一颗聪慧的心灵就会充斥奇思怪想。如果推磨的时候不加入麦子，即面粉的原料，那么石磨就会轰然空转，吱嘎摩擦，崩裂损坏。同样，如果活跃的头脑不去思考正经的事情，而是沉湎于无益的、古怪的、有害的事情，那么就是自取灭亡的根源。

8. 富人没有智慧，岂不成了吃饱麸糠的猪？穷人没有知识，岂不成了驮

---

[1] 卡梅拉利乌斯（Camerarius），全名是利布哈德·卡梅拉利乌斯（Liebhard Camerarius），16世纪的一位学者和古典文化著作编辑，同情当时的宗教改革。——译者注

[2] 古拉修斯（Gulartius），有关信息不详。——译者注

载重物的驴？如果一个人长得好看，但脑中空无一物，岂不成了一只长着鲜艳羽毛的鹦鹉？或者说，岂不是一个金色的刀鞘里面装着一把铅做的匕首？

9. 君主、王子、官吏、牧师、医生，无论是谁，无论有何种权威，都需要富有智慧。就像是向导要有眼睛，译员要有言语，喇叭要有声响，刀剑要有锋刃。同理，通过教育，那些处于附属地位的人员要学会如何审慎灵敏地服从他们的上级领导。不是像驴子一样地被迫服从，而是出于他们的自由意志，是由于他们热爱秩序。一个理性的造物应该被理智所引导，而不是被呵斥、禁锢、鞭挞。因为人都是按照神的形象创造出来的，那么任何不恰当的方法都是对神的不敬，都会给人世带来冒渎与不宁。

10. 由此可以看出，人出生之后，要成为一个真正的人，就需要给予教育。只有这样，才不致成为野兽或蛮人，才不致呆滞如木头一般。同理，一个人能胜过另一个人多少，就在于其所受教育多了多少。我们可以用"聪明人"的话来结束本章："认为智慧和训导无用的人是可怜的；他的希望（所要达到之愿望）会落空，他的劳动会白费，他的工作会无效。"（《所罗门智训》，第3章第11节）

第 7 章 | 一个人在青少年早期最容易被塑造，过了这个阶段就无法恰当塑造

1. 从前文中可以明白，人的情形和树类似。一棵果树（苹果树、梨树、无花果树或葡萄树）能够自然而然地在树枝上长出果实，而一棵野树就需要由一个娴熟的园丁栽种、浇水、修剪，然后才能结出甜美的果实。同理，一个人能够自然而然地成为人的模样（就像是野兽会长成同类的样子），但如果不灌输以德行和虔诚，那么就不可能成为一个理性的、聪慧的、善良的、虔诚的造物。接下来，我们就要来说明，所有这一切都必须要在树木尚幼的时候完成。

2. 从人的角度来看，这有六个理由。首先，这是由于我们今世的不确定性。我们终将离世，这是确定的，但何时离开、如何离开则是不确定的。大家都害怕会猝然离世，因为这将永不复生。一个人从母体的子宫里产出以后，如果肢体不全，那将终生如此。同理，我们离世的时候，如果我们的心灵没有获悉神的知识，没有达到与神同在，那将再无机会了。有鉴于此要义，就格外需要抓紧教育，以免有人陷入迷途。

3. 纵然距离死亡还很遥远，我们都有长长的一生，但对品性的塑造应早早开始。生命绝不只是一味地学习，更在于行动。所以，我们要做好准备，尽早在生命之中有所行动。也许在我们充分掌握知识之前，我们就有可能被迫停止行动了。事实上，如果有人想要究其一生来学习知识，那么神就会把无穷无

尽的事物展现在他的眼前，让他沉醉于其中。假如有人会有涅斯托尔[1]的寿命，就会发现他最有益的工作就在于学习神所提供的宝贵的、神圣的智慧。只有这样，他才能做好准备，为幸福生活打下基础。因此，人的感官应尽早与周围的世界建立关联。在人的一生中，人必须要学习、体验、行动。

4. 任何事物在形成的过程中，在柔嫩的时候，就容易弯曲和塑造；在长硬的时候，就不容易改变。蜡在软化的时候，就容易塑形；蜡在变硬之后，就容易破碎。树木尚幼，就可栽种、移植、修剪，就可随意弯曲。树木长大之后，这些都无从谈起了。把新下的鸡蛋放置于母鸡身下，很快就会温暖起来，并孵出小鸡。鸡蛋放陈了，就孵不出小鸡了。如果骑手想要训练一匹马，农夫想要训练一头牛，猎人想要训练一只狗或一只鹰，耍熊人想要训练一头熊来跳舞，老妇想要训练一只喜鹊、渡鸦、乌鸦来模仿人的声音，就必须在这些动物非常幼小的时候挑选出来训练，方能达到其目的。否则，他们就会劳而无功。

5. 很显然，这个道理对人来说也是适用的。我们曾经把人的大脑比喻为蜡，大脑接纳外部事物的形象，外部事物呈现于感觉器官；在儿童时期，大脑是柔顺灵活的，能够接纳任何外来的形象；我们在经验中发现，儿童时期之后，大脑逐渐变得粗疏笨拙，事物就很难在大脑中留下印象，形成记忆。因此，西塞罗说："孩童很快即可学会无穷无尽之事物。"同理，只有在童年时期，肌肉才能够加以训练，双手和身体的其他器官才能得以熟练运用。一个人想要成为一个好的作家、画家、裁缝、五金工匠、细木匠、音乐家，在很年轻的时候就须专注于该技艺。因为在那个时候，想象力是活跃的，手指是灵活的。否则，一个人将一无事成。如果要在一个人的心灵里扎下虔诚之根，就须

---

[1] 涅斯托尔（Nestor），希腊神话中的一位国王，年长而富有智慧，为人公正，善于辞令，出现在史诗《伊利亚特》和《奥德赛》中。——译者注

第7章　一个人在青少年早期最容易被塑造，过了这个阶段就无法恰当塑造

在人尚还年轻的时候进行栽种；如果要一个人品德高尚，就须在青少年早期加以训导；如果要一个人在追寻智慧的道路上卓有成效，就须在婴幼儿时期对其能力加以指引，其时愿望强烈、思维敏捷、记忆力强。"一个还需要学习什么的老年人是可耻的、荒唐的；培训和教育是年轻人的事，行动是老年人的事。"（塞涅卡，《书信集》，第36封）

6. 为了人能够加以塑造而具备人性，神给予了人青少年时光。在这些年月中，不做其他，就是接受教育。马、牛、大象或其他动物都只是会活动的造物，不需数年即可长成。然而，人却需要二三十年才能成熟。如果有人以为这些现象都是偶然的，或是有什么意外原因的，这只能说明这个人愚不可及。对于其他一切事物，神都真实无缺地给予了相应的周期。然则对于人类，作为万物之主的神怎么会用偶然事件来加以安排？我们是不是应该认为，天道的简捷途径就是慢慢地塑造人？神可以轻而易举地在短短数月之内造就更多的凡身肉体。所以，我们只能认为神是故意延长了人的青少年时期，以使我们的培训期能有所延长；神命令我们在生命中的某些时期不得参与行动，行动更适合于之后的时间，更适合于永生之境。

7. 人身上唯一能够持久的，是在青少年早期学习的东西。这一点从类似的例子中可以看出来。一个罐子即便是破碎了之后，仍然保留着新用时留下的气味。一棵树苗的枝杈四处伸展，直到被砍掉之前，这些枝杈在几百年里依然如故，各就其位。毛料的首次染色非常牢靠，其后无法漂白。车轮的木轮毂已然弯曲成圆，日后定当碎成千片，绝不会复直如初。同理，一个人的第一印象是铭刻在心的，绝不会抛之脑后。所以，人要在青少年早期就加以塑造，以合乎智慧的标准，这是最为审慎的结论。

8. 最后，如果一个人从摇篮时期开始就没有被系统地灌输人生箴言，那是非常危险的。因为自从外部感官开始工作之后，人的心智就会永无平静，如

若不专注于有益的事情,就会转向毫无意义的事情,甚至是有害的事情(这个过程可以在堕落时代的一些邪恶的事情中得到明证)。即便是在以后还想洗刷掉那些恶习,那也是不可能的或者是非常困难的。以上所说,我们以前都有所证明。这样一来,罪恶就充斥了世界,无论是地方官员还是教会牧师都压制不了,因为大家都没有认真思考过罪恶之源。

9. 如果一个人心怀他自己的孩子的幸福,如果地方官员和教会牧师作为社会的监护人能够珍爱普罗大众,那就赶紧设法及时地种植、修剪、浇灌来自天堂的树木。如此这般小心翼翼,方能在学识、德行、虔诚方面取得显著进步。

第 8 章 | 年轻人必须接受共同的教育，所以学校是必需的

1. 如前所述，基督徒儿童都是来自天国的树木，不可以像森林一般生长，而是需要悉心照料。那么，我们就来看看谁应承担这个责任。父母的天职当然是要为他们的孩子负责，确保他们的孩子理智、善良、虔敬。神可以作证，这是亚伯拉罕的习俗。神说："我眷顾他，为要叫他吩咐他的众子和他的眷属，遵守我的道，秉公行义。"（《创世记》，第 18 章第 19 节）神以这样的诫命要求所有的父母："我今日所吩咐你的话都要记在心上，也要殷切教训你的儿女，无论你坐在家里、行在路上、躺下、起来，都要谈论。"（《申命记》，第 6 章第 6、7 节）神又以使徒的口吻说："你们做父亲的，不要惹儿女的气，只要照着主的教训和警戒，养育他们。"（《以弗所书》，第 6 章第 4 节）

2. 但是，人的数量在不断增加，人的工作愈加繁忙，所以就很难找到一些既有很多知识又有较多时间的人，来教育人们的子女。聪明的办法因而出现了，就是挑选出一些知识卓著、道德高尚的人，给子女们进行共同的教育。教导青少年的人称作导师、教师、教员或教授；进行公共教导的地方称作学校、小学、讲堂、学院、公立学校和大学。

3. 据约瑟夫斯[1]所说,大洪水[2]消退之后,祖先闪[3]就开办了第一所学校。后来,这个学校被称作希伯来学校。谁不知道在伽勒底,特别是在巴比伦,有很多学校传授着包括天文学在内的各项技艺?因为在此之后(在尼布甲尼撒时期),但以理和他的同伴接受了来自伽勒底的智慧(《但以理书》,第1章第20节)。同样,摩西在埃及也是如此这般(《使徒行传》,第7章第22节)。按照神的诫命,学校在以色列有小孩的城镇之中都建立了起来。他们把这样的地方称作会堂,利未人常在里面教授律法。这些学校一直持续到基督降临,通过基督和使徒的教导,变得更是声名卓著。罗马人建立学校的习俗是从埃及人、希腊人和犹太人学来的,罗马人把这一习俗传遍了整个罗马帝国。而正在其时,在虔诚的君主和主教的关怀下,基督教开始通行各地。据史记载,查理曼每次征服一个异教徒部落,就即刻为这个部落任命主教和学者,建立教会和学校。自此以后,其他的基督徒皇帝、国王、贵族和官吏都不断增加学校的数量,简直数不胜数。

4. 为了整个基督教共和国的利益,这一神圣的习俗不但要保持下来,更要有所增长。在每一个秩序良好的居民区(无论是城市、集镇还是乡村),都要给青少年建立一个学校或者一个受教育的场所。这是因为——

5. (1)处理公共事务的良好办法。一家之主在料理家务时,未必有足够的时间,就会利用各行各业的手艺人。那么,在教育方面,为什么就不可以同样如此呢?需要面粉的时候,就去找磨坊主;需要肉的时候,就去找屠夫;需要酒水的时候,就去找酒肆店主;需要衣物的时候,就去找裁缝;需要鞋子的

---

[1] 约瑟夫斯(Josephus),全名是提图斯·弗拉维乌斯·约瑟夫斯(Titus Flavius Josephus,37—约100),犹太史学家。——译者注

[2] 大洪水(the flood),《圣经·创世记》中记载,神看到世人罪恶极大,就用大洪水毁灭所有活物,"诺亚方舟"的故事由此而来。——译者注

[3] 闪(Shem),诺亚的长子,被认为是闪米特人的祖先。——译者注

时候，就去找鞋匠；需要房屋的时候，就去找建筑工匠；需要犁铧的时候，就去找铁匠；需要钥匙的时候，就去找锁匠。再者，我们有教堂以从事宗教布道；我们有法庭和会议厅以从事讨论协商，处理诉讼，给众人做出重要通告。那么，为什么就不能有给予青少年教育的学校呢？农场主不会亲自喂养他们的猪和牛，而是雇用放牧的雇工同时给予喂养。农场主们作为雇主，就可以不必分心，从而专注于从事自己的营生。当一个人的精神不被其他的事物所分散，能够集中精力从事于一件事情，这就是一个了不起的节省劳力的办法。通过这样的方式，一个人就可以服务于其他众多人，其他众多人也同时服务于这一个人。

6．（2）其必要性。很少有家长能具备广博的知识或者足够的闲暇来教育他们的子女，结果就是出现了专门从事这个事情的阶层，把教育作为一个专业。这就意味着，整个社会都将因此而获益。

7．（3）尽管有的家长可能会有闲暇时间来教育他们自己的子女，但是青少年最好还是在大的班级里一起进行教育。这是因为，当一个学生作为榜样的时候，就能激励其他的学生，这就能够取得更好的效果，也能更加愉快。看到别人做什么，我们也去做；看到别人去哪里，我们也去那里；跟随我们前面的人；领导我们后面的人。这些行为都是最为自然而然的天性和秉赋。

如要超过对手，或者如要追赶头马，一匹骏马才会跑得最快。

青少年容易被榜样而不是被教条所引领和管束。如果灌之以教条，只会留下些许印象。如果指出其他人如何做，他们就会自动去效仿。

8．（4）再者，大自然也一直通过实例告诉我们：如要大量产出什么东西，须要集中于某一个地方。因此，在森林里面产出大量树木，在田地里面生长出大量禾苗，在池塘里面养出大量鱼儿，在地壳里面埋藏大量金属矿藏。

分工也是愈加细化。一片森林里面如果大量生长松树、雪松或橡树，那就不大可能再生长出其他种类的树木。同样的，一片土地如果大量出产金矿，那就不大可能再大量出产其他矿藏。就我们的身体而言，这个道理更是显而易见。身体上的每一肢体都共享身体所吸收的营养成分，这一点是非常重要的。所分享的营养成分并非是直接就送达身体的每一个部分，而是要经过加工和消化。身体里面有特定的部分，用作履行加工和消化职能的场所，得以接纳食物而为整个身体所用。温热食物，消化食物，终以分配营养成分给身体的各个部分。因此，在胃部里形成乳糜，在肝脏里形成血液，在心脏里形成精力，在大脑里形成精神。所有这些在完备之后，就会恰当地分配到身体的各个部位，从而在身体之中维持生命活力。工场供给产品，教堂供给虔诚，法庭供给正义。那么，为什么学校就不能生产、提纯、增加智慧之光，并且把智慧之光广布整个人类社会呢？

9.（5）最后，如果采用一个合理的程序，我们会明白各种技艺之中也有类似的趋势。当一个种树人走过一片树林或者一片灌木，发现了一株适合于移植的幼苗，他是不会在同一片地上栽种他所发现的植株的。而是要把这个植株挖出来，栽种到一个园子里，与其他千百棵植物一起加以照料。同样，饲养食用鱼的人会挖掘鱼塘，从而同时养殖成千上万的鱼儿。在这两个例子中，园子越大，树木就长得越旺；鱼塘越大，鱼儿就长得越大。挖掘鱼塘是为了养鱼，修建园子是为了种植果树。那么，建立学校就是为了教育青少年。

第 9 章 | 所有男女青少年都应该上学

1. 不仅是有钱有势的人家的子女要上学，而是所有人家的子女都要上学，无论男女，无论贵贱，无论穷富，无论是在城镇还是乡村。这将由以下的理由加以论证。

2. 首先，凡是生而为人的人生来即具同一目的：成为人，成为理性的造物，成为万物之主，成为神的形象。因此，所有人都应加以教导，恰当灌输智慧、德行和虔诚，从而有益地度过今世，并且为来世做好充分准备。神自己常说，神是无所偏袒的。所以，如果我们允诺对某些人进行智力上的教导，而排除其他人，那么我们就对我们的同类造成了伤害，而且也伤害了神。神希望所有具备神的形象的人都认识神、热爱神、赞美神。如此一来，人们的热情就会随着知识之火的蔓延而日渐高涨。我们的爱与我们的知识是成正比的。

3. 虽然我们不知道神意命定这人或那人有何用处，但有一点是确定的：从最贫穷的人、最低贱的人、最卑微的人当中，神为他的荣耀制造出了工具。因此，我们要模仿天上的太阳，照耀、温暖、激活整个地球。如此一来，万物方能生长、繁茂、开花，各得所愿。

4. 有些人虽则看上去天性愚钝，这也不是什么障碍，对这些人实施普遍的教育就势在必行。一个人的禀赋愈是迟钝和愚鲁，就愈是需要帮助，如此方能尽可能地摆脱粗蛮蒙昧。没有谁的智力会愚钝到无法通过教育来加以改善。

如果你不断地往一个筛子泼水，筛子虽不能留住水，但会越来越干净。同理，对于愚钝之人来说，他们虽不能在学识上有什么进展，但是他们的性情会变得更加柔和，能学会服从地方长官和教会牧师。另外，也有不少的例子表明，一些天资笨拙的人能够很好地掌握科学知识，从而超越那些天资聪颖的人。恰如诗人所说："勤奋能克服所有的障碍。"再如，有的人小时候身强力壮，但长大后却病痛缠身；有的人小时候病恹恹的，身材瘦小，但长大后却又高又壮。那么，智力也是一样的。有的人的智力发展得早，但很快就才思枯竭，愚笨有加；有的人最开始愚笨，但会变得才思敏捷，冰雪聪明。在我们的果园里，我们既想要结早果的果树，也想要结晚果的果树。西拉之子说，每一样事物在各个时候都会各得其所，虽有迟一点的，但终不会虚度。那么，在知识的花园之中，难道我们就可以单单容纳那些聪明早慧的这一类人吗？谁都不应被排除在外，除非是神剥夺了他的知觉和心智。

5. 为什么女性[1]（在这个问题上特别要提出忠告）要被完全排除在知识学习（不管是用拉丁语学习还是用她们的母语学习）之外呢？这是没有道理的。她们也是按照神的形象创造的，共享神的恩典，同样能进入来世的天国。她们生而具有同样敏锐的头脑和学习的潜能（往往比男性[2]更强），她们也能够达到非常高的社会地位。神往往召唤她们管理国家、为王侯建言献策、研习医药或其他有益于人们的事业，神甚至会让她们做出预言、申斥牧师和主教。那么，为什么我们就只是让她们学习字母，然后却让她们远离书籍？我们是不是怕她们愚不可及？我们越是让她们有所思虑，愚昧就会越来越少，因为愚昧来自空虚的头脑。

6. 但也不能毫无选择地让她们学习所有的书籍，正如不能让男性青少年

---

[1] 女性，英文是"weaker sex"，直译为"较弱的性别"。——译者注
[2] 男性，英文是"the opposite sex"，直译为"另一个性别"。——译者注

什么书都读一样（而在这个问题上，至今不曾有所警觉，实在是可悲可叹）。她们所读的内容只能是有关对神和神的造物的应有遵奉，这样才能学到真正的德行和真正的虔诚。

7. 使徒说："我不许女人讲道。"（《提摩太前书》，第2章第12节）但愿没人以此来嘲弄我。或是引用朱文纳尔[1]在第6个讽刺诗歌里面的话："要确保你的法定妻子不会多嘴多舌，不要让她用复杂冗长的语言来表达极为简单的事情，也不要让她熟读历史。"或是引用欧里庇得斯[2]在其作品中通过希波吕托斯[3]说的话："我嫌恶有学问的女人。但愿我家里没有哪个女人能懂得比她应该懂得的更多，因为赛普利斯（Cypris）总是对聪明的女人产生邪念。"我认为这些论点并不是与我们的要求完全背道而驰的。因为我们并不是提出教育女性的目的是为了使她们愈加好奇，而是提高她们的真诚度和幸福感，这在一个女性的知行之中居于首要地位。换句话说，目的就在于，要使一个女性能够照料她的家庭，增加她的丈夫和她的家人的幸福。

8. 如果有人问道："假如工匠、乡下人、脚夫甚至女人都有文化了，那会怎么样呢？"我会做此答复：如果能够通过恰当的方法给青少年实施普遍的教育，那么这些人就不会缺乏知识，从而能够思考、选择、遵行、实施有益的事情。所有人将会懂得如何规范自己的行为和企图，生活的限度何在，如何信守其位。另外，人们将会在劳作之中沉思神的言语，穷究神的造物，经常阅

---

[1] 朱文纳尔（Juvenal），又译为尤维纳利斯，1世纪晚期至2世纪早期古罗马讽刺诗人。——译者注

[2] 欧里庇得斯（Euripides，约前480—约前406），古希腊悲剧作家，与埃斯库罗斯和索福克勒斯并称为希腊三大悲剧大师。——译者注

[3] 希波吕托斯（Hippolytus），希腊神话中雅典王忒修斯与阿玛宗女王的儿子，崇拜狩猎神阿耳忒弥斯，厌恶女人和爱情。同名的《希波吕托斯》是欧里庇得斯的著名作品之一。——译者注

读《圣经》和其他有益的著作。人们从中可以得到心灵慰藉，也可以避免懒散怠惰，而懒散怠惰对血肉之躯是非常危险的。总之，人们将逐渐学会发现、赞美、认识无处不在的神。如此方能愉快地度过这忧患人生，也能对来世怀抱更多的期冀。通过教会而呈现给我们的这种情景，不正是今世唯一能够得以实现的乐园吗？

第 10 章 ｜ 学校的教育应是普遍的

1. 我们已经表明，每个人都应该在学校接受普遍的教育。然而，这不是说我们要求每一个人都懂得有关一切艺术和科学的知识（即是精深的知识）。如此的学习是徒劳的，而且人生短暂，难以掌握这些知识。我们知道，每一门学科都是内容广博、艰深奥涩的（例如，物理学、算术、几何、天文学，甚至农学、树艺学）。如若有人想要通过调查和实验来彻底掌握这些知识，那么即便是绝顶聪明的人也要耗尽其一生的光阴。正如毕达哥拉斯如此献身于算术，阿基米德[1]如此献身于力学，阿格里科拉[2]如此献身于冶金学，朗格琉斯[3]如此献身于修辞学（其花费毕生精力于掌握一种完美的西塞罗文体）。我们想让所有人都学习现存一切最为重要的事物的准则、原理和用途。所谓所有人，即是被派遣到世间，从而既充当演员又充当观众的人。为此，我们必须采取强有力的措施，确保在一生的旅途之中，没有人会遇到什么难以认识的事物而无法得出正确的判断，或不会正确地运用而犯下严重的错误。

---

[1] 阿基米德（Archimedes，约前287—前212），古希腊哲学家、数学家、物理学家。——译者注

[2] 阿格里科拉（Agricola），全名是格奥尔格乌斯·阿格里科拉（Georgius Agricola，1494—1555），德国科学家，现代矿物学和冶金学奠基人。——译者注

[3] 朗格琉斯（Longolius），全名是克里斯托弗·朗格琉斯（Christopher Longolius，1488—1522），一位著名的古典文化学者，出生于比利时梅赫伦，长期居住于法国巴黎，逝于意大利帕多瓦。——译者注

2. 所以，我们就要毕生集中精力，在学校里面并且借助学校达到以下目的：①通过学习科学和艺术培养我们的才能；②能够掌握语言；③养成诚实的道德；④笃信神。

3. 有人说学校是人性的工场，这是非常贴切的。毫无疑问，正是通过学校这样的机构，人才能真正成为人。确切地说，成为（按照我们以前的分析）：①理性的造物；②主宰万物也主宰自己的造物；③神所喜悦的造物。如果学校培养出来的人头脑聪明、行为审慎、精神虔敬，那么才能实现这样的目的。

4. 那么，这三个准则必须要根植于所有学校的所有青少年的心灵之中。我将从以下基本论点予以证明：——

（1）从我们周围的环境之中；

（2）从我们自己之中；

（3）从人神基督、一切最完美中最完美的榜样之中。

5. 与我们有关的万事万物可以划分为三类：①我们所能看到的事物，例如天地万物；②我们所能效法的事物，例如万物之中普遍存在的俨然秩序，人们应该效仿于行为之中；③我们所能感受的事物，例如神的恩典，神给今世和永生所赐予的各种福。当一个人遇到世界之中这诸多的事物的时候，如果想要完美应对，那就得加以训导，从而认知这个奇妙的大千世界，认知眼前的万事万物，然后做出应该做的事情。那么，最为仁慈的神就会把他当作家里的客人一样，他就能得享神所给予的慷慨的馈赠。

6. 如果我们想一想自己，就会明白学识、德行和虔诚对于每一个人来说都是重要的。无论是就灵魂的存在本质而言，还是就我们被创造出来并来到这个世界的目的而言，皆是如此。

7. 灵魂的基本要素由三种潜能组成，三位一体，与生俱来：智力、意志和记忆。智力的职责在于分辨事物之间的区别，直至细枝末节。意志的职责在于选择，确切地说，选择有利的事物，摒弃不利的事物。对于智力和意志所加工的信息，记忆则贮存起来以备将来之用；同时，提醒灵魂勿忘依靠神、勿忘职责所在，在这个意义上，记忆也可以唤作良心。

为了这三种能力各司其职，有必要对其加以修饰，从而启发智力、指引意志、激荡良心。如此一来，智力得以才思敏锐，意志得以前行无忧，良心得以安然把所有都归于神。因此，正如这三个能力（智力、意志和良心）不能分开，共同构成同一个灵魂，灵魂的三个修饰也是不能分开的，即学识、德行和虔诚。

8. 如果我们思考一下我们是为何来到了人世间，会发现目的是三重的，而且需要从正反两方面来看：我们得以服务神、神的造物和我们自己；同时我们得以享受从神、神的造物和我们自己而来的快乐。

9. 如果我们想要服务神、我们的邻居和我们自己，就须怀抱对神的虔诚、对我们的邻居的德行以及我们自己的知识。这三个方面是紧密联系的：一个人为了自己的利益，不但要学识渊博，也要德行正直、心地虔诚；为了他的邻居的利益，不但要德行正直，也要学识渊博、心地虔诚；为了荣耀神，不但要心地虔诚，也要学识渊博、德行正直。

10. 如果我们思考一下神所给予人的快乐，就会发现神在造人的时候就已经有所表明。神把人带到了一个具备了一切美好事物的世界；另外，给人准备好了一个乐园；最后，安排人作为神的极乐同伴。

11. 所谓"快乐"，我们并非指的是身体上的快乐（这关乎健康的活力、饮食和睡眠的享受，但都必须有所节制），而是指灵魂的快乐，来自我们周围

的事物，来自我们自己，最终是来自神。

12. 从事物本身之中获得的快乐是一个智者经过思辨而来的。无论身处什么地方，无论看到了什么，无论思考什么事情，他都会发现处处皆是引人入胜。而且，他经常会达到忘我的境界，物我相融。正是因为如此，《所罗门智训》谈道："与智慧相交，没有痛苦；与智慧同在，有乐无忧。"（《所罗门智训》，第8章第16节）一个异教徒哲学家也说："除了追寻智慧，生活再无快乐。"

13. 从我们自身获得的快乐来自一个人的美好品德。他反应迅速、行动敏捷，主动自觉地去做正义之事。由此而喜悦于自己的诚实，由此而获得甜蜜的快乐。这种快乐比前一种快乐（即前文第12节所谈的内容）更为愉悦，这从一句谚语中可以看出来："一颗善心即是一席永不散的宴会。"

14. 喜悦神是此生所能达到的终极快乐。当一个人体会到神的永恒的仁慈，神的如父般的、永久不已的恩典，他就会欢欣鼓舞，他的心就会与神的爱融为一体。他将不会再有其他欲求，而会沉浸在神的仁慈之中，心有所定，品味永生的喜悦。这是"神所赐出人意料的平安"（《腓立比书》，第4章第7节），一个人的所欲所求没有比这更为崇高的了。

因此，学识、德行、虔诚这三个准则就是三个泉源，从中流淌出最为快乐的涓涓细流。

15. 最后，神通过道成肉身（神以此显现万物的至善）来教导我们，这三个因素都存在于每一样事物之中。福音传道者证明："耶稣的智慧和身量，并神和人喜爱他的心，都一齐增长。"（《路加福音》，第2章第52节）由此可以看到装点美化我们的伟大的三位一体的存在。除了认识事物的本来面貌，还有什么是智慧呢？除了性格的和蔼可亲，还有什么能让大家喜欢我们呢？除了

通过发自内心的、庄严肃穆的、炙热如火的虔诚来敬畏神，还有什么能让我们得到神的恩典呢？所以，我们要在我们自己身上实现我们在耶稣基督身上看到的这一切，因为耶稣基督是至善的最高理想，是我们效仿的参考标准。

16．正因如此，神说，"学我的样式"（《马太福音》，第11章第29节）。因而基督被派送到了人世间，作为我们最博学的教师、最神圣的牧师、最权威的君王。很显然，基督徒都应按照神的样式加以塑造，心智得以开化，良心得以贞洁，事业得以强大（在每个人自己的职业活动之中）。学校教育我们尽可能地成为基督的样子，那么我们的学校终将是基督教学校。

17．如果这三个因素没有紧密相连，没有如同牢不可破的铁链紧紧锁住，而是各自分离，那么就成了一种邪恶。如果教学没有导向德行和虔诚，那将是何等恶劣！如果一个人学了知识但没学美德（一个格言如是说），那就是倒退而不是进步。因此，所罗门所谈到美貌却愚蠢的妇人，同样也适用于饱学而无德之人："妇女美貌而无见识，如同金环戴在猪鼻上。"（《箴言》，第11章第22节）正如宝石没有镶嵌在铅块上而是金子上，两者结合相得益彰，学习知识不应道德缺失，而应道德张扬，那么知识与道德相结合将会互相增光。敬畏神是智慧的开始与终结，也是知识的终点与圆满。敬畏神是智慧的开端（《箴言》，第1章等）。

18．一个人的一生取决于他小时候所接受的教育，如果那个时候的思想素质没有打好基础，没有为以后的人生的突发状况做好准备，那就会失去一切机会。就像人人都在母体的子宫里生长出了所有的肢体和器官——手脚、舌头等，但这也不是说每个人都能成为能工巧匠、赛跑运动员、抄写员、演说家。那么在学校里面，人人都应被教给与人有关的所有知识。虽然在以后的生活中，有些知识对某个人更有用，而另一些知识对其他人更有用。

第 11 章 ｜ 至今尚未有一所完善的学校

1. 这一确信的标题似乎显得过于狂妄；但我是在向事实本身挑战，同时，我将读者视作法官，而我只是搜集证据。我认为，一所能够完善履行其功能的学校才是一个真正锻炼人的地方；在那里，学习者能受到智慧之光的照耀，能学会人们熟知的事物，也能学会人们尚未认识的事物（参照《所罗门智训》，第 7 章第 21 节），在那里，情感、欲望、德行能够和谐统一，在那里，心灵也将充满圣洁的爱，如此一来，所有被送进基督学校汲取真正智慧的人都能受到教导，在人间过上天国的生活。总之，在那里，所有人都能得到关于一切事物的全面教育。

2. 但是，是否真有一所学校存在这样完善的水平，或是以此为目标呢？更不用问，是否真的有任何学校曾达到过这一目标。我所追寻的似乎只是一种柏拉图[1]式的理念，是想象了这样一个不存在于任何地方的完美学校，且此生都毫无希望。我要提出另一个论据来证明这样的学校应该存在，却从未存在过。

3. 路德[2]博士在对帝国各城镇建立学校的训导词中（1525 年），于各项事

---

[1] 柏拉图（Plato，前 427—前 347），古希腊哲学家。他与苏格拉底、亚里士多德并称为希腊三贤。代表作有《理想国》（*The Republic*）等。——译者注

[2] 马丁·路德（Martin Luther，1483—1546），16 世纪欧洲宗教改革倡导者，基督教新教路德宗创始人。——译者注

宜中要求了两件事。第一，应该在各城市、城镇和乡村中建立学校，用以教导所有青年人，无论男女（其必要性已在第9章阐述证明），如此一来，即使是农民和工匠，每天也可以有两个小时的时间学习实用知识、道德知识或宗教知识。第二，应该引进一个更简单的教育方法，如此一来，学生不会对学习越发反感，而是会受到不可抵抗的吸引，如他所言，孩子们在学习上获得的快乐不少于终日玩球和自我消遣的乐趣。这就是路德博士的观点。

4．这的确是一个伟大的提议，路德博士的确名副其实。但谁人不知，事情并没有超过他的预期呢？因为，哪里有那样通用的学校，哪里有那样吸引人的方法呢？

5．显然，什么事情都没有完成，因为，较小的乡村和小村庄里并没有建起学校。

6．有学校的地方，学校也并未接纳所有人群，而是只对富人开放。由于学费的原因，除非是偶然的机会，例如别人的怜悯，穷人是不能入学的。在这些无法入学的人当中，或许会有一些智力不凡的人，他们的才能因此被荒废、被破坏，这对于教会或国家都是巨大的损失。

7．而且，用于教导青年人的方法已经逐渐变得非常严苛，以至学校成了恐怖之所，会让他们的才智变得混乱不堪，大部分学生对学习和书籍产生厌恶，匆匆逃离学校，去到了工匠坊，或从事其他职业去了。

8．另一方面，那些留在学校的人（无论是受父母或监护人所迫，还是受到希望借助学识获得某种荣誉地位的心理影响，或是本性促使他们向人文艺术靠近），都没有受到一种严谨的或综合性的教育，反而是一种荒谬的、可悲的教育。因为虔诚和德行是教育中最为重要的两个元素，却最受忽视。在所有学校里（甚至是在本应体现人类教育最伟大进步的大学里），这些科目都处于次要位置，因此，在大多数情况下，学校培养出的都不是温驯的羔羊，而是暴躁的野驴和倔强的骡子；学校并没有培养出有德行的性格，而只是培养出徒有其表的道德，一种令人生厌的、异样的教育外衣，人的眼光和手脚都被训练得世俗虚荣。那些长时间陶冶于这般语言和艺术的人们，有几个能够认识到自己应该成为其他世人温和、宽容、谦逊、仁慈、庄重、忍耐和自制的榜样呢？

显然，造成此现象的原因就是学校从未有过"德行生活"这一教育。近乎所有学校都混乱的纪律、所有阶层都无节制的道德以及虔诚信徒那无止境的抱怨、叹息和眼泪都能表明这一现象。有人能为我们学校过去存在的状况辩解吗？一种代代相传的疾病，从我们始祖开始渗透遍及了所有阶层，以至我们遮蔽了生命之树，将欲望无节制地蔓延向知识之树，我们的学校也是如此，渗透了这种贪得无厌的欲望，至今追寻的只不过是智力的发展而已。

9. 但在这一方面，他们用过何种方法或者取得过何种成绩呢？事实上，唯一的结果如下所述：他们花费了5年、10年，甚至更长的时间，去关注一件只需要一年便可掌握的事。一件原本可以慢慢地注入人们头脑里的东西，却被粗暴地烙印上去，不仅如此，还是被填塞或是被强行打刻上去的。原本可以简单、清楚地放在头脑前的东西，却偏要隐匿晦涩地、复杂地、盘根错节地处理，就好像那是一个复杂难解的谜语。

10. 此外，尽管现在我们将忽略这一点，智力似乎从未受到实际情况的滋养，而是充满了文字的糟粕、夸夸其谈、鹦鹉学舌般的空话和无用的观点而已。

11. 仅是拉丁语的学习（以此学科为例），天哪！那是何其错综、何其复杂、何其繁复！那些随军流动的平民、军事服役人员、厨房里的伙计和做其他仆人差事的人，他们学习母语外的另一种语言，有时甚至是两三种，学习速度比孩子们在学校只学习拉丁语这一种语言更快。虽然孩子们有充足的时间，将所有精力都用于学习拉丁语。进步却是大相径庭！前者在几个月后便能含含糊糊地说出新学的语言，而后者，却在经过15年或20年后，辅以语法和字典，才仅能写出几个拉丁语句子，甚至还不能是不出错的、不犹豫的。这种对时间和劳动力不光彩的浪费，定是源于错误的教学方法。

12. 关于这个问题，罗斯托克大学[1]的卢宾教授曾公正地评论道："当我思及学校常用于教育孩子们的方法时，我总觉得它像是一种刻意设计出来的方法，使得教师和学生不得不付出大量的劳动、经历乏味无尽的问题、耗费最多时间，才能教会或学会拉丁语。每思及此，我就不寒而栗。"接着，他又说："反复思索之后，我发现自己总会得出这一结论：整个体系一定是被某些邪恶的、善妒的天才或人类的敌人引入学校的。"卢宾如是说。他只是我最乐于引证的权威人士之一。

13. 但这需要什么证据呢？我们当中有多少人在离开学校和大学时并没有学到真正的学问呢？我，我是一个不幸的人，是其中失去人生中最美好的青春岁月的数以千计的可怜人之一，为校园琐事虚耗了青春岁月。啊，自我心灵被点亮后，每每思及年轻时所浪费的青春，多少次我发出叹息，眼中淌泪，满心悲伤！多少次，我的悲痛让我大声呼喊：

啊，愿朱庇特[2]将逝去的时光归还于我！

---

[1] 罗斯托克大学（University of Rostock），位于德国罗斯托克市，创办于1419年，为德国第三古老的大学，仅次于海德堡大学（University of Heidelberg）和科隆大学（University of Cologne）。——译者注

[2] 朱庇特（Jupiter），罗马统治希腊后将宙斯（Zeus）之名改成为朱庇特，是罗马神话中的主神，掌管天界。——译者注

14. 但这些祈祷全都是徒劳的。时光已逝不复返。我们这些上了年纪的人谁也不能返老还童,重新开始他的事业,用更好的方式追寻更成功。此事毋庸置疑。只余下一件事,那就是要尽我们所能地向我们的后辈们提出这些劝告。通过表明我们的教师如何将我们引向错误,我们就能指出避免此类错误的方法。

第 12 章 | 改革学校是有可能的

1. 痼疾难以治愈，往往也不可能治愈。但如果有人能提供一种有效的治疗方法，病人会拒绝他的服务吗？病人难道不是更想得到帮助，越快越好吗？尤其是在他认为医生并非仅凭片面之见，而是有可靠的理由的情况下，是否更会如此呢？无论如何，在此事上，我们是时候必须阐明以下两点了：①我们真正承诺的是什么，②我们打算根据什么原理去进行。

2. 我们承诺这样一个教育体系，即：
（1）所有青年人都应该接受教育（神未赋予理解力之人除外）。
（2）所有能使人智慧、有德行和虔诚的学科都要教授。
（3）教育这一过程是对生活的预备，应在成年之前完成。
（4）这种教育里不应含有体罚、苛责、强迫，要尽可能地温和和令人愉快，要保持最自然的方式（譬如一个生命体的增长不需要勉强或强行拉长肢体；因为，如果得到适当的食物、照顾和锻炼，身体就会不自觉地逐渐增长，变得强壮，这是自然而然的事。同样，我主张应该谨慎地给大脑提供营养、照顾和锻炼，使其智慧、有德行和虔诚）。
（5）这样的教育不应是虚假的，而应是真实存在的，不应是肤浅表层的，而应是深入透彻的；也就是说，人类这种理性动物，不应受到别人智力的引导，而是该受到自我智力的引导；不仅仅是阅读别人的观点、领会其意义、记忆并加以重述，还应该亲自深入事情的根源，养成对所学之事真正理解并加以利用的习惯。

（6）这样的教育将不是费劲的，而是极轻松的。课堂教学每日只需 4 小时，应达到这样的效果，即，一个教师可以同时教数百个学生，所受之苦比现在教一个学生少 10 倍。

3. 但是，在没有看到有这种教育之前，谁肯相信呢？这是一个众所周知的人类特性，即，一个非凡的发现在被人发现之前，人们会怀疑它的可能性，而一旦被发现之后，人们又会讶异，为何早先没人发现它。当阿基米德答应用一只手为希罗王[1]将一艘数百人都无法移动的大木船拖入大海时，他的提案受到了人们的嘲笑，但成功以后，人们都为之惊愕。

4. 当哥伦布[2]怀疑西方还有新的岛屿时，除卡斯提尔王国[3]国王以外，没有人愿意听信于他，或是对他的实验提供任何帮助。据说，他航程中的亲密同伴时常因航程中的失望而丧失信心，几乎要将他扔进大海，无功而返。但尽管如此，广袤的新大陆终于被发现了，而我们却对此表示讶异，为何在这么长的时间里都无人发现它呢？还有一个与哥伦布有关的有名的玩笑也说明了这一点。一次宴会上，有些西班牙人很是嫉妒这种发现的荣耀竟由一个意大利人获得，他们开始嘲笑哥伦布，嘲弄地说，发现另一半地球并不是因为他的才智，而是偶然，换作任何人也能同样轻松地发现。这时，哥伦布提出了一个巧妙的问题，他问道："如何在不加支持的情况下，使一个鸡蛋直立呢？"在所有人的尝试都以失败告终时，哥伦布在桌上轻轻敲裂蛋壳，这样，鸡蛋就成功地直立

---

[1] 希罗王（King Hiero），叙拉古国王。叙拉古（Syracuse）是意大利西西里岛上的一座城市，受希腊管辖。传说希罗王请阿基米德验证皇冠是否为纯金，从而使阿基米德发现了浮力定律。——译者注

[2] 哥伦布（Columbus），全名是克里斯托弗·哥伦布（Christopher Columbus，1451—1506），意大利探险家、航海家、殖民者。他受西班牙国王支持，开辟了横渡大西洋的航线，在帕里亚湾南岸首次登上美洲大陆，从而发现了美洲这一"新大陆"。——译者注

[3] 卡斯提尔王国（Kingdom of Castile，1035—1837），位于伊比利亚半岛中部和北部。后期它逐渐和周边王国融合，形成了西班牙王国。——译者注

住了。其他人都大笑起来，声称这个方法自己也能做到。他说，"你们当然都能做到了，你们已经见到如何成功做到了，但为何没人先于我做到呢？"

5. 我相信，同样的事情也会发生在印刷术的发明者约翰·浮士德[1]身上。如果他告诉大家说他有一种办法，能让一个人在一星期之内抄写的书籍，比十个速度最快的抄写员用常用的方法在一年内抄写的书籍更多，并且抄写质量更好，所有抄本从头至尾几乎一丝不差，只要有一个抄本的错误得到改正，其他的抄本就可以没有错误。谁会相信他呢？谁不会觉得这是个谜，或是个空洞的虚无和愚蠢的吹嘘而已。但现在，每个孩子都知道这是一件合理的事实了。

6. 如果步枪发明者施瓦茨[2]对弓箭手们这样说："你们的弓、石弩，还有你们的投石器，都没什么价值。我将给你们一种武器，它可以不用人力，仅以火作为媒介，不仅能射出石器和铁器，还能将它们射得更远、更准确，这样，它能击中、击倒或者消灭阻碍之物。"谁不会认为那是个笑话呢？把每一件新鲜的事物都当作奇怪的、不可相信的，这俨然已成为一种习惯。

7. 美洲的印第安人也无法理解，一个人不用说话或信差，如何仅凭寄出一张纸就能将他的想法告知别人呢？而现在对于我们来说，即使是一个智力最为低下的人也能理解这样的事。

就这样，一个时代的困惑成为了下一个时代的谈资。

---

[1] 约翰·浮士德（John Faust），西方国家普遍认为活字印刷术是德国人约翰·古登堡（John Gutenberg）发明，约翰·浮士德是古登堡早期合伙人之一。两人于1455年完成了《四十二行圣经》的印刷，它标志着螺旋驱动木制印刷机和金属活动字模的成功结合，成为一项革命性的世界发明。——译者注

[2] 施瓦茨（Berthold Schwartz），14世纪德国传奇炼金术士，西方国家认为火药及火器是英国人罗吉尔·培根（Roger Bacon）和施瓦茨所造；也有学者认为施瓦茨只是一个象征性的发明家，他的名字来自德语"Schwarzpulver"，意为"黑火药"。——译者注

8. 我很明白，我的新事业上也会出现这种情况；事实上，我已有所体验。有些人肯定会生气，竟然有人发现了学校、书籍以及教学方式的缺点，还敢于承诺一些不平常或特别的事情。

9. 对我来说，很容易将结果作为我最有价值的证据（我是如此相信我的神）。但由于我所写的这些内容，面对的不是那些没有受过教育的群众，而是受过教育的人们，我必须拿出令人信服的证据，证明能够教导青年人学识、德行和虔诚。如此一来，师生就不会产生在旧体系中时常体验到的不愉快或困难。

10. 有一个充分的证据表明：每一个单独的造物不仅容易被引向与其本性相一致的方向，实际上，也不得不被驱往意向目标，途中也会因遇到障碍而遭受痛苦。

11. 一只鸟学习飞行，一条鱼学习游水，一头野兽学习奔跑，这些都不是出于被迫。一旦它们感受到自己的肢体生长得足够强壮，就会自发地这样做了。水会自行地从山上流下，同样，只要有燃料和空气，火就能燃烧起来；一粒圆石会滚下山坡，而一块方石就会停在原地；只要有充足的光线，眼睛和镜子能够接收物体的映像；只要周围环境有适宜的温度和湿度，种子就能发芽。事实上，这些物种都在努力适应与其天性相符合的职能，如果得到帮助就能将职能履行得更完美，无论这种帮助有多么微不足道。

12. 我们已在第 5 章中介绍过，每个人身上都存有学识、德行和虔诚的种子（另类怪异的人除外），由此可以得出这样一个结论：他们需要的只是轻轻的推动和审慎的指导。

13. 但有人提出反驳说，并非每一块木头都能被雕刻成墨丘利[1]。我答道："每一个人类，如果没有完全被破坏，都可以被塑造成一个人。"

14. 但又有人会说，我们内在的力量已经因亚当的堕落被削弱了。对此，我回答：的确是被削弱了，但并未被毁灭。甚至，即使在我们的身体不太健康时，也能通过散步、跑步以及人为的锻炼方式恢复自然活力。因为，虽然最初的造物在造成时就能走、能说、能思考，但我们必须经受实践教导才能做到，不能因此得出结论说，要学会这些事情就一定要经历困惑、辛劳和无把握。因为，如果我们无须经过太大的困难就能学会使用身体的机能，例如吃、喝、走、跳，那么，我们为何不配以适当的教育，同样容易地学习使用大脑的职能呢？再者，一个驯马人能在几个月内教会一匹马在一个圈子内快走、跳、跑，并按照皮鞭发出的讯号变化进行表演；一个纯粹的马戏团演员能教一只熊跳舞，教一只野兔击鼓，教一只狗耕田、摔跤或占卜；一个体弱的老妇人能教她的鹦鹉、喜鹊或乌鸦模仿一个人的声音或一段旋律；虽然上述所有情况都与其天性相反，但它们都可以在短时间内学会。那些为人的天性所允许或引导去做的事情，还是本性所要求、所迫使人类去学习的事情，难道就不容易学会吗？无论是谁认真地提出这一争论，都会受到动物训练员的嘲笑。

15. 但有人提出反对，说应学的学科很困难，并非所有人都能学会。我回答：是什么困难？世界上存在一种颜色极黑的东西，即使将它适当地放在光线下也无法从镜子里反映出来吗？如果一个人学会了绘画艺术，难道还有什么是不能在画布上画出来的吗？如果园丁懂得在何时何地、如何播种，难道还有什么种子或根芽是不能为土地所接收，无法以温度促使它发芽的吗？并且，如

---

[1] 墨丘利（Mercury），又名赫尔墨斯（Hermous），是罗马神话中专为众神传递信息的使者。他神通广大，行走如飞，还拥有过人的智慧和交流能力，所以有时还被称为商业之神。——译者注

果将梯子放置在适当的地方，或是在岩石的适当地方凿出台阶，并安装好避免跌倒危险的扶栏，世界上没有一处的岩石或高塔高到任何人（假设他双脚俱全）都无法攀登。诚然，在攀登智慧高峰时，很多人都是愉快地加入，而登上顶峰的人却极少，那些攀登到一定距离的人，也是以劳累、气喘吁吁、疲惫和晕眩作为代价的；然而，这也不能证明有什么事是人类的智慧所不能达到的，而只证明是台阶安排不恰当或是数量不够，有危险或是修理不缮——也就是说，方法很是复杂。只要台阶安排适当、数量充足、牢固且安全，任何人都可以借此到达他希望的高度。

16. 有人会说，有些人的智力非常有限，他们不能获得知识。我回答：我们几乎找不到一面模糊到无法反映出某种物体的镜子，或者是一块表面粗糙到无法雕刻任何东西的木板。此外，如果镜子被灰尘或污点弄脏了，首先要将其擦干净；如果木板粗糙，先要将其刨光；如此一来，两者都能履行自己的功能了。同样，如果教师能足够地不厌其烦，人是可以被打磨好的，最后所有人都能理解一切事物了（我坚持我的格言，因为我的基本原则被证明是正确的）。自然，人的智力是有区别的，在迟缓的人到达知识的某一个阶段时，天赋较好的人早已越攀越高，已经学了一件又一件事，学得许多有用的新知识。最后，尽管世界上或许会有一些人的智力是无法接受教育的，正如多节的木头不适用于雕刻一样，但即便如此，我的主张对于那些能力一般的人还是有益的，神的恩典总是够用的。的确，一个智力十分低下的人是非常罕见的，正如一个生来四肢不全的人一样罕见。实际上，盲、聋、跛、虚弱这些情况很少是与生俱来的，而是由于自身的疏忽大意造成的；智力特别低下的人也是如此。

17. 此外，还有另一种反驳意见：许多人缺少的不是学习能力，而是学习意愿，违反他们的意愿强迫他们进行学习，既令人不愉快，也没有益处。我回答：有一个故事，讲的是一位哲学家有两个学生，一个懒惰，一个勤奋。两个人都被老师送走了，一个虽有学习能力却不愿学习；另一个虽没有学习能力却求知若渴。但是，如若我们指出学生厌恶学习的原因在于教师自身，事情又会怎么样呢？诚如亚里士多德所说，所有人生来都是渴求知识的，的确如此，这一点我们在第 5 章和第 11 章已经明确。但实际上，往往是家长的溺爱阻碍了孩子们的自然倾向，而后，无聊的社会又将他们引入懒惰之路，城市和宫廷生活中的不同职业以及生活周边的外部环境，都使得他们偏离了本来的倾向。这样一来，就导致了他们不想去研究未知的东西，也不容易集中思想（这就好像舌头耽于一种味道时，就难以品尝出其他味道；同理，头脑在被一件事占用时，很难注意到另一件事）。在这些情况下，要先除去外部环境中引起分心的事情，如此一来，天性才能展现其原有的活力，求知欲才会再次显现出来。但是，在那些青年人的教育者当中，有多少能理解到必须要先教会他们如何求得知识呢？车工在车木之前，要先用斧头砍出一块木头；铁匠在打铁之前，要先将铁器烧热；织工在织羊毛之前，要先将羊毛去除杂物、清洗、梳理、漂洗；鞋匠在缝制鞋子之前，要先将皮料备好、剪裁、磨光；但是我要问，谁曾想过教师在把知识传授给学生之前，同样也需要让学生渴求知识、能够接受引导，从而准备好接受多方面的教育？教师几乎总是将学生看作初见时的样子，对他们进行车削、敲打、梳理，将他们训练成固定的样子，期待他们变成完整的、打磨好的产品；如若结果不能如其所愿（我要问，怎么可能如愿？），他们便会生气，发怒，大发雷霆。而我们还感到惊奇，有些人面对这样的体系感到了战栗、畏缩。但更加令人惊奇的是，有人居然能够忍受整个体系。

18. 此处适合对性格的区别做一些说明。有的人聪敏，有的人迟钝；有的人温和谦逊，有的人刚烈倔强；有的人渴求知识，有的人却喜欢获取机械技巧。从这样三对相反的性格中，我们总共能得出六种不同的分类。

19. 放在第一类位置的必然是聪敏、渴求知识且容易受影响的人。相比其他人，此类人更适合接受教导。我们无须为他们准备所谓知识的营养食物，因为他们就好像是优质的树苗,能在智慧中自行成长。除远见以外,无须其他;因为并未要求他们太快成长,这样只会让他们疲于生长,未老先衰。

20. 另一类是智力聪敏,但倾向迟钝懒惰的人。必须要对这些人进行督促,使其进步。

21. 第三类人是聪敏、渴求知识,但又任性倔强的人。这些人通常是学校中困难的主要源头,他们中的大部分都被绝望地放弃了。但是,如若他们受到了正确的对待,往往可以发展成最伟大的人。其中最典型的例子就是雅典将军特米斯托克列斯[1]。他在年轻时非常桀骜,因此他的家庭教师对他说:"我的孩子,你不会成为平庸之辈,对于你的国家,你不是有大用,便是有大害。"后来,当人们为他奇怪的性格感到惊讶时,他总是说:"只要受到恰当的训练,有野性的小马驹也可以成为骏马。"的确,亚历山大大帝的战马布赛佛勒斯[2]就是这样。因为,当亚历山大看到父亲菲利普[3]正打算放弃那一匹不容任何骑手乘骑、难以驾驭的动物时,他说:"这些人是在糟践一匹何等出色的马。他们毫无本事,完全不知如何对付它!"他即刻牵过马匹,施展非凡的技巧(因为他从不用鞭打),征服了马匹,不独在当时,在以后的日子里也稳当地驯他,此后,世上再找不出一匹马比它更高贵,更能与其伟大的主人相称的马了。将这则秘闻告诉我们的普鲁塔克[4]说:"这个故事使我们想到,许多有能之士都被他们的教师毁掉了。这种教师没有能力管理和指导那些自由的人,他们不是待

---

[1] 特米斯托克列斯(Themistocles,约前528—约前462),古希腊政治家、军事家。——译者注

[2] 布赛佛勒斯(Bucephalus),亚历山大大帝的爱马。它是古代真实存在过的、最知名的战马之一,曾伴随亚历山大大帝参加过多次战争。——译者注

[3] 菲利普二世(Philip II,约前382—约前336),亚历山大大帝之父。公元前336年夏天,菲利普二世在女儿的婚宴上被刺身亡,亚历山大继承了王位。——译者注

[4] 普鲁塔克(Plutarch,约46—约120),希腊作家、文学家、散文家、历史学家。代表作有《希腊罗马名人传》(*Parallel lives*)和《掌故清谈录》(*Moralia*)等。——译者注

他们如马匹,而是待他们如驴子。"

22. 第四类人就是温顺且渴求知识,但又迟钝缓慢的人。这种人能够跟上上述人的脚步。但要实现这种可能,教师必须要及早看到他们的缺点,不能给他们施加过重的负担,不能有任何过分的要求,必须要有耐心,帮助他们,让他们更坚强,让他们准备妥当,不灰心丧气。尽管这样的学生成熟较晚,但或许也最持久,就像晚熟的果实一样。正如铅块上铭刻的印记一样,尽管印刻很难,但能留存很久,同样,相比其他更有天赋的人,这类人的性格更为稳定,不容易忘掉学过的知识。因此,应在学校里给予他们所有的机会。

23. 第五类人就是那些智力低下同时又懒惰、无所事事的人。这类人只要不固执,也可以取得重大进步。只是这需要极大的技巧和耐心。

24. 最后,是那些智力低下却又刚愎顽劣的人。此类人鲜少能成为有用之人。但是,自然一定为毒物都配有解药,如果经过恰当的移植,不结果实的树也能结出果实,我们不应该放弃所有希望,但也应该看到他们倔强的性格是否难以斗争、能否完全清除。只有在证明不可能以后,才可以丢掉那些扭曲、多节的木头,因为用这些木头是不可能雕刻出墨丘利雕像的。加图[1]说:"贫瘠之地不必种植;甚至不必耕耘。"但此等智力低下之人,千里难以挑一,这便是神的庇佑的最佳证明。

25. 这些说法的实质与普鲁塔克下述的说法一致:"谁也无法对孩童时期的性格负责,而我们却可以通过恰当的训练,尽我们所能让他们成为一个有德

---

[1] 加图(Cato),全称是马尔库斯·波尔基乌斯·加图(Marcus Porcius Cato,前234年—前149),古罗马政治家、国务活动家、演说家,通称为老加图(Cato Maior),与其曾孙小加图即马尔库斯·波尔基乌斯·加图·乌地森西斯(Marcus Porcius Cato Uticensis,前95—前46)区别。代表作有《创始记》《农业志》等。——译者注

行的人。"注意这句话,他说的是"尽我们所能"。园丁可以用他的移植技术将一棵欣欣向荣的树苗培育成一棵大树。

26．下述四项理由表明,所有青年人尽管性格不一,但都可以采用相同的方式进行引导和教育。

27．第一,所有人的目标都是一致的,即,学识、德行与虔诚。

28．第二,所有人的性格虽然不一,但都具有同样的人性,都具有同样的感觉器官和理智器官。

29．第三,性格的差异大多只是由于自然和谐中过剩或缺失某种因素所造成的,正如身体疾病都只是由于潮湿、干燥、炎热、寒冷等反常情况造成的。比如说,所谓的智力聪敏,不只是因为大脑中的生命力的灵敏、运动迅捷,能够以极高的速度通过感官叶并且迅速理解外物吗?但是,如果在此高速运行过程中没有受到障碍,它就会浪费智力,使得大脑变衰弱或迟钝。这也就是许多早慧的孩子早逝或变傻的原因。

另一方面,所谓的愚笨,不只是因为大脑中的汁液黏稠,必须通过不断的触动才能促使它运动吗?所谓的傲慢和倔强,不只是因为精力过剩或过于执拗,必须用纪律进行调节吗?所谓的懒散,不只是因为严重缺乏精神,必须加以改善吗?再者,医治身体疾病的最好方法不是以另一个极端去驱散一个极端(这样只会加剧斗争),而是寻求缓和所有极端,如此才不会一方面过少,而另一方面过多;同样,医治人的头脑的最好方法就是这样的一种教学方法,可以使各种方法的过剩和不足达到中和,从而使得所有心理本能达到和谐、愉快。因此,我们的教学法是打算智力中的因素都不以极端的形式存在(实际上,这往往是最常见的情况),如此一来,我们就既不缺乏约束活跃头脑的缰绳(如此他们就不会过早地让自己精疲力竭),也不会缺乏鞭刺和刺棒去驱动懒散的人。

30. 最后，如果不是习来已久，性情上的每一种过或不及都能相互抵消。在战争中，新兵与老兵混编在一起；身体虚弱的和强健的，迟缓的和敏捷的，都在同一标准下战斗，服从同样的命令。但是，在胜利时，每个人都会各尽其能地追赶敌人，各取所需地获取战利品。在知识的阵营里也是如此，迟钝的与敏捷的，倔强的与温顺的都混编在一起，在需要指导时，他们都会受到同样的教训和榜样的指导。但是，离开学校之后，每个人都将按照自己的速度完成余下的学习。

31. 我所说的智力的混合，我的着眼点是在于对学生的额外帮助，而不只是施教的场所。例如，如果教师发现一个学生比其他学生聪明，他就可以将两三个学生交给这个学生去教；如果教师发现一个学生比其他学生更为可靠，他就可以准许他去监督和管理那些不如他可靠的学生。如果教师一直留意他们，监督每件事是否都是按着理性的规定在行进，那么双方都可以从中受益。现在是时候结束引言，进入讨论本书的真正主题了。

第 13 章 ｜ 学校改革的基础必然是万物的确切秩序

1. 我们通过调查发现，真正将我们的世界组织凝聚在一起的就是秩序，也就是说，根据地点、时间、数字、尺寸、重量，适当地区分事物的先后、主次、大小、异同，如此一来，世间万物才能履行好自己的职能。因此，秩序被称作事物之灵。因为，一切秩序井然的事物，只要能保持秩序，它就能保持地位和力量；一旦不能保持，它就会衰弱、摇摇欲坠、濒临死亡。我们能从自然和艺术中的例子中清晰地看到这一点。

2. 那么请问，这个世界是依靠什么来维持现状的呢？是什么让它有如此强大的稳定性？正是由于每一种生物都服从自然命令，都在适当的限制范围内生长；因此，在细节上小心地遵守秩序，宇宙的秩序就能得以维持。

3. 是依据什么将时间的流逝如此精确又持久地区分为年、月、日的呢？不是别的，正是苍穹亘古不变的秩序。

4. 是什么使得蜜蜂、蚂蚁和蜘蛛能做出如此精美的作品，以至人类易于惊奇却又难以模仿。不是别的，正是因为它们有一种天赋，能够在建造活动中将秩序、数量和质量和谐地组合起来。

5. 是什么组成了人体这样一个非凡的工具，即使可以利用的资源极少，却也能履行尽乎数不清的职能？我的意思是，人体的肢体少，却能制造出复杂度惊人且无可挑剔的产品。毫无疑问，这是肢体及其组成部分的和谐安排的结果。

6. 是什么使得单独一个头脑就能很好地控制它所寄居的整个身体，同时又能指挥出如此多的动作呢？不是别的，正是将肢体连接起来的和谐秩序，这种秩序能使肢体听命并立即执行头脑所发出的最为细微的指示。

7. 一个人，一个国王或一个帝王如何统治整个国家？虽然每个人都有自己的意志，但都要臣服于那一个人并为他服务，如果他的事业兴盛，他的追随者们的事业也一定会繁荣。这一切也是归因于秩序。通过秩序的力量，所有人被法律和服从联系在了一起，有些人直接臣属于最高统治者，能与其直接接触，而别的人又臣属于这些人，以此类推，直至底层最卑微的奴隶。这样的安排就像一条链子，环环紧扣，因此，如果第一环移动或静止，其他环节也都会跟着移动或静止。

8. 为什么希罗王能在无人帮助的情况下，移动一件数百人都无法搬起的重物呢？必然是用了一种设计精巧的机器，机器内的圆筒、轮子和其他部件的安排，使得一个部件作用于另一个部件时，力量显著增加。

9. 大炮的可怕之处在于，能够摧毁围墙、粉碎高塔、击倒士兵。它所依靠的不是别的，而是对材料的适当安排，如此一来，活跃元素与消极元素紧密联系在一起，也就是说，所依靠的是将硝石和硫磺（最冷的物质与最热的物质）按比例混合在一起，是炮弹的恰当结构，是熟练填充的火药和弹药，最后，是正确瞄准攻击目标。如果这些条件中有一个未能正确实现，整个大炮就毫无用处了。

*10．*印刷术是如何进行正确运行，才能使得书籍能够倍速、整齐、准确地印刷出来呢？毫无疑问也是依靠秩序。活字必须要进行雕刻、铸模、抛光，并放在活字盘中的适当位置，然后按照正确的秩序排列，同时，纸张也要备好，使其受潮，平整地放在印刷机下。

*11．*再举一个机械的例子。一架由木头和铁组成的马车，为何能够轻松地被马带动，用于载人载物呢？不是因为别的，而是车轮、车轴和车把中的木头与铁的精巧配置而已。这些部件缺少任意一件，整个机械就无用了。

*12．*为什么人敢于在大风大浪的海中，自信地乘坐只有几块木头拼成的建造物呢？为什么他们能出发去到对跖点[1]，并且能平安无事地返回呢？不是因为别的，只是因为他们所乘船只的龙骨、桅杆、舵和指南针等部件恰当地组合在一起，所以他们才能那样做。如果其中任何一件不能起到作用，他们就会有船只失事或沉没的大危险。

*13．*最后，计时机械——钟表，不过是依靠安排适当、设计精巧的铁部件，为何能和谐、均匀地运行，并标记出分、时、日、月，甚至是年呢？为什么它不仅能被眼睛看到，也能被耳朵听到，还可以在夜间向较远的距离发出信号呢？为什么这种工具能在一个指定的时间里将一个人从睡眠中唤醒，还能发出光线让他看见呢？为什么它能够指出月亮的上弦和下弦、行星的位置与日食、月食呢？一个机器，一件没有灵魂的物件，能像有生命的物体一样有规律地、持续不断地运动，这难道不是一件真正不可思议的事吗？在钟表被发明以前，这种东西是被视为不可能存在的，就如同树木走路、石头说话一样。而现在，每个人都能看见这种机器的存在。

---

[1] 对跖点（antipodes），经过地球球心的一条直线与地表相交的两点互为对跖点。——译者注

14．促成这种事情发生的潜在力量是什么呢？不是别的，正是秩序的支配力量；也就是说，力量是产生于按照所有部件的数量、尺寸和重要程度进行安排，使得每一个部件都能履行自己的职能，还能与产生设计预期结果所必需的其他部件相互帮助、和谐一致地工作；也就是说，每个部件的尺寸都必须要准确地调节，使其与其他部件相适宜，每个部件必须与周边的部件准确贴合，必须遵守将力量均衡分配给各部件的基本法则。在这种情况下，所有的进程比由一个头脑控制的生命体更为精准。但如果任何一个部件出现错位、断裂、破损、变松或弯曲，即使它是最小的那个齿轮，最无关紧要的那根轮轴，或者最小的那个螺丝，整个机器都会停止运行，或者至少会出错。这就明确地向我们表明，每件事物都依赖于各部分的协调运作。

15．因此，教学的艺术需要的也只是将时间、教学科目、教学方法进行巧妙的安排。一旦我们找到了适当的教学方式，无论教多少学生，其难度都不会超过印刷机一天整齐印刷上千页文章，用阿基米德的机器移动房屋、塔楼和重物，或是乘船穿过大洋到达新世界去旅行的难度。整个过程也像是由钟摆提供动力的钟表那样，没有摩擦。看到按照我的方案进行教学与看到这种自动机器一样快乐，它的整个过程也像这些制造精巧的机械装置一样，不会失败。

16．因此，让我们以万能的主的名义，照此组织学校，使得它们能在这些方面像是用最高超的技巧加以组装、以最精巧的工具进行精心雕刻的钟表一样。

第 14 章 | 严谨的教导秩序必以自然为鉴，不受任何阻碍

1. 接下来，让我们开始以神的名义去探寻教学方式磐石般的基本原则。如果我们想找到一个医治自然缺点的办法，那我们必须从自然本身中寻找，因为，若艺术不模仿自然，必然一事无成。

2. 无须多少例子就足以证明这一点。我们看见鱼在水中游，那么游泳就是它前进的自然方式。如果一个人想要模仿它，就必须用同样的方法去操控肢体；用手臂代替鱼鳍，用脚代替鱼尾，像鱼摆动鱼鳍一样摆动手脚。甚至，船也是按照此法建造而成，必须用船桨或船帆代替鱼鳍，用船舵代替鱼尾。我们看见一只鸟在天上飞，那就是它前进的自然方式。当代达罗斯[1]想要模仿它的时候，他就必须装上翅膀（大到足以承载重物）并将其驱动。

3. 动物的发声器官是一根管子，内有由肌肉组成的圆环，顶端有甲状软骨，像盖子一样，底端有肺，状如风囊。

笛子、哨子和其他管乐器也是基于这个模式制成的。

---

[1] 代达罗斯（Daedalus），希腊神话中著名的建筑师、雕刻师、艺术家，相传他用蜜蜡做成的翅膀，尝试飞出自己建造的米诺斯迷宫。——译者注

4. 人们发现，造成云中雷并掷下火与石的物质就是燃烧着的硫磺与硝石的混合物。仿照这个，人们用硫磺和硝石的混合物制出了火药。当火药从大炮中点燃并发射出时，就会产生雷鸣闪电般的模拟雷暴。

5. 人们发现，水总是会趋于保持一种平面，即使是被放在相互连通却又相隔甚远的容器里也是如此。有人曾做过一项实验，用水管通水，发现水可以从由任意低处上升至与水源高度相等的高处。这虽是一个人为的安排，却也合乎自然。虽然动作是人为进行的，但依靠的法则却是合乎自然的。

6. 人们通过观察发现，天空在不停地运转，由于星球的不停运转，才会产生如此宜人的季节变换。仿照这一点，人们发明了一种器具，能够表示出苍穹每日运转的意义。它由齿轮组成，如此一来，不仅一个齿轮可以带动另一个齿轮，并且所有齿轮都可以不停地运行。要制造出这个器具必须要有可动部件和不可动部件，就如同宇宙自身的构造一样，因此，我们就做了结实的底座、柱子和圆环，与宇宙中的地球本身这一不可动成分相对应，而不同的齿轮就代替了宇宙中的轨道这一可动成分。但由于我们不可能命令某个齿轮自己转动并且带动其他齿轮（就像造物主赋予天上的光体自转力，并带动其他物体转动一样），这个动力必须从自然中借来，因此用上了钟摆或发条。或者将钟摆悬挂在主齿轮的轮轴上，利用它的张力转动轮轴、主齿轮以及其他齿轮；或是将一根长长的钢带强力绑在轮轴上，利用它伸直的张力转动轮轴和齿轮。为了不使转动速度过快，而是像苍穹一样慢速转动，又增加了其他的齿轮，其中最后一个齿轮仅被两个齿轮驱动，发出嘀嗒声，并且模拟光线的明暗或是昼夜的更迭。机械中，除发出时刻信号的部件外，还添有设计精巧的触发器，它会在适当的时间运作，然后停止，如同自然通过苍穹的运动，才有了春夏秋冬的按时更迭。

7. 很显然，秩序就是将所有事物教给所有人的教学艺术中的主导原则，它应该能且只能从自然的运转借来。一旦彻底把握该原则，艺术的进程就会如同自然的运转一样容易、自然。正如西塞罗所说:"如果我们以自然为向导,她绝不会将我们带入歧途。"还说:"在自然的引导下是不可能误入歧途的。"这就是我们的信仰,我们的建议就是要仔细观察自然的运转,并模仿它们。

8. 但是有些人也许会嘲笑我们的期望,可能会用希波克拉底[1]的话语来嘲笑我们:"生命短暂,艺术长久;机会在流逝,经验不可靠,难以判断。"这就是鲜少有能够攀登到智慧高峰的人的五种障碍:

(1) 生命短暂,许多人在青年时代就夭折了,尚未为人生做好准备;

(2) 大脑要领会错综复杂的事物,要努力将所有事物囊括在知识领域之内,这是一项非常恼人的工作;

(3) 缺乏获得艺术的机会,或是机会刚一出现就消逝了(因为青年岁月最适宜精神修养,却将时间用于游乐中,而在以后的岁月里,在人类的现状下,出现无价值事情的机会远多于出现严肃事情的机会),或者,如果出现了一个合适的机会,它却又在我们抓住之前消失了;

(4) 我们智力孱弱,缺乏健全判断,其结果就是我们能获取的只是外壳,而从不够到达内核;

(5) 最后,如果有人想通过耐心观察和尽量重复性试验来把握事物的真正本质,其过程太过恼人,同时也是虚假的,不确定的(例如,在如此精确的观察中,最细心的观察者也有可能会出错,而一旦出现一个错误,整个观察也就没有价值了)。

9. 如果这一切属实,那我们怎敢希望能找到一条通用的、准确的、容易的且又彻底的学习道路呢?我回答:经验告诉我们,一切属实。但是同一经验

---

[1] 希波克拉底(Hippocrates,前460—前370),古希腊伯里克利时代的医师,被西方尊为"医学之父"。他提出了作为医务道德誓词的《希波克拉底誓言》(*Hippocratic Oath*)。——译者注

也告诉我们,可以找到适当的弥补办法。这些事情是神,宇宙的全智者,安排命定的,是为了我们的利益。神赋予我们周期短暂的人生,因为,按照我们现在的堕落情况,我们无法有益地利用一个更长的人生。因为我们有生有死,生命自始至终只有不多的年月,如果我们放任自己做些愚蠢之事:那么如果我们有数百年、数千年的寿命,那有什么事是我们做不到的呢?因此,神只愿赋予我们他认为足以为更好的人生做充分准备的时间。有鉴于此,只要我们知道如何利用生命,生命就足够长了。

10. 事物的多样性也是神为了我们的利益而命定的,那样才不会缺少那些占据、锻炼和教育我们头脑的材料。

11. 神允许机会流逝,只有迅速才能抓住,那样我们才能学会在机会出现时便将它一把抓住。

12. 经验是靠不住的,它是为了激发我们的注意力,那样我们就可以感受到深入事物本质的必要性。

13. 最后,难以判断,目的在于促进我们的热情,让我们继续努力,而神所隐藏的智慧已经渗透万物,它的显现是为了让我们极为满意。

"若凡事都易于理解," 圣奥古斯丁[1] 说,"则人不会有敏于追求之智,亦不会有寻得之喜。"

14. 正因如此,神有远见地在我们前进的道路上放置的那些障碍,我们必须看看可以如何在神的帮助下将其排除。要做到这一点,只有依靠:

---

[1] 圣奥古斯丁(St. Augustinus,354—430),古罗马思想家、神学家、哲学家。代表作有《忏悔录》(*Les Confessions*)、《论三位一体》(*De Trinitate*)、《论自由意志》(*On Free Will*)等。——译者注

(1)延长我们的寿命，如此它们就可能长到足以完成提出的计划；

(2)缩减教学科目，如此它们就能与寿命期限相适应了；

(3)把握时机，别让机会白白浪费；

(4)启发智力，让它能够容易领会事物；

(5)奠定一个不可动摇的基础，使之不会因为肤浅而不可靠的观察方法而使我们受到蒙蔽。

15. 因此，我们要以自然为导向，探寻下述原则：

(1)延长寿命原则；

(2)缩减学科原则，如此就可以快速获取知识；

(3)把握机会原则，如此必定可以获取知识；

(4)启发智力原则，如此就可以轻松获取知识；

(5)强化判断力原则，如此就可以彻底获取知识。

对于上述的每一点，我们都将单独用一章的篇幅加以讨论。缩减学科的问题将放在最后讨论。

第 15 章 | 延长寿命的基础

1. 亚里士多德和希波克拉底都曾抱怨过人生短暂，并且责备自然赋予了牡鹿、渡鸦及其他动物长久的寿命，却将生来负有重大责任的人类的寿命限制在一个狭窄的范围内。然而，塞涅卡却反对这一观点，他明智地指出："我们所得到的生命并不短暂，除非是我们使其短暂。我们并非苦于缺乏岁月，而是将给予我们的岁月都浪费在了作乐当中。"又说："若我们安排得当，我们的生命就足够长，足以让我们完成最伟大的事业。"（《论生命短暂》，第 1、2 章）

2. 如果这是正确的，的确也是非常正确的，如果证明我们的生命不够长，不足以让我们完成最伟大的事业，那么最应该受到严厉谴责的是我们自己，因为我们浪费了生命，一方面是因为我们没有留心，以至它们没有达到自然的限度，另一方面是因为我们把它们耗费在无价值的事情上了。

3. 一位可靠的权威人士（希波里图斯·瓜里诺[1]）主张，并提出了充足的理由。他认为，一个身体最虚弱的人，如果不是生来就有缺陷，他的生命力就足够活到 60 岁；而一个身体很强健的人可以活到 100 岁。如果有人在这个年龄前死去（当然，众所周知，许多人在童年时期、青年时期、中年时期就死去了），应该责怪他们自己，因为他们过于重视或忽略了生命的自然需要，损害

---

[1] 希波里图斯·瓜里诺（Hippolytus Guarino），17 世纪上半期德国施派尔当地的一名医生。——译者注

了自己和他们孩子们的健康，加速了他们的死亡。

4. 那些在中年前就达到了别人在漫长的人生中所不能达到的高度的人们就证明了，只要适当利用，短暂的生命（即 50 岁、40 岁、30 岁的生命）也足以实现最高的目标。亚历山大大帝于 33 岁逝世，但他不仅精通所有科学，还征服了世界，他征服世界所倚靠的不是单纯的武力，更多的是依靠他制订计划的智慧，以及将计划付诸实践的迅捷。乔瓦尼·皮科·德拉·米兰多拉[1]去世时，甚至比亚历山大更年轻，他通过哲学研究，精通了人类知识的所有分支，以至他被认为是当时的奇迹。

5. 又例如，我们的主，耶稣基督，在世上仅 34 年，却在那个时间内完成了救赎的任务。无疑，他这样做证明了（因为关于他的每件事都有深意）一个人能享受的生命无论长短，都足以供他为永生做好准备。

6. 我一定要引用塞涅卡的一句金句（从他的第 94 封信里）来结束这一问题。他说：“我发现有许多人对人是公正的，但却鲜少有人对神是公正的。我们每天都会悲叹自己的命运，但我们总有一天要离开这个世界，那离开时间的迟早又有什么关系呢？生命如果是充实的，那它就是漫长的，如果精神把力量用在自己身上，学会了自制的秘密，那它就是充实的。"又说：“我请求你，我的路西琉斯[2]，让我们努力使我们的生命像这世间的宝石一样，无须体积庞大，只要分量十足吧。"之后，他又说：“因此，只要人能利用好分配给他的时间，无论它多么短暂，我们就应该将他视作有福之人。因为他看到了真正的光明。他不再是平庸的一员，而是过着充实的人生，已然成熟。"又说：“正如一

---

[1] 乔瓦尼·皮科·德拉·米兰多拉（Giovanni Pico della Mirandola，1463—1494），意大利哲学家、人文主义者。曾因其惊人的记忆能力被称为"神童"，精通多种欧洲语言和东方语言，代表作有《论人的尊严》（*Oratio De Hominis Dignitate*）等。——译者注
[2] 路西琉斯（Lucilius），公元前 2 世纪的古罗马讽刺作家。——译者注

个完美的人可以存在于一个小小的身体里一样，一个完美的生命也可以存在于一段短暂的岁月里。寿命的长短纯粹只是一种偶然。你要问生命的哪一条路最为长远吗？就是那通往智慧的路。谁走到了智慧之地，不仅走得最长远，也达到了最高的目标。"

7. 至于人们抱怨的生命短暂，我们和我们的孩子可以采用（因此学校也可以采纳）两种补救方法。我们必须尽可能提前注意：

（1）保护我们的身体，不受疾病和死亡侵袭；

（2）将我们的心灵置于一个可以得到所有知识的环境之中。

8. 必须要保护身体免受疾病和意外事件的侵袭。首先，因为它是灵魂的居所，一旦身体被毁，灵魂就要立即离开这个世界。如果身体恢复不好，任何部分受到损害，它的宾客——灵魂，就是居住在一个不宜居留的住所里。因此，如果我们希望能够尽可能长久地住在这个世界宫殿里，是神的仁慈送我们至此，我们就必须要提前为我们的身体结构做出明智的设想。

其次，此身体不仅是理性灵魂的居所，也是它的工具。没有它，灵魂就听不见、看不着、说不出、做不了，甚至无法思考。因为，事物存在于头脑前都是先存在于感觉中，智力所需的所有思维材料全都是从感觉中得到的，思维活动的进行方式也可以称为"内部感觉"，也就是说，通过前方事物的影像进行的。因此，如果大脑受到伤害，想象就会受到伤害，如果身体受到影响，那么灵魂也会受到影响。因此，我们可以毫不犹豫地说，人人都应祈祷自己能有一个健康的身体，里面住着一个健康的灵魂。

9. 一种规律、有节制的生活，才能让我们的身体保持健康和强壮，对此，我们将以一棵树为例，从医学的观点加以说明。为了保持自身的活力，一棵树需要三种东西：①不断供给的水分；②充分的蒸发；③休息与活动相交替。

水分是必需的，因为树没有了水分就会干枯，但也一定不能供给过多的水分，否则树根就会腐烂。同样，身体需要营养，因为身体没有营养就会因饥渴而日益消瘦，但不应摄取过多营养使得胃部不能消化。人摄取食物越是节制，食物消化就越容易。大多数人都不太注意这一法则，摄取过多的食物反而削弱了他们的力量，缩短了他们的寿命。死亡是源于疾病，而疾病是源于不健康的体液，而这些体液又是源于消化不良。消化不良是源于营养过剩，当胃部过于饱胀而无法消化时，就只能将半消化的体液供给给身体各部分，在这种情况下，不生病是不可能的。正如西拉之子所说："贪得无厌会给许多人带来死亡。不贪吃的人，活得长久。"（《便西拉智训》，第37章第31节）

10. 为保持良好的健康，不仅要注意养料适量，还要注意质地简单。当一棵树幼小又柔弱时，园丁并不会以酒和牛奶进行浇灌，而是用以适合树木生长的液体进行灌溉，即水。因此，父母们要小心，不要用美食去纵坏了孩子们，尤其是那些正在学习或应该要学习的孩子们。难道没人告诉过我们，但以理和他的同伴们这样一群出身高贵的青年，他们为追求智慧，吃素菜、喝白水，结果人们发现，比起那群吃山珍海味的青年人，他们更能干、更活跃、更睿智，也更有价值吗？（《但以理书》，第1章第12节以下）但是，关于这些细节，我们以后将在其他地方说明。

11. 一棵树也必须要蒸发，要经历风霜雨露的洗礼，否则就容易状态不佳，结不出果实。同样，人的身体也需要活动、刺激和锻炼，无论是人为的或是自然的，也必须在日常的生活中提供这些活动。

12. 最后，树还需要定期休息，这样才不至于不断地抽枝、开花、结果，而有时间去履行它内部的功能，去发展出树汁，并以此强大自身。正因如此，神才规定冬季应该在夏季之后，即保证生长在地球上的万物、甚至地球本身都能有休息，因为他曾下令田地每七年要守圣安息一次（《利未记》，第25章）。

同样，神也为人和其他动物安排了黑夜，这样他们就可以通过睡眠和肢体的休息来恢复在白天的劳作中所消耗的精力。甚至，他还设计了更小的时间段，例如小时，就是为了放松身心，否则，就会出现一种紧张和反复的状况。因此，在日间劳作中点缀以休息、娱乐、游戏、游乐、音乐之类的消遣，这样就可以使内外感官都得到恢复。

13. 遵守这三条原则（即饮食节制、锻炼身体和利用自然提供的休息）的人，就能尽可能长久地保持其生命和健康。至于那些超出我们所能控制的天命所造成的意外事件，我们自然是无法考虑到的。

我们看到，大部分组织良好的学校都有恰当的作息时间分配，这正是根据学习、间歇地缓解压力和消遣安排的。

14. 这一点可以通过巧妙地安排学习时间来做到。30 年似乎微不足道，也很容易脱口而出。但是这些年里却包括了许多个月份、更多的日子和数不清的小时。在这样长的一个时间段内，我们可以取得相当大的进步，无论进程有多缓慢，只要继续不断地做下去即可。这一点，我们可以从树木的生长中看出。即使是最锐利的目光也不可能看到树木的生长，因为这一进展是逐渐发生的，但每个月的增长却是可以看到的，30 年以后，任谁都能看出小树苗长成了遮阴大树。我们身体的生长也是同样的道理。我们看不见身体正在生长，只能看到它已然长大。大脑获取知识也是如此，如同我们能从下述著名的拉丁文对句中知道的：

> 一点加一点，永远不间断；
> 积少可成多，积土可成山。[1]

---

[1] 英文是"To a little add a little, and to that little yet a little more, and in a short time you will pile up a large heap."。引自赫西俄德（Hesiod）《工作与时日·神谱》，张竹明、蒋平译，商务印书馆，1996 年版，第 11 页。——译者注

15. 凡是明白进步的自然力量的人就很容易理解这一点。一棵树的每个芽每年只能抽出一条嫩枝，但在 30 年中，这棵树就会生长出数千条大小不一的枝条、无数的树叶、花朵和果实。那么，为什么人的活动就不可能在 20 年或 30 年之内达到一定的强度和高度呢？我们来更加仔细地研究这一问题。

16. 一天有 24 小时，如果按照每天的日常生活，我们将 24 小时分为 3 个部分，除去用于睡眠的 8 小时、满足身体外部需要的 8 小时（如注意健康、进食、穿脱衣物、惬意消遣、友好往来等），我们还余下 8 个小时能用于人生的正经工作。那么，我们每周就有 48 小时用于工作（除去第 7 天用于休息）。一年就有 2945 小时，10 年、20 年、30 年中就会出现一个巨大的数字。

17. 如果一个人每个小时都能学会知识某一分支的某一片段，学会某种机械工艺的一条规则，学会一个讨人喜欢的故事或一句格言（无须花费多少力气就可以学会），那他将存下何等丰富的学问呀！

18. 因此，塞涅卡说得对："如果我们知道如何利用生命，那它是足够长的，如果加以正确利用，足以让我们完成最伟大的事业。"因此，我们要懂得充分利用生命的艺术，这是相当重要的，我们现在就将就此展开考察。

第 16 章 | 教与学的一般要求；即一定能准确达到预期结果的教法和学法

1. 我们的主——耶稣基督在"四福音书"[1]中所做的比喻非常精彩："神的国，如同人把种撒在地上。黑夜睡觉，白日起来，这种就发芽渐长，那人却不晓得如何这样。地生五谷是出于自然的：先发苗，后长穗，再后穗上结成饱满的籽粒。谷既熟了，就用镰刀去割，因为收成的时候到了。"（《马可福音》，第 4 章第 26—29 节）

2. 救世主在此表明，在万物中起作用的是神，人只能以一颗虔诚的心接受教导的种子；生长和成熟的过程会在以后自行继续前行，人自己察觉不出。所以，青年人的教师的职责不是别的，只要熟练地在他们的头脑中撒播教导的种子，精心浇灌神的树木。增加和生长就会自然而来。

3. 有谁会否认播种和种植需要技巧和经验吗？如果一个没有实践经验的园丁在园子里种植树苗，大部分树苗都死了，只有少数存活，这不是因为技巧，而是机缘巧合。但受过训练的园丁工作会很细心，因为他受过良好的指导，知道在何地、在何时、该如何进行行动，何时不该行动，这样他就不会失

---

[1] "四福音书"指《圣经·新约》中的《马太福音》《马可福音》《路加福音》《约翰福音》。——译者注

败。实际上，即使是一个有经验的人偶尔也会失败（一个人几乎不可能预先考虑得十分周到，不犯任何错误），但我们现在讨论的并非谨慎和机遇这样的抽象问题，而是利用谨慎去排除机遇的艺术问题。

4. 迄今为止，教导的方法仍然很不可靠，很少有人敢说，"在多少年之内，我能把这个青年人教育到某一程度；我会用某种方法去教育他"。因此，我们必须看看，能否将训练智力的艺术建立在一种坚实的基础之上，能让我们取得可靠且明确的进步。

5. 只有尽可能使艺术的过程符合自然的过程才能奠定这个基础（正如我们在第15章中所见），因此，我们将遵循自然的方法，以一只鸟孵化幼鸟为例；如果我们看到园丁们、画家们、建筑家们跟随自然的脚步都得到了好结果，我们就应该认识到，青年人的教师也应该遵循同一条路。

6. 如果有人认为这一做法微不足道，过于普通，那就请他想一想，我们要从日常发生之事、众人皆知之事以及自然和艺术中（教学艺术除外）产生好结果的事情中，去寻找不太为人熟知的，却又是我们当前目标所需要的事情。的确，如果大家知晓我们的方案形成的基础原则所依据的事实之后，我们就可以希望我们的结论将更为显然。

原则 1

7. 自然遵循一个适当的时机。

例如，一只鸟想要繁殖它的种族，便不会于冬季繁殖，彼时万物都受到寒冷冻僵；也不会于夏季繁殖，彼时万物都受到炎热炙烤；也不会于秋季繁殖，彼时万物随着夕阳徐落，而带有敌意态度的初冬也正在逼近；只有于春季繁殖，彼时太阳给万物带回了生命和力量。并且，**繁殖也由几个步骤组成**。在天气还冷的时候，鸟会将鸟蛋怀在体内，给它们温暖，保护它们不受寒冷的侵害；空气逐渐变暖时，它就将鸟蛋放在巢内，但要等到温暖的季节来临以后，等到稚嫩的幼鸟逐渐习惯光和温暖以后，才将它们孵化出来。

8. 模仿。——同样，园丁也是根据季节工作。因此，他不会于冬季种植（因为彼时树汁还留在树根，为来年上升、输送养分做准备）；也不会于夏季种植（因为彼时树汁已经分散到树枝上）；也不会于秋季种植（因为彼时树汁又回到树根里）；他只会于春季种植，因为彼时水分正开始从树根往上升，树的上面部分也在开始发芽。对于小树苗而言，随后的处理也非常重要，各项工作都需要选择一个正确的时机进行，例如施肥、修枝、剪枝。甚至是树木本身的生长也需要恰当的时机，例如发芽、开花、结果、果实成熟。

同样，谨慎的建筑家也必须选择正确的时机伐木、烧砖、打地基、建筑及粉刷墙等。

9. 偏差。——学校犯下了直接违背该原则的双重错误。

（1）没有选择正确的时间锻炼头脑。

（2）没有对头脑的锻炼进行适当的划分，使得所有进展都能经过各个必经阶段，毫不遗漏。当学生还是一个孩子时，他是不能被教育的，因为彼时他的理解力的根源还远未到达表面。一旦他老了，再去教育就又太迟了，因为彼时他的智力和记忆力都已在逐渐衰退。在中年时期，要教育他也是困难的，因为智力的力量已经分散到了各式各样的物体上，难以再集中起来。因此，我们必须选择青少年时期。此时，生命和头脑都是新鲜的、正在兴起的；世间万事都生机勃勃，可以深深扎根。

10. 纠正。——因此，我们得出如下结论：

（1）人类的教育应该从认识的春季开始，也就是说，在孩童时期开始（因为，孩童时期就等于春季，青少年时期等于夏季，中年时期等于秋季，老年时期等于冬季）。

（2）早晨的时光最适宜学习（因为在此处，早晨等于春季，中午等于夏季，傍晚等于秋季，夜晚等于冬季）。

（3）应该对所有学科进行安排，使得它们能适合学生的年龄，任何超出他们理解的东西都不应给他们去学习。

原则 2

11．自然会先预备材料，之后再赋予其形状。

例如，鸟想要生产一个与自身相似的生物，首先就需要用自己的血孕育胚胎；然后它要准备放置鸟蛋的巢穴，等到幼鸟成形，在蛋壳里动弹的时候才开始将它们孵化出来。

12．模仿。——同样，在开始建造建筑物之前，谨慎的建筑家会先去收集许多木材、石灰、石头、铁以及其他必备之物，就是为了以后不会因为缺少材料而被迫停工，或是发现建筑物不够坚固。同样，画家想要画出一幅画，就要去准备画布、在画框上绷好，在上面着上背景色，调好颜料，将画笔放在随手可取的地方，最后开始作画。

同样，园丁在开始工作之前，会先准备好园地、本枝、新穗以及工具，避免在工作时去寻找必需的工具，否则会破坏整个工作。

13．偏差。——学校违背了这一原则：第一，因为它们没有事先准备书籍、地图、图片、图表等机械辅助，没有为日常使用做准备，而是在到了需要这样或那样的时候才进行实验、画图、口述、抄写等工作，而由一个不熟练或粗心的教师（他们的数量一天天在增加）完成这些工作的时候，其结果甚是可悲。这就如同一位医生，当他需要用药之时，才不得不奔走于花园和森林里，搜集和蒸馏药草和药草根，尽管他应该将医治每一种病的药物随时放在手边。

14. 第二，因为甚至是在学校的书籍，也没有遵循先材料、后形状的自然秩序。我们发现与此相反的情况比比皆是。事物的分类总是不自然地被置于事物本身的认知之前，虽然，事物出现之前不可能对其进行分类。对此，我可以用4个例子进行说明。

15.（1）学校里是先学语言，后学科学，在智力被语言的学习耽误了许多年之后，才开始学习科学、数学、物理等。然而，事物是必然的，文字只是偶然的；事物是主体，文字只是服饰；事物是核心，文字是外壳和皮囊。因此，两者应该同时呈现在智力面前，尤其是事物，因为它们和语言一样，都是理解的对象。

16.（2）甚至，语言学习的正确秩序也被颠倒了，因为学生并不是从某个作家或从一种设计精巧的常用语手册开始的，而是从语法开始的；尽管作家们（以及用他们自己的方式所写的常用语手册）就可以提供言语的材料，即文字，而语法只能提供形式，即文字的组成、秩序和组合的法则。

17.（3）在百科全书或人类知识中，艺术总被放在最前面，其后才是科学；尽管后者是教导事物本身，而前者是教导如何操纵事物。

18.（4）最后，先教授的是抽象的规则，然后再插入少许例子进行解释；尽管光体应该先于被光体照亮的人出现。

19. 纠正。——因此，为了能够彻底改进学校，下述各项是必需的：
（1）教学使用的书籍和必需材料必须事先备好。
（2）应该首先教导理解事物，然后再教用语言把它们表达出来。
（3）所有语言的学习都不应该从语法开始，而要从适当的作家开始。
（4）事物的知识要放在它们的组合知识之前。

（5）要先举证，后规则。

原则 3

20. 自然选择一个合适的物体去运作，或者为了让它合适，就先对它进行适当的处理。

比如说，一只鸟是不会把别的东西放进自己所在的鸟巢的，除非是一个能孵化出幼鸟的东西，即一个蛋。如果一个小石头或其他任何东西掉进了鸟巢，它就会将其视作无用之物扔掉。而在孵化的过程中，它会温暖蛋中的物质，照料它，直到幼鸟破壳而出。

21. 模仿。——同样，建筑家会尽量挑选质地好的木材砍下，烘干，切成方形，锯成木板。随后选择建筑地点，打扫干净，打下一个新的地基，或是将旧的地基修整一番，以供使用。

22. 同样，如果画布或其表面不适合画家的颜料，他便会想方设法让它们变得更适合，将它们磨平、抛光，为其所用。

23. 园丁也会：①从结出果实的树上选出一根最有活力的树枝；②将它移植到一座花园里，小心地种在地里；③除非看到它已经生根，否则他不会再给它嫁接一根新穗，增加它的负担；④在嫁接新穗之前，他会先去除原有的树枝，甚至会沿着树干切掉一圈，为了使树汁只灌溉嫁接的新穗。

24. 偏差。——学校违背了这一原则，并不是因为他们接纳了智力低下的人（因为我们认为，所有青年人都应该入学），而更是因为：

（1）这些幼小的树木并不是移植到了花园里，也就是说不是完全托付给学校，所以，那些应当被训练成人的人在完成训练前不能离开这个工场。

（2）一般而言，在树干自身尚未生根之前，知识、德行与虔诚的最高贵的接穗过早地进行了嫁接；也就是说，对于那些天性没有学习倾向的人，在他们的学习欲望还未被激发出来前就对他们进行了嫁接。

（3）进行嫁接之前，没有将旁枝和根蘖去掉；也就是说，头脑还没有习惯约束和秩序，从所有懒惰的倾向中解脱出来。

25．纠正。——因此，一定要：
（1）所有入学的人都要坚持学习。
（2）在开始任何专门学习之前，学生的头脑都要准备好，接受这一学习（见下一章，原则2）。
（3）应该为学校清除所有障碍。

"因为给予训诫是无用的，"塞涅卡说，"除非排除了途中的障碍。"这一点，我们将在下一章进行讨论。

原则 4

26．自然并非毫无章法，它在前进的途中步步分明。

比如说，如果一只鸟出生了，它的骨骼、血脉、神经都是在不同时期各自成形的；在某个时刻，它的血肉就结实了，在另一个时刻，它长出了遍身的皮肤和羽毛，又在另一个时刻，它学会了如何飞行，等等。

27．模仿。——一个建筑家在建地基时，并不会同时进行筑墙，更不会去修建房顶，这些事情都只会在适当的时间和适当的地点单独进行。

28．同样，一名画家不会同时画20幅或30幅画。因为，虽然他可能不时地在其他画上添上几笔，或是注意到别的事情，但他的精力能且只能集中到一幅画上。

29. 同样，园丁也不能同时种植好几棵树苗，只能一棵一棵地种植，避免自己混淆或是破坏了自然的运作。

30. **偏差。**——混乱是源于学校想同时教给学生许多事物。例如，拉丁语和希腊语的语法，也许还有修辞学和诗学，以及许多其他学科。因为，众所周知，在传统学校里，阅读和写作的主题几乎每日每时都在变化。如果这不是混乱，那我想知道什么才是。正如一个鞋匠，想要同时做六七双新鞋，他一只一只轮流拿起，几分钟后又放在一边；又像一个面包师，想要把各种面包都放到他的烤炉里，但又得立即把它们取出来，取出一种时又要放进另一种。谁会做这样的傻事呢？鞋匠做完一只鞋后才会做另外一只。面包师也会在烤炉里的面包完全烤好之后再放进新的面包。

31. **纠正。**——我们要学习这些人，不要让学习语法的学生再学习辩证法，或是再给他们的功课增加修辞学，让他们更为混乱。我们也应该等到学生掌握拉丁语之后再教授希腊语，因为，头脑同时忙于几件事时，是不能将精力集中在一件事情上的。

伟人约瑟夫·斯卡利杰[1]就非常明白这一点。据说他（或许是源于他父亲的建议）从来不会同时忙于一个以上的知识分支，只将精力集中在一个分支上。正因如此，他不仅掌握了14种语言，还精通了人类领域的所有艺术和科学。他一件一件地专心学习这些事物，非常成功，并且在每一门学科上都胜过了那些穷其一生研究一门学科的人。那些追寻他的脚步、模仿他的方法的人，也都做出了相当成功的成绩。

32. 因此，学校应当以此种方法组织学生，让学生在一定的时间只学习

---

[1] 约瑟夫·斯卡利杰（Joseph Scaliger），全称是约瑟夫·尤斯图斯·斯卡利杰（Joseph Justus Scaliger，1540—1609），法国神职学者，精通古典著作和东方语言。——译者注

一件事情。

原则 5

33．在自然的运作下，发展都是由内开始的。

比如说，以一只鸟为例，最先成形的不是爪，不是羽毛或皮肤，而是身体内的各个部分；体外各部分是在后来的不同时间段里形成的。

34．模仿。——同样，园丁不会将新穗嫁接在树皮外层，或是木材的表层，而是会切一个深入木髓的切口，尽量深地将接穗插进去。

如此一来，他的接口就很牢固，树汁不会漏掉，反而会流进枝条里，用尽全力滋养它。

*35．*同样，树木要得到天上的雨水和大地的水分的滋养，吸取养分不是通过外层的树皮，而是通过最内层的小孔。正因如此，园丁灌溉的不是树枝，而是树根。动物也不会将它们的食物送给外部的肢体，而是送到胃里，胃部会消化食物并供养全身。所以，如果青年人的教师能对知识的根源——理解力加以特殊关注，这一根源很快就会给树干输送它们的生命力，也就是记忆力，最后输送给花朵和果实，也就是产生语言的熟练运用和实践能力。

36．偏差。——在这一点上，有些教师就犯了错误，他们没有将所教学科彻底地解释给自己的学生听，反而是无尽地要他们默写，让他们死记硬背。即使他们当中有人想要解释教材，却也不知道如何进行，也就是说，不知道如何去照顾根源，或是如何嫁接知识之穗。如此一来，他们将学生折腾得筋疲力尽，就像是一个想要在树上切出一个切口的人，他所用的不是刀，而是棍棒或木槌。

37. 纠正。——因此，一定要：

（1）学生应该先学会理解事物，然后再记住它们，在经过这两项训练之前，不可以强调言语和笔墨的使用。

（2）教师应该知道所有使理解力敏锐的方法，还应该熟练地实践这些方法。

原则 6

38. 自然在其形成过程中是从普遍到特殊的。

比如说，一只鸟要从一个蛋里孵出，最先成形的不是头、一只眼睛、一根羽毛或一只爪子，而是按照以下进程发生。整个蛋先得到温暖；温暖产生运动，而这种运动产生出了血脉系统，构成了整只鸟的轮廓（划分了将要成为头、翼、足等的各个部位）。没有形成轮廓之前，是不会形成各个部位的。

39. 模仿。——建筑家将此当作他的模型。他先是在头脑中或是在纸上或是用木头制订出建筑物的一个大体计划。然后再开始打地基、筑墙、修屋顶。在完成这一步之前，他是不会注意到那些完成一座房屋所必需的小细节的，例如门、窗、楼梯等；而最后他才会增加装饰，例如画作、雕塑和地毯。

40. 一个艺术家也是如此。他并不会在一开始就画出一只耳朵、一只眼睛、一个鼻子或一张嘴，而是会先用木炭勾勒出一副面孔的轮廓或是全身的轮廓。如果这个轮廓符合原本的形状，他对此满意，他才会用笔轻轻勾画，但仍然会忽略所有细枝末节。最后，他会加上光和影，用各种颜色完成余下的细节部分。

41. 雕刻家也是如此。当他想要去雕刻一座雕像时，他就将一块大理石进行粗略的雕刻。然后他开始更加细心的工作，雕刻出最重要的特征。最后，他最为精确地雕琢单独的部分，再精巧地给它们着色。

42. 同样，园丁用的是一棵树上最为简单也最为全面的部分，也就是树枝。之后，这个树枝有多少嫩芽就可以长出多少分枝了。

43. 偏差。——由此可以看出，不先将知识整个领域的大体轮廓放在学生面前，就详细讲解科学的各个分支，这是错误的。在没有彻底理解知识的某一分支与其他分支的关系之前，就要去精通它，谁都不应该受到这样的教导。

44. 也可以由此得知，如果不先教授基础概念，就无法教好艺术、科学和语言。我记得很清楚，当我们开始学习辩证法、修辞学和形而上学时，我们在一开始就负担了太多冗长的规则、评注和评注的小注、作家比较和棘手的问题。教授给我们的拉丁语语法还包含了所有的例外和不规则的地方；教授给我们的希腊语包含了所有的方言，我们这些可怜人儿已经困惑地分不清它到底是在讲什么了。

45. 纠正。——对于这种不成体系的问题，补救方法如下：孩子们在开始学习时，就应该学习一般文化的首要原则，也就是说，要学习的学科应该以这样一种方式排列，这样一来，后面所学的不会带来新的内容，只会对已经学到的知识元素进行扩充。就像一棵树，即使活了一百年，也无法长出新的分枝，而只能让已有的分枝继续发展和伸展。

（1）对于每一种语言、科学或者艺术，都应该先教授它最为简单的元素，能让学生对它有一个基本概念。

（2）将规则和例子摆在他面前，他的知识就可能得到进一步的发展。

（3）然后他就可以系统地学习该学科，以及那些例外和不规则的地方。

（4）最后，可以给一个评注，尽管只在绝对必要的情况下才能给他。因为，从一开始就掌握一门学科的人很少会需要评注，不过他很快就能学会自己写一个评注了。

原则 7

46．自然不会跃进，只会步步为营。

一只幼鸟发展到最后的破壳而出，包含了不能省略或推迟的特有渐进过程。当它破壳而出时，雌鸟并不会让幼鸟去飞行和觅食（实际上它也做不到这些），而是会自己喂它，用自己的身体为它保暖，进而促进它的羽毛生长。当幼鸟的羽毛长好之后，它并不会立即就将它从鸟巢里推出去，让它飞行，而是先教它在鸟巢里挥动翅膀，或蹲在鸟巢边，试着飞向靠近鸟巢的巢外，再振翅从一根树枝飞到另一根树枝，然后从一棵树飞到另一棵树，之后从一座山飞去另一座山，直到最后它非常自信地能在野外飞行。不难看出，这些过程的每一步都必须在适当的时间进行；不仅时间要适当，过程也要循序渐进；不仅是循序渐进，还是一种不变的循序渐进。

47．模仿。——建筑家也是如此。他不会从山形墙或墙壁开始着手工作，而是从地基开始。一旦将地基打好，他不会修建屋顶，而是筑墙。总而言之，各个阶段的连接顺序是按照它们相互之间的关系而定的。

48．园丁同样也要采用循序渐进的原则。必须要找到野生的树干，挖掘出来，进行移植、修剪、修枝；也必须插进接穗，并且接口要牢固，等等，这些步骤无一能够被省略或改变顺序。但是，如果这些过程实施得当，顺序也正确，结果不成功的可能性就很小，事实上是不可能不成功的。

49．偏差。——所以，如果教师不为自己和学生着想，不将所教授的学科按照这一方法分为阶段，不仅使一个阶段可以直接导入下一个阶段，并且每个阶段都能在一定的时间内教完，这显然是荒谬的。因为，除非是设定好了目标，准备好达到目标的方法，计划好使用这些方法的适当制度，否则很容易会省略或颠倒顺序，其结果就是失败。

50．纠正。——因此：

（1）各个班级的所有学习都应该仔细分为阶段，这样才能使先学习的东西为后学习的东西扫清障碍，照亮道路。

（2）应该仔细地划分时间，每年、每月、每日、每时都有一定的任务。

（3）应该严格遵守时间和学科的划分，不得省略和颠倒顺序。

原则 8

51．*如果自然开始工作，不到工作完成是绝不会离弃的。*

如果一只鸟受到自然冲动的驱使开始孵卵，不到孵出幼鸟它是不会离开的。如果它只孵化了几个小时，鸟蛋中的胚胎就会变冷，死掉。甚至在孵出幼鸟以后，它仍然会给幼鸟提供温暖，一直持续至幼鸟成长到强壮，长满羽毛，能够御寒为止。

52．模仿。——画家一旦开始作画，如果途中不间断，画完为止，那么他也会画出他最好的作品。因为，在这种情况下，颜色会结合得更好，粘得更快。

53．正因如此，要完成一座建筑物，途中最好不要间断；否则太阳、风雨就会糟蹋这一成果，而后加上去的部分就不会那么牢固，四面八方都会有裂痕、弱点和松散的接缝。

54．园丁的工作也很有智慧，因为，一旦他开始进行嫁接，不完成是不会停止的。如果工作时耽误了，没有完成，树汁就会在树干里或是接穗里干掉，那么这株树木也就毁了。

55．偏差。——因此，如果孩子们只连续入学几个月或是几年，却长期离开学校做别的事，这是有害的；如果教师现在开设一门学科，又立刻开设另一门学科，没有一门能满意地完成，这同样也是有害的；最后，如果教师不为每小时设定特定的工作，并完成该项工作，使得他的学生能在每个阶段都向着既定的目标取得明显的进步，那同样也是致命的。缺少这样的火的地方，万物都会变得僵冷。"打铁趁热"这句话说得不无道理。因为，待铁冷却之后再进行捶打是毫无用处的，必须将它重新放在火上，这就会浪费许多时间和铁。因为铁每加热一次就会有一定的损耗。

56．纠正。——因此：

（1）入学之人须一直留在学校，直至成为一个富有学识、有德行、虔诚的人。

（2）学校必须设置在一个安静的地方，远离喧嚣和会分散注意力的事物。

（3）按照学习计划，不得有任何逃避地完成该做的事情。

（4）不允许孩子以任何借口离开学校或逃学。

原则 9

57．自然会小心地避免障碍和所有可能造成伤害的事物。

例如，当一只鸟在孵化鸟蛋时，它不会让冷风、雨水和冰雹接触到鸟蛋。它也会赶走蛇和猛禽等。

58．模仿。——同样，建筑家也会尽可能地保持木材、砖头和石灰的干燥，不允许他所建成的东西被毁或倒塌。

第16章　教与学的一般要求；即一定能准确达到预期结果的教法和学法

59. 所以，画家同样也会保护一幅刚完成的画，使它免受风、炙热和尘土的损害，除了自己的手，不允许别人的手触碰它。

60. 园丁也是用一道栏杆或一道篱笆保护幼小的树木，使它免受兔子或山羊的啃噬，或被连根拔起。

61. 偏差。——因此，当一个学生初学一门学科时，就给他介绍一些有争议的观点，也就是让一个正在掌握新事物的头脑采取一种怀疑的态度，这是愚蠢的。这不就是将一株刚开始生根的树木连根拔起吗？（正如雨果[1]所言："所有始于研究可疑之人，绝无可能进入智慧神殿。"）但是，如果青年人没有受到保护，受不正确的、复杂深奥的、编写糟糕的书籍以及坏朋友的影响，的确就会发生这样的事情。

62. 纠正。——因此，我们应该注意：
（1）学生只应该得到适合他们年级的书籍。
（2）这些书应该是可以被正当地称作智慧、德行与虔诚的源泉的书。
（3）在学校内部和学校附近，都不允许学生与坏朋友混在一起。

63. 如果能遵守以上建议，鲜少有学校无法达成它们的目的。

---

[1] 维克多·雨果（Victor Hugo，1802—1885），法国作家，代表作有《巴黎圣母院》（*Notre-Dame de Paris*）、《悲惨世界》（*Les Misérables*）、《笑面人》（*L'Homme qui Rit*）等。——译者注

第 17 章 | 教与学的便利原则

1. 教育者要使用什么办法才能有把握地达到他的目标,这一点我们已经考虑过了,现在我们来看看这些方法如何才能适合学生的头脑,使得他们能够轻松愉快地加以运用。

2. 跟随自然的脚步,我们发现教育的进程将会变得很容易:
(1)如果它开始得早,早于头脑的腐坏。
(2)如果头脑已经准备好了接受它。
(3)如果它的进程是从一般到特殊的。
(4)是从简单的到复杂的。
(5)如果学生不会承受太多学科的负担。
(6)如果在每种情况下都进程缓慢。
(7)如果按照学生的年龄,使用正确的方法,不强迫智力去进行与天性不符的事情。
(8)如果每件事情都能以感官为媒介进行教授。
(9)如果能一直记住所教的每件事情的用途。
(10)如果每件事情都是采用同一种方法进行教授。
我说,要使得教育能够轻松和愉快,就应采用这些原则。

原则 1

3．自然始于对材料的精挑细选。

例如，鸟要孵化一只幼鸟，它会选择新鲜的、内部纯粹的鸟蛋。如果幼鸟已经开始成形，再期盼有什么结果也是徒然了。

4．模仿。——建筑家想要建造一座建筑物，需要一块开阔的土地，如果地上已经有了房屋，他必须将其拆倒才能建造一座新的。

5．艺术家也是如此，需要一块干净的画布画最好的作品。如果画布上已经画了画、脏了或是粗糙不平，那就一定要在使用之前将其清理干净或处理光滑。

6．至于保存珍贵的药膏，我们就需要空瓶子，或者，如果那些瓶子正在使用，就必须仔细清洗里面所盛放的东西。

7．园丁亦是如此，他更愿意种植幼树，或是，如果种植的时候树已经太老，他就会砍去树枝，以免树汁被分散。正因如此，亚里士多德将"剥夺"也放在自然的原则当中，因为他认为，任何材料在未去掉旧形状之前，都无法印上新形状。

8．偏差。——由此可见：①最好是在头脑还清晰，习惯于将精力分散到各种消遣之前，专心追求智慧；教育开始得越晚，就越难占有一席之地，因为头脑已经被其他事情所占据了。②如果几个教师同时教授一名学生，其效果一定不好，因为他们很难使用同一种方法，并且，如果他们不采用同一种方法，学生的头脑就会先被引向这一边，而后又被引向另一边，它的发展就会受到阻碍。③当儿童或是年龄稍长的孩子开始接受教育时,如果首先接受的不是道德教育,那就是非常缺乏判断力的表现;因为,当他们学会控制自己的感情时,更适合接受其他教育。驯马人会用一个铁制的马嚼子保持对马的绝对控制,他们会在保证马会服从命令之后才教马踱步。正如塞涅卡所言:"先学道德,再学智慧,皆因没有道德就难以学习智慧。"西塞罗也说:"伦理学可以使头脑适宜接受更多的知识的种子。"

9. 纠正。——因此:

(1) 教育应该从早期开始。

(2) 学生每一门学科的老师不应多于一人。

(3) 在做其他事情之前,要先运用教师的影响力使得精神变得和谐。

原则 2

10. 自然会准备好它的材料,以便于尽量获得形状。

例如,幼鸟在鸟蛋中充分成形后,会寻求自身的进一步发展,它会行动,会冲破蛋壳,或是用嘴将其啄破。一旦它逃离囚牢,它就会感到母亲提供的温暖和养育所带来的快乐,会期待地张着嘴,贪婪地吞咽食物。它会为发现自己在广阔的天空下而感到开心,它锻炼翅膀,然后就愉快地振翅飞翔。总之,对于实践其所有自然职能,它表示出一种热切的期望,尽管在这整个过程中它都是一步一步向前的。

11. 模仿。——园丁亦是如此,必须适当地向树木提供湿度和温度,使其欣欣向荣。

12. 偏差。——因此,那些驱使孩子们学习的人其实是大大地伤害了他们。他们能期待什么结果呢?如果一个人没有食欲,却又被迫吃下食物,结果只会是生病和呕吐，至少会不消化、不舒服。而另一方面，如果一个人饿了，他渴望进食，就能立刻消化食物，就能轻易地将其转变为血肉。所以，伊索克拉底[1]说："渴学之人终将成为有学之士。"昆体良[2]也说："知识的获得取决于学习的意愿，是不能勉强的。"

13. 纠正。——所以：

（1）应该用尽办法刺激孩子们的求知欲和求学欲。

（2）教导方法应该减轻学习的痛苦，使得孩子们不在功课上受到任何阻碍，或是进步不受耽误。

14. 孩子们的求学欲是由父母、教师、学校、所学学科、教学方式和国家权威所激发的。

15. 由父母激发。 如果他们在自己的孩子面前赞扬学问及有学之士，或是用允诺给孩子们精美的书籍、漂亮的衣服的方式来鼓励他们勤勉学习；如果他们褒扬教师（尤其是将自己的孩子所托付的教师），称赞教师对学生的友善之情和教师的教学本领（因为，爱和钦佩是最能刺激模仿欲的两种感情）；最后，如果他们能不时地让孩子们带上一个小礼物去见教师，就能让孩子们喜欢他们的功课，喜欢他们的教师，并且相信教师。

16. 由教师激发。 如果他们是温和的、循循善诱的，不用粗鲁的方法使得学生疏远他们，而是以慈父般的感情和言语去吸引他们；如果他们能赞扬学生当前正学习的功课是美好的、令人愉快的且容易的；如果他们能不时地赞扬那些勤勉学习的学生（对于年幼的学生，他们可以给予苹果、坚果和糖果等）；

---

[1] 伊索克拉底（Isocrates，前436—前338），古希腊教育家、修辞学家。——译者注
[2] 昆体良（Marcus Fabius Quintilianus，约35—约100），古罗马教育家，主张鼓励儿童、激发儿童兴趣进行教育，代表作有《雄辩术原理》（*Institutio Oratoria*）等。——译者注

如果他们能将学生叫到跟前，无论是在私下还是在班里，把将学之物的图像展示给他们看，或是给他们讲解光学或几何器械、天球仪及诸如此类能够激发学生钦佩的事物；又或者，如果他们能偶尔让学生带信给父母。总之，如果他们待学生和善，就容易得到学生的好感，那么学生就会更愿意去学校，而不是更愿意留在家里了。

17. 学校本就应是一个令人愉快的地方，校内外都应吸引人。校内，教室应明亮且干净，墙上应有图画做装饰。这些图画应是名人的肖像、地理地图、历史图表或是其他装饰物。校外，应有一个开阔的地方可以用于散步和游戏（因为，这对儿童来说是绝对有必要的，我们会在以后证明），并且还应有一个附属花园，学生们能不时进入花园，那里的树木、花朵和植物能让他们大饱眼福。如果能够做到这一点，学生们去学校时就很可能像是去集市时一样开心，总是希望在学校看到和听到一些新鲜事物。

18. 如果所教导的学科适合学生的年龄，并且能有清楚的解释；那么它们本身就能吸引学生；尤其是，如果能用一种幽默的语调，或者至少用一种不那么严肃的语调作为调剂。因为，这样就可以使愉快和有益合二为一了。

19. 如果这种方法是用于激发求知欲，那么，首先，它一定是自然的。因为，自然之事无须勉强。水往山下流无须勉强。如果移开水坝或是任何阻止水流的东西，水就会立即往下流。无须说服一只鸟飞行，一旦将鸟笼打开，它就会立刻飞走。眼前的一幅漂亮的图画或耳边的一首优美旋律，都无须督促耳朵和眼睛去享受。在这些情况下，需要的往往是约束而不是督促。可以从前一章及下述规则明显看出自然方法的要求。

其次，如果想要激发学生的兴趣，就必须小心地使用令人称心的方法，如此一来，所有事情，无论是多么严肃的事，都可以以亲切的、吸引人的样子呈现在他们面前；例如，用对话的形式，诱导学生争相回答和解释谜题、比较和寓言。但对于这一方面，应该在更恰当的地方详述。

20．政府当局和学校管理者都可以出席公共活动（例如宣告、辩论、考试和升学），并奖励小礼物给勤勉的学生以表示赞扬（不可针对人），以此激起学生的热情。

原则 3

21．自然发展所有事物都是从源头开始的，虽看似无关紧要，却含有巨大的潜在力量。

例如，形成一只鸟的物质是盛放在蛋壳里的几滴液体，它容易得到温暖，容易被孵化，但这几滴液体却潜含了整只鸟，幼鸟的身体就是由浓缩在里面的生命源泉形成的。

22．模仿。——一棵树亦是如此，无论它有多大，它都是潜伏在果核里或是树枝末端的一根嫩枝里的。如果将它们的其中一个放在地里，整棵树都会借助它所包含的内在力量成长起来。

23．可怕的偏差。——学校大多犯下了一个可怕的错误，直接违背了这一原则。大多数老师用心种进地里的都是植物而非种子，是树木而非幼苗，因为，他们并没有从基本原则开始，而是将混合了一些不同结论或是作家的整个文章的东西放在学生面前。但可以肯定的是，教导所依据的只是极少数原则，正如土地是由四种元素构成的（尽管它们的形式不尽相同）；从这些原则（按照它们分化力的明显限制）可以推断出无数的结果，正如一棵树一样，数百条树枝、成千片树叶、花朵和果实都是由最初的那条嫩枝生出的。啊！愿神能怜悯我们的时代，能打开某人的眼睛，让他看清事物之间的真正关系，能将他的知识传授给其他人类。有了神的帮助，在我的《基督智慧概要》[1]一书当中，我希望我能认真地努力去做，我谦卑地希望，对于届时神吩咐继续从事这件工作的人们能够有所裨益。

24. 纠正。——同时，我们可以得出三个结论：

（1）每一门艺术都应该用最简短和最实用的规则来表达。

（2）每一条规则都应该用最简短和最清晰的语言来陈述。

（3）每一条规则都应该伴有多个例子，以便能在出现新的事例时，能对这一规则的使用方法一目了然。

原则 4

25. 自然是从简单的发展到更为复杂的。

例如，一个蛋的形成并不是始于蛋壳这一最坚硬的部分，而是由其内在物开始的。最初它们是被一层薄膜所覆盖；不久就出现了硬壳。鸟学习飞行，要先习惯用腿站立，然后慢慢振动翅膀，接着更为用力地振动，直到能够飞离地面，最后就能满怀信心地在天空飞翔了。

26. 模仿。——同样，一个木匠的学徒先要学习砍树，然后是将它们锯成木板并钉在一起，最后才是学习用木板建造完整的房屋。

27. 各种偏差。——因此，用同为未知物的事物作为媒介去教授未知物，这一做法是错误的，例如：

（1）如果对那些刚开始学习拉丁语的孩子，用拉丁语教授拉丁语的规则。这就好像是用希伯来语的规则去解释希伯来语，或是用阿拉伯语的规则去解释

---

[1]《基督智慧概要》(*Synopsis of Christian Wisdom*)，夸美纽斯的著作之一。——译者注

阿拉伯语。

（2）如果给初学者们的辅助工具是拉丁语－德语字典而不是德语－拉丁语字典。因为他们不需要借助拉丁语去学习母语，而是需要以自己已知的语言为媒介去学习拉丁语。（关于这一错误，我们将在第20章做更多的说明）。

（3）如果是一个不懂得孩子们的语言的教师来教导孩子们。因为，如果他们没有可以与他保持交流的共同媒介，就只能猜测他说话的内容，其结果只能是巴别塔[1]。

（4）如果各国的孩子们（例如法国、德国、捷克、波兰或是匈牙利的孩子们）使用同一语法规则（例如墨兰顿或拉米斯[2]的语法）进行教授，那就会偏离正确的教学方法，因为这些语言中的每一个都与拉丁语之间有着不同的关系，而如果要彻底教会这些国家的孩子们，就必须要好好理解这一关系。

28．纠正。——这些错误皆可避免：

（1）如果教师与学生说同一种语言。

（2）如果所有的解释都是用学生明白的语言进行。

（3）如果编写语法和字典的语言能够成为学习新语言的媒介（也就是说，通过母语语法学习拉丁语，通过拉丁语语法学习希腊语）。

（4）如果可以逐步学习新的语言，这样就可以让学生先学习理解（因为这是最容易的），然后学习书写（因为这里有时间进行思考），最后是学习说话

---

[1] 巴别塔（Tower of Babel），或称巴贝塔、巴比伦塔、通天塔。《圣经·旧约·创世记》第11章中记载，诺亚的子孙想在示拿地兴建一座高塔，即巴别塔，希望能通往天堂；为阻止人类的计划，神让人类说不同的语言，使人类相互之间不能沟通，计划因此失败，人类自此各散东西。——译者注

[2] 彼得吕斯·拉米斯（Petrus Ramus，1515—1572），又名皮埃尔·德拉拉梅（Pierre de la Ramée），法国人文主义学家、逻辑学家、哲学家、教育改革者，于1572年发生的圣巴托洛缪大屠杀中被杀。——译者注

（这是最难的，因为说话的过程很迅速）。

（5）如果将拉丁语与德语结合在一起时，就应该将德语放在前面，因为它是学生最为熟知的，其次才是拉丁语。

（6）如果学科教材能这样安排：让学生先知道最接近他们精神世界的东西，其次才是那些不太接近的，然后是较远的，最后是最远的。因此，如果学生是第一次学习某知识（例如逻辑学或修辞学），不应该用他们不能理解的学科进行举例，例如神学、政治学或诗学，而应该用日常生活中的事情举例。否则学生既不能明白规则，也不能明白它们的应用。

（7）如果要学生练习，首先要练习他们的感官（因为这是最容易的），其次是记忆力，然后是理解力，最后才是判断力。这样才会按照分阶段的顺序依次进行；因为，所有知识都是从感官的感知开始；其次，通过想象力的媒介进入记忆力的范围；然后，通过对具体事物的思考从而开始理解一般事物；最后才是对已经明白的事实的判断。如此一来，我们的知识就能搭建牢固了。

原则 5

29. 自然不会给自己过重的负担，只要有一点儿就满足了。

例如，一只鸟不会要求一个蛋里有两只幼鸟，只要能产出一只就满足了。园丁不会在一个树干上嫁接大量的接穗，即使他认为该树干非常健壮，最多只会嫁接两根接穗。

30. 偏差。——因此，如果学生不得不同时学习许多东西，例如要在一年内学习语法、辩证法、修辞学、诗学、希腊语等，学生的精力就会被浪费（详见前一章，原则4）。

原则 6

31．自然不会匆匆而行，而是慢慢向前。

例如，一只鸟不会为了迅速孵化鸟蛋就将它们置于火上，而是使其在自然温度的影响下慢慢发育。此后，它也不会为了使幼鸟们迅速长大就将食物硬塞给它们（因为这只会使它们哽噎窒息），而是会细心挑选它们的食物，按照其脆弱的消化能力所能够接受的数量，逐渐增量地喂给它们。

32．模仿。——建筑家亦是如此，他不会急于在地基上筑墙，随后立即盖上屋顶；因为，除非地基有时间变得干燥，变得坚固，否则就会因承受不住上面的重力而下沉，整个建筑也将坍塌。因此，巨石所筑的建筑无法在一年内完成，必须要有一段适当长的建筑时间。

*33．*园丁亦不会期望一株树木能在第一个月长成，或是在第一年年末就能结出果实。因此，他并不会每天都对它进行照料和灌溉，也不会用火或生石灰为其取暖，有天空降下的水分和太阳提供的温暖他就满意了。

34．偏差。——因此，对青年人而言，这是一种折磨：

（1）如果他们被迫每天听 6 小时、7 小时或 8 小时的课，此外还有个人学习。

（2）如果他们承受了过多的听写、练习或必须要记忆的课程的负担，会导致恶心，甚至在某些情况下会出现精神错乱。

如果我们取一个窄口瓶（因为可以将它比作一个孩子的智力），试图将大量的水猛地倒入，而不是逐滴滴入，那结果会是如何呢？毋庸置疑，大部分的水会流到瓶外，最终瓶子里装的水要少于慢慢装进去的水。有些人教学生，并不是学生能领会多少就教多少，而是自己想教多少就教多少，他们的做法也是同样愚蠢；因为能力需要的是支持而不是重担，而教师就像是医生，是自然的仆人而不是主人。

35. 纠正。——因此，学习可以是更容易、更令人愉快的：

（1）如果课堂教学实践尽可能地减短，即减短至 4 小时，并且也留出同样长的时间给个人学习。

（2）如果尽量少地勉强学生记忆，也就是说，只记忆最重要的；其他只需领会其大意即可。

（3）如果所有事情都能按照适合学生的能力进行安排，这些能力就会随着学习和年龄自然而然地增长。

原则 7

36. 自然不会强迫任何事物前行，事物只受自身成熟的力量驱使。

例如，一只幼鸟的肢体尚未完全成形且坚固之前，它不会被迫脱离鸟蛋；羽翼未丰之前，它也不会被迫飞行；有能力好好飞行之前，它也不会被掷出巢外，等等。

一棵树也是如此。树汁尚未从根部上升到能让它抽出嫩枝之前，它不会抽出嫩枝；树汁寻求进一步发展，尚未形成树叶和花朵之前，它不会生出果实；果实尚未受果皮的保护之前，花朵不会落下，果实尚未成熟之前也不会落下。

37. 偏差。——青年人的能力都是受到强迫的：

（1）如果他们被迫学习不适合他们年龄和能力的东西。

（2）如果强迫他们熟记，或是去做那些没有事先向他们彻底解释或演示的事情。

38. 纠正。——综上所述，必须：

（1）只教授给青年人那些他们的年龄和脑力允许，并且是真正需要的东西。

（2）不应该要求熟记那些未彻底理解、领悟的东西。除非对学生的记忆能力有绝对的把握，否则不应该要求他们去记忆。

（3）在未向学生彻底解释事情的性质，并教授进行此事的规则之前，不能让他们去做该事。

原则 8

39. 自然会尽一切可能协助自身工作。

例如，一个蛋有自己的自然温度，但它也有太阳的温暖和孵化它的鸟的羽毛的帮助。自然之父——神，对此是有远见的。新孵化的幼鸟会在足够长的时间里得到母亲的温暖，接受来自母亲的对生活中所需各种技能的训练。我们可以从鹳鸟的例子中看出这一点。年幼的鹳鸟在练习运用它们的翅膀时，成年鹳鸟会将它们背在背上，并绕着鸟巢飞行，以此帮助它们。保姆也是以同样的方式帮助小孩子的。她们先教他们立起头来，然后坐起来，接着用腿站立，并移动他们的双腿准备走路；再后来是逐渐走路，直到步伐稳定。在教他们说话时，她们会反复地说一些词语给他们听，并指出言语所代表的物体。

40. 偏差。——所以，如果教师给学生安排了作业，却不先向学生彻底解释，或是向他们展示该如何做，也不在他们初次尝试时给予帮助；如果他让学生去苦干，若不成功他就发脾气，那么这样的教师是残酷的。

这不是对青年人的折磨又是什么呢？就像是一个保姆强迫一个还不敢自己站立的孩子走路，如果走不好就打他一样。自然的教法非常不同，它告诉我们，应该在弱者的力量尚不充足时有耐心。

41. 纠正。——由此可见：

（1）学生不应因不愿学习而受到鞭打（因为，如若学生没有学习的意愿，这不是别人的过错，是教师的过错，他要么不知道如何让学生接受知识，要么根本没有那样去做）。

（2）对学生必须学习的学科，应该向他们彻底解释，让他们了解学科，就如同了解自己的五根手指一样。

（3）应该尽可能地通过感官进行教导，使得学生记起来不用那么费力。

42. 例如，听觉应该永远与视觉结合在一起，舌头也应该与手结合在一起练习。所教授的学科，不仅应该从口头上讲述，如此只能顾及耳朵，还应该用图片进行演示，如此就能借助眼睛发展想象力。此外，学生应该学会用嘴说话，同时也要用手表示自己所说的话，学过的东西如果没有彻底地印在眼睛、耳朵、理解力和记忆里，就不可以进行任何新的学习。为达此目的，最好用图片形式呈现教室里所教授的所有事情，在教室的墙上挂上训诫和规则，或是阐释所教事物的图片或图表。如果做到这一点，就能够大大地帮助教师将他的教导印在学生的头脑里。如果学生学会将他们的所听、所读都写在他们的笔记本里或惯用语集里也是有用的，因为这样可以帮助想象力，以后回想起来就更容易了。

原则9

43. 自然所造之物，无一不能明显看出其实际作用。

例如，一只鸟在形成后不久就可以看出它的翅膀是用于飞行的，它的腿是用于奔跑的。同样，一棵树的每一部分都有它的用处，果实周边的果皮和花朵皆是如此。

因此：

44．模仿。——如果教师在教授任何事物时，同时将它在日常生活中的用途告诉学生，那么学生学起来将会轻松一些。在教授语言、辩证法、算术、几何、物理学等学科时一定要认真遵守该规则。如果将其忽略，所解释之物就会成为来自新世界的怪物，学生不会关心它是否真实存在，他们对它的态度就会是信仰，而非知识。当事物引起了学生的注意，并且已经向他们解释了它们的用途后，就应该将它们放在其手里，让他们确信自己获得的知识，并从知识的运用中汲取快乐。

因此：

45．只有那些易于展示其用途的事物才能教给学生。

原则 10

46．自然的所有运行皆是一致的。

例如，所有鸟类的产生，实际上，所有生物的产生，都与任意一只你挑选的鸟的产生是相似的。不同之处只在于次要细节而已。植物的情形也是如此，所以，一株植物从种子到成长，一棵树的种植与生长，都可以作为其他所有树木生长的说明，无一例外。一棵树上的一片叶子与其他叶子相似，这一点，年年不变。

47．偏差。——因此，方法不同会使得青年人变糊涂，使得他们厌恶学习，因为，不仅不同教师采取的方法不同，甚至每个教师也会改变自己的方法。例如，用一种方法教授语言，又用另一种方法教授辩证法，虽然两者都可以用同一种方法来教授，即按照宇宙的和谐以及事物与言语之间普通又紧密的关系。

48. 纠正。——因此：

（1）所有科学都必须使用同一的教学方法，所有艺术亦是如此，所有语言亦是如此。

（2）每所学校都应该对所有功课采取同一的安排和对待。

（3）每一学科的教科书都应该尽量采用同一版本。

如此即可避免困难，日益进步。

第 18 章 | 教与学的彻底原则

1．人们往往会抱怨，很少有人离校时受到了彻底的教育，大多数人只记得一种外表，那只是真正知识的一点影子而已。这一抱怨是经事实证实的。

2．据调查，出现该现象的原因有二：一是学校教授的是无意义、不重要的课程，而忽视了更重要的课程；二是学生忘记了自己所学之物，因为大多数知识都只是经过了他们的头脑，却没有牢牢地留在那里。后一种错误非常普遍，很少有人不为之痛惜。因为，如果我们能够记住自己曾读过、听过和在心里曾欣赏过的所有事物，并且它们随时都能在记忆中待我们使用，那我们将会是多么博学啊！诚然，我们会应用我们所学过的东西，但其数量并不如意。实际上，我们仍在不断将水倒入筛子里。

3．但是，难道就没有对此进行补救的办法吗？当然有，如果我们能再次回到自然的学校里，考察它使得自己的造物持久的方法就可以了。

我坚持认为可以找到一种方法，使得每个人不仅能在心里意识到自己所学到的东西，还能意识到可以学到更多；因为，他容易回忆起所有从教师或从书籍里学到的东西，同时，还能对自己掌握的知识所涉及的客观事实做出健全的判断。

4．这是有可能的：
（1）只要那些学科是真正有用的学科。

（2）如果这些学科都能不离题、不中断地进行教授。

（3）如果能为细节的教授做好彻底的基础建设。

（4）如果能小心建设这一基础。

（5）如果之后的所有教学都以此为基础，而不是别的。

（6）如果每一个学科都有几个部分，各部分都尽可能联系在一起。

（7）如果后教授的都是以先教授的为基础。

（8）如果同源学科之间的相似点能得到极大的注意。

（9）如果所有学科的安排都能顾及学生的智力和记忆力，以及语言的性质。

（10）如果能通过不断的实践来巩固记忆里的知识。

我们将仔细考虑上述每条原则。

原则 1

5．自然不会生成无用之物。

例如，在开始形成一只鸟时，自然给它的不会是鱼鳞、鱼鳃、角、四只脚，或是其他它用不上的器官，而是一个头、一颗心脏和一双翅膀等。同样，给一棵树的亦不会耳朵、眼睛、绒毛或头发，而是树皮、韧皮部、木材和树根。

6．艺术方面的模仿。——同样，没有人会希望他的田地、果园和花园里会种植莠草、荨麻、蓟草和荆棘，只会希望种植优良的种子和植物。

7． 建筑家也希望能建造一座牢固的房屋，他不会去收集稻草、垃圾、尘土或灌木丛，而是石头、砖块、橡木板以及类似的优质材料。

8．学校方面。——因此，在学校里：

（1）除非要学习的事情无疑是对生活在当前世界和以后的世界都有用处——在以后的世界的用处更加重要（杰罗姆[1]曾提醒我们，在天堂使用的知识，必须从地上获取）。

（2）如果我们必须将许多仅在当前世界有价值的事情教给青年人（这是无法避免的），就必须要小心，真正有益于当前生活的，不可因此阻碍在天堂的福祉。

9. 然而，为什么要学习没有价值的学科呢？有些学科对于知道它们的人毫无用处，对于不知道它们的人也不感到缺少什么，学习它们又有什么意义呢？随着时间的流逝，随着人生职责转变得更要全力以赴时，有些学科一定会被遗忘，那学习它们又有什么意义呢？我们的生命如此短暂，即使不将它浪费在无价值的学习上，也有太多事情要忙碌。因此，学校必须这样组织，让学生只学习有价值的事情（至于消遣的价值和重要性，我们将在适当的地方进行讨论）。

原则2

10. *身体成形时，自然绝不会省略任何其生长所必需之物。*

例如，一只鸟成形时，自然不会忘记给它们头部、翅膀、腿、爪、皮肤或任何组成此类飞行生物的必要部分。

11. *学校方面的模仿。*——同样，学校教育人时必须采用各种方法，不仅要让他们能从事此生的职业，更要能适合永生。的确，人类的全部努力都应该是着眼于未来的。

---

[1] 圣杰罗姆（Saint Jerome，约347－约420），早期西方《圣经》学家，代表作有《圣经》拉丁文译本等，一直被西方笔译和口译工作者奉为先驱。——译者注

12. 然而，学校里不应该只教授科学，也应该教授道德和虔诚。科学的训练能增强理解能力、语言能力和动手能力，如此一来，每件有用的事情都能够得到适当的考虑、讨论并付诸实践。如果忽略了这些元素中的任何一个，都会留下一个巨大的间隙，结果不仅是教育有缺憾，其整个稳定性也会受到损害。任何一件东西，如果它的各个部分没有紧密联系在一起，它就不够稳定。

原则 3

13. 自然不会作用于任何事物，除非它已有基础或根源。

一棵树不会在树根长好前生出枝条，如果生出枝条就会枯萎死亡。正因如此，一个聪明的园丁会在看见树干生根之后才给它插入接穗。

从鸟类和兽类的例子中我们能发现，树根的位置由内脏取代（因为其生命力在于此），身体的这一部分也最先形成，因此，它就是其余部分的基础。

14. 模仿。——同样，建筑家亦不会尚未打好一个牢固的地基就建造房屋，否则，整个建筑很快就会倒塌。同样，一位艺术家会在进行精细工作前画好基础底色，否则颜色就容易变淡、褪色。

15. 偏差。——下述的教师们就忽视了为教学奠定这样的基础：①那些不愿辛苦地将自己的学生变得勤勉且用心的教师们，以及②那些不愿在一开始就给出整个课程的梗概，使得学生能够明白实际上已经完成了计划的多少的教师们。因为，如果学生在完成他们的任务时不喜欢，不集中注意力，也不理解，如何能够期待任何持久的效果呢？

16. 纠正。——因此：

（1）每一门功课都应该以这样的方式开始，即，它能够唤醒学生对它的真正喜爱，要做到这一点就是要向他们证明，它是多么美好、有益、令人愉快、必要。

（2）应该在学生仔细学习一门语言或艺术前，就将它的一般概念（包括一个尽可能简略，但又包含该学科每一分支的梗概）告知学生，使得他们能在一开始就明白它的目标、范围和内在结构。因为这就好像骨骼对于整个身体的作用，那么一门艺术的一般梗概就是该门艺术的基础。

原则 4

17. 自然会往深处扎根。

例如，一只动物的内脏就深埋在它的体内。一棵树的根扎得越深，它就会立得越稳；如果它的根只渗透到草皮下面，就容易被连根拔起。

18. 纠正偏差。——因此，应当彻底唤醒学生的求学欲，应将学科的基本概念深深地印入他们的头脑里。除非已经认真做到这一步，否则就不应尝试对艺术或语言进行更仔细的解释。

原则 5

19. 自然发展一切事物都是始于它的根源，而不是别的源头。

一棵树的树干、树皮、花朵和果实都是源于根部，而不是其他。因为，尽管雨水落在树上，有园丁浇水，但水分都必须经根部吸收，然后再送往树干、树枝、树叶和果实。正因如此，尽管园丁的接穗是从其他的源头而来，但他必须让它插进树干里，那样它们才能成为一体，从树根中汲取水分，以此汲取营养才能长大。一棵树的生长皆源于树根，不需要再为树叶和树枝的生长找其他的源头。就像一只鸟全身覆满羽毛一样。它们不需要从另一只鸟身上取下，而是从体内最深处长出。

20．艺术方面的模仿。——谨慎的建筑家亦会以此方式建造房屋，让它建立在自己的地基之上，能够依靠自己的梁支撑，不需要任何其他的外部支撑。因为，如果一个建筑需要外部支撑，那就是不完善和趋向倒塌的证明。

21．当一个人在布置一个鱼塘或是一片湖泊的时候，他会找一个泉水，用水沟和水管将它的水引到他的蓄水池中；但他不会用其他来源取水，也不会用雨水。

22．从这一点就可以知道，对青年人的正确教育不是要将从各个作家拼凑出的一大堆字句和观点强行塞入，而是要让他们打开对外部世界的理解力，以便从他们的头脑里引出一股活水，就好像树叶、花朵和果实是从树的蓓蕾中生长出来，等到来年又会结出一个新的蓓蕾，蓓蕾上又会抽出一条嫩枝，长出树叶、花朵和果实。

23．学校方面可怕的偏差。——迄今为止，学校没有教导学生去发展自己的头脑，就如同幼树从自己的树根生长起来一样，而是给他们饰以其他树的树枝，就像《伊索寓言》[1]里的乌鸦，用其他鸟的羽毛装饰自己；学校不愿意去打开潜伏在学生身上的知识源泉，而是从其他源泉取水去灌溉他们。也就是说，他们并不会将客观存在的世界展示给学生看，所展示的只是这个或那个作家写出的或想到的关于此事或彼事的东西，以至那些知道许多人对许多事持有相反见解的人都被认为是最有学问的人。其结果是，大多数人并没有知识，有的只是从不同的作家那里搜集而来的引语、句子和观点而

---

[1]《伊索寓言》，相传为公元前 6 世纪被释放的古希腊奴隶伊索所著，共 357 篇，故事篇幅短小却寓意深远。作者借以形象化地说出某种思想、道德意识或生活经验，使读者得到相应的教育。——译者注

已，像拼被褥一样将他们的知识拼凑起来。"啊，你们这些模仿者，你们这群奴隶！"贺拉斯[1]喊道。的确是一群奴隶，习惯于将不属于自己的东西背负在身上。

24. 但我要问你，在寻找事物真正性质的知识一事上，我们为什么要让自己被别人的观点引入歧途呢？除了追随别人到十字路口，走入别人的狭巷，用心学习那些偏离正道的偏差，我们就没有更好的事情可以做了吗？啊！弟兄们！让我们快步奔向目标，放弃这一懒惰的漫步吧。如果我们在面前树立了坚定的目标，我们为何不走捷径快步奔向它；我们为何要用别人的眼睛而不用自己的眼睛呢？

25. 教授知识各分支的方法表明，这一情况的确应该责备学校；他们真的教导我们以别人的眼睛的方法去看，用别人的大脑去变得智慧。这些方法并不是教导我们去发现源头，从别人那里引水，而是将从不同作家那里取来的水放在我们面前，并教导我们从这些返回到源头去。因为字典（至少是我知道的字典，或许除了纳皮乌斯[2]的字典，但甚至是这一部字典里也有遗漏的地方，将在第 22 章中说明这一点）并不会教人如何说话，而是教人如何理解；语法不会教人如何造句，只会教人如何分析句子；没有一本成语词典能够帮助人们熟练地把成语连接到对话里，或是将它们自然变换，只是提供一些胡乱收集的句子。教授物理学的人鲜少会运用目击演示和实验，而只是引用亚里士多德和其他人的成果。没有人从行为的内在根源去追求形成道德，而是纯粹用外在的解释和对德行的分析给出一个道德的表面虚饰。待我说到艺术与语言的特殊方

---

[1] 贺拉斯（Horace），全称是昆图斯·贺拉提乌斯·弗拉库斯（Quintus Horatius Flaccus，前 65—前 8），古罗马诗人、批评家、翻译家，代表作有《歌集》《诗艺》等。——译者注

[2] 纳皮乌斯（Gregory Cnapius，1574—1638），波兰籍耶稣会士，诗人、语言学家，曾经编著过《波兰语、拉丁语、希腊语字典》。——译者注

法时，这一点将会更加明显，但尽管如此，我请求神，在我提出我的泛智主义的提纲时，这一点也将会更加明显。

26. 前人对于此事理解得不好，而现在的人也没有对这一错误进行及时矫正，这一点的确令人奇怪；因为，我们在这里找到了迄今为止进步缓慢的真正原因。建筑家会用掀倒一座房屋的方式教导他的学徒建筑的艺术吗？啊，不会；而是通过向他展示修筑房屋的过程，如何选择材料，如何将每一块石头放在适当的地方，如何将其备好、举起、安置并连接在一起。因为，无须告诉那些懂得如何修建房屋的人如何掀倒房屋，那些能够缝衣的人不用教导也能拆衣。但建筑或裁缝的艺术不是通过拆倒房屋或拆衣就能学会的。

27. 这一方面如此错误的方法尚未得到纠正，其原因十分明显：①因为，即使不是大多数人，但仍有许多人的教育内容都只是由一串名字组成的；也就是说，他们能重复艺术的专门术语和规则，却不知道如何实践运用；②因为，没有谁的教育能够达到这样的地步，即能给予自身支持、力量和广博的周全知识，而是一种混杂的混合物，一部分是从这个源头借来的，而另一部分又是从另一个源头借来的，这些因素毫无逻辑地结合在一起，因而无法得出有价值的结果。因为，知识是由不同作家的言论和观点汇集而成的，就像农夫在假日里立起的树，尽管覆有树枝、花朵、果实、花环和花冠，但不能生长，甚至不能持久，因为它的装饰并非源于它的根部，而只是悬挂在上面的。这样的一棵树不可能结出果实，附在上面的树枝也会枯萎、掉落。但一个受过彻底教育的人就像是一棵从自己根部长大的树，能够从自己的树汁中得到营养，正因如此，它才能够长大（一天一天，越来越有生命力），长出树叶、花朵和果实。

28. 纠正。——因此，我们得出了以下结论：人类必须尽可能地接受教育，通过学习天、地、橡树、山毛榉而变得智慧，而不是通过学习书籍；也就是说，他们必须学会了解和考察事物本身，而不是别人对事物所做出的观察。如果我们人人都能从本源、事物本身而不从其他源头获得知识，我们就能追随古代智者的脚步了。因此，我们可以定下以下法则：

（1）所有知识都应该从相关事物的不变法则推演而来。

（2）所有知识都不应该以书籍为权威进行教授，而应该根据对感官和智力的真实演示进行教授。

（3）任何学科都不能只以分析法进行处理，实际上更应该偏重于使用综合法。

原则 6

29．自然赋予事物的用途越多，该事物就能明确细分出更多分支。

例如，任何动物的肢体的关节数量越多，它的动作也就越复杂，对此，我们可以将一匹马和一条蛇做比较得出结果。同样，如果一棵树的树枝和根部分散得广且相互有一定距离，它就站得越稳、越美观。

30．模仿。——在青年人的教育方面，我们就应该注意将所教的事物全都仔细划分，保持在应在的位置，这样一来，不仅仅是教师，学生也可以准确知道到达了什么进程，正在做什么。如果学校使用的所有书籍都能够遵循自然在这一方面的例子，那也会有极大的帮助。

原则 7

31．自然绝不会静止，只会继续前进；绝不会以正在做的工作为代价而开始新的工作，只会进行已经开始的工作，将其完成。

例如，胚胎的成形，它的脚、头、心脏都是最先形成的，这些器官并不是被废弃的,而是已完成的。一棵移植的树并不会抛弃原有的树枝,而是会继续给它们提供树汁和生命力,使得它们每年都会抽出更多的嫩芽。

32. 模仿。——因此,在学校里:

(1)所有学校都应该如此安排,后学的可以依赖先学的,先学的可以因后学的而在头脑中得以巩固。

(2)所教的每一门学科如果已经彻底理解了,一定能记住。

33. 因为,在我们的这种自然方法中,所有先学的都应该成为后学的基础,绝对有必要彻底将这一基础打牢。因为,只有彻底理解并且牢牢记住的才能被称为头脑的财产。

诚如昆体良所说:"知识的获取依靠记忆。如果我们忘记了所听和所读,那么教导便是徒劳的。"维夫斯也说:"记忆力应在年幼时期进行锻炼,因为锻炼可以促使它发展,所以我们应该尽可能多地用心锻炼它。现在的青年时期是不觉辛苦的,因此记忆力就可以毫无困难地发展,并且变得非常持久。"他在《哲学导论》(*Introduction to Philosophy*)中说道:"记忆力不应该得到休息,因为再没有一种能力比它更活跃了。应该每天找一些东西去记忆,因为越是记得多,记忆力也就越真实,越是记得少,就越不真实。"自然的示例告诉我们这是真的。一棵树所汲取的树汁越多,就会长得越强壮,反过来,它长得越是强壮,通过它的纤维汲取的树汁也就越多。一只动物的发展也与它的消化能力相对应,反过来,它长得越大,就需要越多的营养,也就消化得越多。这就是每一种自然之物发展的特性。因此,在这一方面,不应该过分放纵儿童(当然也不应该施加过重的压力),因为这样才能为可靠的进步打下坚实的基础。

原则 8

34. 自然通过不断地组合将所有事物连接起来。

例如，当一只鸟形成后，肢体连接肢体，骨头连接骨头，筋连接筋。一棵树的情况亦是如此，树干连接树根，树枝连接树干，嫩枝连接树枝，蓓蕾连接嫩枝，树叶、花朵与果实又连接蓓蕾；因此，尽管这些东西都是数以千计的，但整体组成了一棵树。一座房屋也是如此，如果想要持久，墙壁就必须屹立在地基之上，天花板和屋顶就要建立在墙壁之上，总而言之，从最大的到最小的所有部分，都必须连接在一起并相互配合，如此它们才能形成一栋独立的房屋。

35. 模仿。——由此可见：

（1）终生学习应如是安排，使得它们能够形成一个百科全书式的整体，所有部分都源于同一个源头，而每一部分都有其自己的位置。

（2）所教的每一件事都应该有充分的理由支撑，那样才不容易出现怀疑或是遗忘。

的确，这些理由就像钉子、钩子和夹子一样，能够将一件事物牢牢地固定在记忆中，并且防止它消退。

36. 通过给出理由的方式强化所有知识，就等于通过事物的原因解释事物。也就是说，不仅是指出了每个事物的性质，还指出了不能是其他事物的原因。因为，知识只是我们通过掌握一个事物的原因，对该事物熟悉了而已。例如，如果提出问题：*totus populus* 和 *cunctus populus* 哪一句更为正确，而教师只说"*cunctus populus* 是正确的习语"，却不给出任何理由，学生很快就会忘记。与之相反，如果教师说："*cunctus* 是 *conjunctus*[1] 的缩写，并且，*totus* 是用

---

[1] 当前普遍认为 *cunctus* 是 *convinctus* 的缩写，而非 *conjunctus* 的缩写。——译者注

以形容同质之物，cunctus 是用于概念为集合之时，例如本句中就是如此"，难以想象学生还会忘记，除非他的智力非常有限。再者，如果提出语法问题：我们为什么说 mea refert，说 tua refert，却又说 ejus refert 呢？也就是说，为什么我们在第一人称和第二人称时使用夺格[1]（假设它就应该这样用），却在第三人称时使用属格[2]呢？如果要我回答，我会说 refert 是 res fert 的缩写，所以这几句习语就是 mea res fert，tua res fert，ejus res fert（或者用它们的缩写 mea refert，tua refert，ejus refert），因此 mea 和 tua 不是夺格，而是主格，学生难道不会受刺激从而更加努力吗？

因此，学生应该学习并且彻底地学习所有文字的字源、所有结构的理由，以及形成学习不同学科的规则之上的原则（科学的原则应该最先印入大脑，方式是不仅给出理由，而且要采取在物体自身上真正演示出来的方法）。

我们将会证明这一方法最适合学生，因此它非常有利于为彻底的教育铺平道路；因为他们的眼界将显著扩大，他们将养成轻松、自然地从一件事走向另一件事的习惯。

37. 因此，在学校里，一切都应该通过它的原因去教授。

原则 9

38. 自然在质量和数量两方面为树根和树枝间保留了一定的比例。

地面之上树枝的发展与地面之下树根的发展是成比例的。这不可能不是如此；因为，如果树木只向上生长，那它就不能保持它的直立位置，因为帮它保持直立位置的是树根。反过来，如果它只向下生长，那也是无用的，因为结

---

[1] 夺格（the ablative），又称离格、从格，表示某些意义的状语，出现在拉丁语、梵语等原始印欧语系的语言及蒙古语、藏语、芬兰语中。——译者注

[2] 属格（the genitive），又称所有格，是名词语法上的格，表示一个名词的所属。——译者注

出果实的是它的树枝而不是树根。动物的内外器官之间也有一个亲密的联系，如果内部器官健康，那么外部器官也是健康的。

39．模仿。——这同样亦适用于教育。该原则首先要应用于知识的内在根部，以此发展并获得力量，同时也必须留意，让它以后能生长出树枝和叶子。也就是说，无论什么时候都应该要教学生利用实践运用知识，就像教授语言就是通过说话去实践知识，而不仅是在心里吸收知识。

40．因此：

（1）所教授的每一门学科都必须提出它的实际用途问题，那样就不会学习无用的东西了。

（2）无论学的是什么，都应该由一个学生交流给另一个学生，如此就能使得所有知识都得到运用。因为，只有在这种意义上才能让我们明白这个说法："如果没人知道你知道的东西，那么你的知识就是无用的。"因此，没有哪个知识的源泉应该被开发，除非能从中流出溪流。但是，对于这一点，我们将在下一原则中做详细说明。

原则 10

41．自然通过经常的运动变得多产且强壮。

比如说，一只鸟在孵化鸟蛋时，不只是会给它们温暖，为了使它们的各面都能均等地受到温暖，它会每天转动它们（这一点也可以从鹅、鸡和鸽子的情况中观察到，因为它们孵卵是能够为我们亲眼所见的）。幼鸟破壳而出时，它会通过运动自己的嘴、肢体和翅膀，通过伸展自己的身体离开地面，通过反复尝试走路和尝试飞行来锻炼自己，直到能足够强壮地行走和飞行。

一棵树越是受到风吹，生长得越快，它的根也会扎得越深。雨水、风暴、冰雹、雷电的刺激有利于所有树木的健康，正因如此，那些常常遭受风暴和雨水的地区应该能比其他地区生产出更为坚硬的木材。

42．机械艺术方面的模仿。——同样，建筑家会任由风和太阳将他的建筑吹干，变得牢固。铁匠也希望他的铁能变得坚硬，能得到调和，于是反复将它放进火里、放入水中，如此这样，通过冷热交替，反复软化金属，最终能让它变得坚硬、耐用。

*43．*由此可见，所教学科如果没有经常进行反复练习，就无法达到彻底的教育。我们可以通过观察生物体内的营养过程，也就是收集、消化和分配等这些自然运动，从而学会最适合的行为模式。以一个动物为例（树木亦是如此），每一个器官都在寻求可以消化的食物，既可以给自己获取营养（因为它保留并吸收了一部分已消化的食物），也分享给其他器官，这样就可以保持整个身体的健康（因为每一个器官都要为其他器官服务）。同样，教师也可以大大地提高他的教学的价值：

（1）为自己寻找并获得智力的食物。
（2）吸收并消化他找到的。
（3）将吸收的东西分享给其他人。

*44．*这三种元素可以在以下著名的拉丁语偶句中发现：

> 多问问题，记住答案，并以所记教予他人；
> 以此三点，就能让学生青出于蓝而胜于蓝。

一个学生就某一学科中自己不明白的地方去问他的老师、问伙伴、问书籍时，即是提问。当我们将已经得到的知识传递给记忆，或是为求更加稳妥而写下来（因为只有少数人能如此幸运，有在头脑中记住所有事的能力），这就是记住。当把记住的知识传递给同学或是其他伙伴时，这就是教。

学校非常熟悉这些原则中的前两个原则，却对第三个知之甚少；然而，它的引进却是最为需要的。有句话是："教别人就是教自己。"这句话是很正确的，不只是因为经常重复可以将一件事实印刻在头脑中，永不磨灭，还因为，教学过程本身就会对所教的学科有一个更深的理解。因此，天才乔基姆·福尔提斯[1]就常说，如果他只听过一次或读过一次的内容，一个月内就会忘得一干二净；但如果他把它教给别人，它就会成为自己的一部分，就像他的手指，除了死亡，他不相信有任何事物能将它从他身上夺走。因此，他的意见是，如果一个学生想要进步，就应该天天教别人自己正在学习的学科，即使他必须雇用别人做他的学生。他说："为了有人愿意听取你的教导，或是在你智力进步之时能够听取你的教导，在某种程度内牺牲自己身体的安逸也是值得的。"

45. 如果每个班级的教师都把这个极好的体系介绍给他的学生，这一定会有益于许多人，并且它易于实践。还可以按照下述方法完成：每一节课，教师简要完成已经预备好的工作并对文字的意义做过解释之后，就应该让其中一个学生站起来，将之前说的按照顺序重复一次（就好像他就是其他人的教师一样），用同样的字词，举同样的例子进行解释，如果他说错了，就应该予以纠正。然后再叫另一个学生做同样的事情，其他人听。之后还有第三个、第四个，需要多少个就叫多少个学生，直到证明所有人都理解并能解释这一节课了。实践这一做法时要注意，先叫聪明的学生起来执行，为了能让迟钝的学生可以以他们为榜样，可以较为容易跟上。

46. 这一种练习有五重用途：

（1）教师一定能让学生用心。因为，既然学生随时可能会被叫起来要求

---

[1] 乔基姆·福尔提斯·林格尔伯格（Joachim Fortius Ringelberg，1499—1536），比利时数学家、语言学家、画家、蚀刻师。——译者注

重复教师所说的话，每个学生都会害怕失败，害怕在别人面前显得荒谬，如此一来，他们就会认真听讲，不会漏掉任何东西。此外，认真注意的习惯经过几年的练习，就会成为第二天性，就会让学生在现实生活中有良好的表现。

（2）教师能够准确地知道学生是否已经彻底掌握教授给他们的东西了。如果他发现学生没有彻底掌握，为了自己和学生的利益，他就可以重复地、更清晰地进行解释。

（3）如果能经常重复同一件事，最后，智力最为低下的学生也能领会，这样，他就能跟上其他人的步伐；而较为聪明的学生也会因此精通该门学科，会为此感到愉快。

（4）比起学生个人学习可能获得的知识，用这种经常重复的方法掌握的知识更为透彻，学生甚至会更为勤勉，他们还会发现，如果早上读过的课文，晚上再读一次，就能轻松愉快地记住。学生在使用这种复述的方法时，就好像承担了教师的职务，他会更加热心，更加热爱学习；也能养成一种在许多人面前解释一件事时保持镇定自若的习惯，这也将使他终身受到极大的裨益。

47. 按照这一观念，学生在放学之后相遇或在一起散步时，应该对比笔记或是讨论近期所学到的知识，或是应该谈论任何能够吸引他们注意的新鲜事物。当一群人数固定的学生为这样的讨论齐聚一堂时，如果其中一个学生（可以是抽签选出或投票选出）来代替教师，控制这一进程，这会有很大的帮助。如果由他的伙伴们选出的学生拒绝这一职位，他应该受到严厉的谴责。因为，这种教和学的机会不应该拒绝，而应该去追求、去竞争。

关于写作练习（进步的一大帮助），我们将在讨论国语学校和拉丁语学校的篇章中（第29章和第30章）详谈。

第 19 章 | 教学的简明原则和迅速原则

1. "但是这些设计太过乏味，太过宽泛了，"读到这里，许多读者都会这样说。"要彻底地教一门学科，需要多少教师、多少图书、花费多少劳力啊！"我回答：毫无疑问的确是这样，除非减少我们的辛劳，否则这不会是一件容易的工作；因为，我们的这门艺术与我们头脑即将征服的宇宙同样长远、同样宽阔，也同样深沉。但谁人不知那些散乱的、麻烦的东西可以被收入一个小小的罗盘中呢？谁人不知织工能以最快的速度将成千上万的线织成各式各样的东西呢？又或者谁人不知磨工能够极为轻松地研磨成千上万的谷粒，能极为精准且毫不困难地将谷粉和谷糠分离出来呢？人人都知道，工程师能够用相对较小的机器举起巨大的重物，一盎司的东西，如果放在距离支点较远的地方，就能与杠杆另一端数磅重的东西保持平衡。

因此我们可以看出，伟大的成就往往是一个技巧性问题，而不是力量性问题。有学之士是唯一不知道如何用技巧处理事务的人吗？当然，羞耻心可以迫使我们模仿其他职业的创造精神，寻找出一个补救学校迄今为止仍为之挣扎的困难的方法。

2. 在发现疾病和起因之前，我们不可能找出医治方法。是什么阻碍了学校的努力，阻挡了它们的成功，以至大多数人在求学期间都没有涉猎科学与艺术的全部范围，甚至有些人根本没有入门呢？

3. 毫无疑问，造成这一现象的原因如下：第一，没有设立一定的地标以作为学生每年、每月或每日所应该达到的目标，并且完全缺乏体系。

4. 第二，没有指出达到目标的确实可行的路径。

5. 第三，那些原本天生就应该连在一起的事物并没有联合，反而被分开了。例如，教小学生阅读，却直到几个月之后才教他们写字。在拉丁语学校里，学生要用几年时间去学习写字，却不知道它们的意思，以至他们的童年全都为语法学习所占据，所有的哲学兴趣都被留给了以后的阶段。同样，学生只能学而不能教，尽管所有这些事情（读与写，字与物，学与教）本该是连在一起的，正如跑步时，从地面抬起脚和脚再次落回地面也是连在一起的，或者说，在对话里，听与答是相连的，又或者玩球时，扔和接是连在一起的。

6. 第四，我们很少将艺术和科学当作一种百科全书式的整体的一部分进行教导，而是当作零星碎片看待。这就是它们在学生眼里像是一堆木头或一捆木柴的原因，也是难以看出它们的确切关系和连接的原因。其结果就是，一些学生掌握了一件事实，另一些学生掌握了另一件事实，但没有人接受了一种真正彻底且通用的教育。

7. 第五，采用了许多不同的方法。每一间学校甚至是每一个教师都采用了一种不同的方法。更糟糕的是，教师们在教一门学科或是一门语言时使用一种方法，教另一门时使用另一种方法，最糟糕的是，甚至在一门学科中，教师使用的方法也会改变，以至学生几乎无法明白自己被希望用什么方法学习。这就是引起许多耽误、学生疲惫不堪，甚至常常不愿意尝试学习新知识的原因。

8. 第六，我们尚不知道一种能够同时教导全班学生的方法，只是教了个别学生。面对大量的学生，教师不可能用这一种方法。如果每一个学生都要继续进行准备，直到轮到自己为止，那么他们一定也会认为这一方法非常费力，并且及其令人厌烦。

9．第七，如果有好几个教师，这又是一个导致混乱的新源头；因为每小时都会介绍新的学科。就更不用说不同的教师和书籍，都会令人分心。

10．最后，在学校内和学校外，学生可以绝对自由地选择他们要读的书，教师绝不对他们的选择给予任何帮助。因为，所有人都抱有一种观念，读许多书就能获得许多进步的机会，其实这种多样性反而只会令人分心。因此，只有很少的人能掌握学习的所有分支也就不足为奇了。奇怪的是，有人能够找到走出这一迷宫的道路——实际上只有最有天赋的人才能做到这一点。

11．因此，为了将来，我们必须避开这些障碍和延误，必须一直走向目标，忽略所有目前无用的事情。正如一句谚语所说："杀鸡焉用牛刀。"

12．我们可以选择模仿太阳，因为它为自然的运行提供了一个显著的示例。它的工作是非常辛苦的，也是无限度的（即将它的光线送给整个世界，为已存在的种类无限的所有元素、矿物、植物和动物提供光明、温暖、生命和力量），但是它平等地为它们提供着，每一年都能以最令人敬佩的方式循环地履行自己的责任。

13．因此，我们将参照上述学校管理的需要，对太阳活动的各种原则进行考查。

（1）太阳不会只被一个物体、一只动物或一棵树所占据，而是同时向整个世界提供光明和温暖。

（2）它用同样的光线供给万物光明，它用同样的蒸发和凝结过程湿润万物，它用同样的风吹拂万物，它用同样的温暖和寒冷推动万物。

（3）它使得春夏秋冬在所有地方同时出现。同时，由于它的力量，树木会变绿、开花、结果（尽管有些会自然地早于其他的）。

（4）它总是保持同样的顺序；一天与另一天相似，一年与另一年相似。它总是会用同样的方法作用于一种对象。

（5）它生产某事物是始于其基本形式，而不是别的源头。

（6）所有应该联合的事物，它都将它们联合在一起进行生产；带着树皮和树心的木头，一朵带叶子的花，一个带着果皮和叶柄的果实。

（7）它使得每一种事物都经过一定的阶段发展，以便一个阶段为下一个阶段做好准备，每一个阶段都能自然而然地跟随上一个阶段而来。

（8）最后，它不会生产出无用之物；或是偶然出现这样一种事物，也会将其毁灭。

14．模仿上述太阳的情况，可得：

（1）每所学校应该只有一个教师，或者至少每个班只有一个教师。

（2）每一门学科应该只用一种书。

（3）应该给全班学生同样的练习。

（4）所有学科和语言都应该用同样的方式进行教授。

（5）每种事物都应该彻底地、扼要地、精练地进行教授，如此才能像钥匙开锁一样打开理解力，之后能自行解决新的困难。

（6）所有天性相关联的事物都应该连在一起教授。

（7）每一门学科都应该分出明确的步骤进行教授，如此一来，一天的学习就可以扩展前一天的学习，引出后一天的学习。

（8）最后，一定要摒弃所有无用之物。

15．如果这些改革能够被引入学校，毫无疑问，整个科学循环就可以完成，并且出人意料地轻松，就如同太阳每年在天上完成循环一圈一样。

因此，让我们行动起来，看看这些建议能否实施，看看如何克服那些阻碍其实现的困难。

问题 1

一个教师如何能同时教授若干学生呢，无论数量有多大？

16. 我坚持，一个教师不仅可以同时教授数百名学生，并且这也是必要的；因为，对教师和学生而言，这都是一种最为有益的体制。面前的学生数量越多，教师对于自己工作的兴趣也就越大（就好像一个矿工在发现一条矿产丰富的矿脉后，他的手会因为兴奋而颤抖）；教师自身越是热心，学生也会表现得越热心。同样，学生也是如此，在场的伙伴越多，不仅能取得很好的效果，并且也很令人愉快（因为，有同伴同时劳动，会使得人人愉快）；因为他们会相互激励，相互帮助。的确，对于这一年龄的孩子们，竞争是最好的刺激。再者，如果一个教师的班级很小，他的学生们也许会遗漏这一点或那一点。但如果同时有许多人在听他讲课，每个人都会尽自己所能去理解，那么在重复功课的时候，所有内容会再次回到他们的头脑里，因为一个人的头脑可以激励另一个人的头脑，一个人的记忆也可以激励另一个人的记忆。简而言之，一个面包师揉一次生面粉、热一次烤箱就可以做出大量的面包，就好像一个制砖工人可以同时烧制许多砖头，一个印刷工人用同一套活字可以印刷出成千上万本书，因此，一个教师也可以同时教授大量的学生，并不会有丝毫不便。难道我们看不见一棵树干能够支撑起无数树枝，并为它们供给树汁吗？看不见太阳能给予整个世界活力吗？

17. 应该怎么做到这一点呢？让我们再用之前的例子，看一看自然的做法吧。树干并不会伸展到最外层的树枝，而是留在自己的位置，将树汁供给与它联系最近的较大的树枝，这些大树枝将树汁传递给其他树枝，再由它们传递给其他树枝，以此类推，一直到传递给最小的末梢。同样，太阳不会只照耀每一棵树、每一株植物或每一只动物，而是从高处发出它的光线，同时照亮半个世界，以这样的方式给每个生物提供它所需要的光明和温暖。在此我们应该要注意，太阳的活动可以得到地势的帮助。例如，山谷和洼地就可以集中光线，从而得到更多的温暖。

18. 如果能按照下述方法进行安排，那么一个教师也能应付大量的学生。即：

（1）如果他将所有学生按小组划分，例如分为10人一组，每组应该由一个学生控制，而他又受更高一层的学生的管理，等等。

（2）如果他决不进行个人教导，无论是校外私下进行或是校内公开进行，而只是同时、一次性地教导所有学生。因此，他决不应该走近任何一个学生，或是允许任何一个学生单独走到他面前，而是应该留在自己的座位上，让所有学生都能看见他并听见他，就好像太阳发出光线笼罩万物一样。另一方面，学生必须使耳朵、眼睛和思想都向教师集中，并注意教师用嘴告诉他们或用手和图解的方法向他们解释的所有事物。这样，就可以一举多得了。

19. （3）我们可以用一点小技巧吸引集体和个别学生的注意，可以给他们灌输一种概念（事实亦是如此），教师的嘴是一个源泉，可以流出知识的涓涓细流，流过他们，无论何时他们看见这个源泉打开，就应该将注意力置于下方，像一个蓄水池一样，不让任何东西溜走。教师也应该格外注意，除非所有学生都在听，否则绝不说话，除非所有学生都集中注意力，否则绝不教学。关于这一点，塞涅卡所言非常恰当："我们不应该对不愿听的人讲话。"所罗门也说："明哲人眼前有智慧，愚昧人眼望地极。"（《箴言》，第17章第24节）也就是说，我们不应该对着风说话，而是应该对着人的耳朵说话。

20. 唤醒和保持注意力不应该仅仅依靠为首的学生或是其他负责的学生。

教师本身就是一个最为重要的因素，如果他能遵守下述8条规则，他的努力就能得以成功。

（1）如果他在教学时能够耐心地、不断地介绍一些既有趣又实用的东西；因为，这样既可以激发学生的兴趣，也可以吸引他们的注意。

（2）如果在开始任意一门新学科时，他能通过一种吸引人的方式将其呈现在学生面前或是向学生提问，就能激发学生的兴趣。所提问题可以涉及已学过的知识，如此一来就可以阐明它与问题中的学科的关系，也可以涉及新的学习分支。因为，如果毫不留情地揭露出学生对该学科的无知，可能会激起学生想要彻底掌握它、理解它的意愿。

（3）如果他站在一个高高的讲台上，并且眼光同时看向所有学生，不允许任何一个人做别的事，只允许注意看着他。

（4）如果他在可能时都利用感官，尤其是利用视觉去帮助学生集中注意力（我们已在第17章原则8的规则3中做过说明）。

（5）如果他偶尔中断自己的解释，并说出这些话：告诉我（指着某个学生），我刚刚说了什么？重复那句话！告诉我，我是如何说到这一点的？以及与此类似的话，它的确切性质就取决于他所教的班级。如果发现有任何学生不专心，应该当场责备或惩罚。如此一来学生才会热心和专心。

（6）同样，如果他对一个学生提问，而那个学生犹豫不决，他就应该依次询问第二个、第三个或是第三十个学生，不再重复该问题，只让他们回答。其结果就是，学生都会仔细听他对其中一个学生说的内容，然后自己拿来应用。

（7）如果有些学生不能回答某个问题，他就应该问整个班级，然后在其他人面前表扬那个回答得最好的学生，如此，他们的榜样就可以激励其他学生。如果某个学生犯了错，就应该及时得到纠正，但同时，也应该说清楚错误的根源（一个聪明的教师不难发现），以及避免该错误再次出现的必要性。鲜少有人能意识到此方法对于快速进步能起到多大的帮助。

（8）最后，在课堂结束时，学生应该都能得到对想要得到解释的知识点的提问机会，无论该知识点是当前的课程还是以前的课程。不应该允许私下提问。每个想要提问的学生都应该公开地向教师提问，或是请他所在小组的小组长去提问（如果后者自己不能解决这一难题）。如此一来，整个班的学生都能受益，从问题处和从答案处得到的益处一样多。如果有任何学生能用他提问的智力去帮助阐释一个重点知识，他就应该得到表扬，因为这能激励其他学生勤勉、热心向学。

21. 每天对注意力进行这样的训练，对青年人不仅有暂时的作用，还能使他们终身受益。因为，如果这一训练持续几年，他们就能养成对当前所做之事集中注意力的习惯，到后来无须外界压力，自己也会继续如此。如果能按照这样的原则组织学校，我们一定可以期待将来能增加相当多极度聪明之人。

22. 关于这一点，也有一种反对意见认为，对个别的注意是必要的，那样一来，每个学生都能保持书籍的整洁，使得自己能够认真做习题，正确学习课程，并且还认为，如果班级过大，就会耗费大量的时间。我回答：教师无须听取每一个学生的功课或是检查每一个学生的书籍；因为他有各个组的组长可以帮他，每个组长都可以检查自己小组的学生。

23. 作为主要检查长，教师应该先注意某一个学生，然后再是另一个，尤其是要注意测验那些他不信任的学生是否诚实。例如，如果必须要学生重述，他应该先叫某一个学生重述，再叫另外一个学生重述，先叫班里最好的一个学生，再叫班里最差的一个学生，其他学生都认真听。如此一来，他就可以保证每一个学生都做好准备了，因为没有人能肯定自己不会受到测试。如果教师观察到一个学生毫不踌躇就开始了他的功课，并且相信他在其他部分的学习也同样好，他就可以让另一个学生继续，如果那一个学生也准备得很好，就轮到第三个学生。如此一来，在听取几个学生之后，他就能确信全班学生都在他的控制之下了。

24．听写也应该采用同样的方法。应该让一个或一个以上的学生读出要写的内容，标点正确，声音清晰，而其他学生就对自己写在作业本上的进行修改。教师自己也要不时检查学生的作业本，并应该惩罚那些作业粗心的学生。

25．纠正笔译似乎会需要更多的时间，但在这里采用同样的方法也是有益的。一旦组长集中学生的注意后，他就应该立即叫一个学生起来，让他随意选择一个学生作为对手。后者一旦起身，前者就要立即一句一句地读出自己的译文，而其他学生就需要注意听，同时教师也可以检查练习题，检查书写是否正确。在每一个句子的结尾处，学生都要停顿一下，届时对手就有机会指出他听到的任何错误。然后同一组的其他学生、再后来是全班的其他学生都可以评论他的译文，最后教师对遗漏之处进行补充。这时，其他人就可以修改自己习题中的错误。然而那个对手却不能如此，而是应该将练习题保留原样，传递给他的伙伴评论。第一个句子修改正确之后，就应该立即进行下一句，直到练习题做完为止。然后，对手应该按照同一方法读出自己的译文，原来的挑战者就要注意他所读内容的确是他原本的译文，没有加入已经修改的内容。此后的每字每句都和之前一样接受评论。

此后，又挑选出第二组对手，只要时间许可，就重复同样的步骤。

26．在这一方面，组长要履行两个责任。在开始纠错前，他们应该看看是否所有学生都已准备好习题，在进行纠错时，他们应该注意每个学生，如果他们的练习题出现了被评论出的错误，那些学生是否进行了修改。

27．这样的结果将是：

（1）教师的工作会减轻。

（2）不会忽略任何一个学生。

（3）学生会比以前更专心。

（4）对一个学生说的话会对全班学生产生益处。

（5）在这么多不同的译文里一定会有不同的表达方式，这些表达方式不仅能提高和增强学生对教材的熟悉度，还可以使他们在语言的使用上更加灵活。

（6）最后，第一对、第二对、第三对学生完成后，通常情况下，其他学生就只有少许错误，或是没有错误可以修改了。此时，剩余时间就可以用在全班学生身上，那些对一篇文章仍然不确定的学生就可以提出他们的问题，或是那些认为自己的译文比之前读出来的译文更好的学生，也可以接受评论。

28．我们已经用翻译练习阐述了所建议的方法。但是，如果在文体、修辞学、逻辑学、神学或哲学练习中使用这一方法，也同样容易。

29．如此，我们就看到一个教师可以教 100 个学生，其花费的精力与只教少许几个学生同样小。

问题 2

如何可能用同样的书籍教导所有学生呢？

30．第一，毫无疑问，同时做太多事会分散注意力。因此，如果学生能只使用专门为他们班编写的书籍，这是极其有益的；用这个方式，就可以有效地践行古庙对朝拜者给出的命令，即，"你应当如此去做"。因为，眼睛越不被分散，头脑越容易集中。

31．第二，如果黑板、记录本、基础读本、字典、艺术示意图等所有为教学要求的材料都常备好。因为，如果（实际上，此类情况时有发生）教师必须为学生准备练习本，必须为他们写一个范本，或是他必须口述语法规则、作家的文本或是它的译本，那会浪费多少时间啊！因此，每个班使用的所有书籍都应该准备充分，并且原文要附有国语译本。如此一来，本应用于口述、抄写和翻译的时间就可以用于解释、重述和模仿，这样使用时间更为有益。

32. 无须害怕这样做会纵容教师的懒惰。因为，如果一个传教士读过《圣经》上的一段原文，加以解释，指出其用途，那么就可以算作他已经完成了自己的责任，至于那是他自己对原文进行的翻译，或是采用的某种标准译文，对于他的听众而言这并没有什么不同；同样，无论材料是教师亲自安排的或是别人已经替他安排好的，这对于学生而言也并没有什么不同。重要的是，所需要的东西都已经备好在手边，并且能在教师的指导下正确使用。这一类物品最好都备好在手边，因为如此一来，一方面可以避免错误，另一方面，就有更多的时间可以留给实际的教学过程。

33. 因此，每一所学校都应该编写这一类书籍——按照为了达成容易、彻底和节约时间的目的而已经定下的规则去编写——应该成为所有学科的一种完全的、彻底的和准确的简介。简而言之，它们应该真实地呈现出整个宇宙，如此才能将宇宙印在学生的头脑中。还有一个重点，应该将它们写得简单、清晰，能够充分帮助到学生，如果有必要，学生就可以继续自己的学习而不用借助于教师了。

34. 为此，最为理想的是将其写成对话形式。如此一来，①就有可能使学科教材及其解释适合青年人的头脑，他们就不会认为两者有太多困难了。再没有比对话形式更适合于鼓舞信心的了，通过这一形式，可以逐渐将学生引向预想的目标。剧作家就是使用该形式来表达他们对道德败坏的观点，以此规劝人们；柏拉图的所有哲学作品，圣奥古斯丁的所有神学作品都是以这一形式写成，西塞罗也大量采用了这一形式，以此来迎合他的读者的水平。②对话形式能够刺激和保持注意力，而问答的交替、表达的不同形式、可能引用的有趣对话，甚至是人物的变化，所有这些不仅可以抵消对该门学科的任何厌恶，还能引起更多的求知欲。③以这种方式进行教学，可以留下一个更为深刻的印象。

与仅仅从别人那里听来之事相比,我们更容易记得自己亲眼所见之事。同样,比起教师仅仅采用普通的教学方法,以戏剧或对话为媒介的教学方法更能留在学生的头脑里,这一点可以通过经验得到证明。④我们生活中的大部分都是由友好的对话组成的,应该很容易以此引导青年人获得有用的知识,同时他们也在学习能流畅且很好地表达自己。⑤最后,这种对话能作为一种温和的消遣方式,可以给学生的私人聚会带来生气。

35. 这些书籍应该也有必要使用同一版本,如此才能页页相同,行行相同。这很重要,一方面为了参考之便,另一方面,某一段文字一定在某一页也能帮助记忆。

36. 如果能将班级所用的所有书籍的内容制成一个摘要,并挂在教室的墙上,那也是极为有用的。它应该含有极度浓缩和精简的原文,或是解释性的图画和浮雕,通过这种方法,每天都可以进行感官、记忆、理解力的联合练习。正如古人所言,在阿斯克勒庇厄斯[1]神庙的墙上贴满希波克拉底亲自写的医术格言,此举并非毫无目的。在这个现实世界的大剧场中亦是如此,神在其中装满图画、雕塑和他的智慧的鲜活象征,如此一来,他就能借它们对我们进行教导(关于这些图画的辅助作用,我们将在讨论个别班级时详细说明)。

问题 3

如何能使一所学校里的所有学生在同一时间做同样的事呢?

37. 如果一个班级里的所有学生同时做同样的功课,显然这是一种有用的安排,因为如此一来,教师的麻烦就会变少,学生也能受益更多。只有在全

---

[1] 阿斯克勒庇厄斯(Asclepius),古希腊神话中的医神。——译者注

班的注意力都集中在同一目标，全班每一个人都轮流为其他人纠正时，才能产生激烈的竞争。教师必须用尽方法去模仿一个新兵队队长。后者并不会单独训练每个士兵，而是同时领导整个队伍，向他们展示如何使用武器；即使他单独对某一个士兵解释某一事项，为了能保持其余士兵的注意力，他们也要通过同样的练习。

教师应该按照完全相同的路线进行。

38. 在此之前，必须：

（1）教学的过程一定要始于每年的一个特定时间，就好像太阳对植物界的影响就始于一个特殊的时间，即春天。

（2）对所教授的学科的划分要使得每年、每月、每周、每天，甚至是每时都有分配的一定的任务，因为如此一来，所有计划都能轻松完成。但对于这一点，我们将在适当的地方详细说明。

问题4

如何能按照一种且使用同一种方法教授所有知识呢？

39. 对于所有科学只有一种自然的教法，所有艺术和语言也只有一种教法，我们将在第20章、第21章、第22章说明。任何一种必要的偏离都不足以构成一种新的方法，这些偏离由于教材特点导致的原因少于教师本身，教师必须以学生的能力、学生在自己所教授的实际语言或艺术中取得的进步为指导，或是反过来指导学生。因此，普遍采用自然方法对学生是大有好处的，就好像平坦且不偏离的道路之于旅行者一样。如果通用原则能够毫无争议地首先确立，就很容易指出那些特殊的偏离了。

问题 5

如何用少量词语解释许多事物呢？

40. 在学生的头脑中塞满令人厌烦的书籍和文字的废物，这是在浪费精力。因为，一片面包皮和一口酒也肯定比一肚子无用的东西和杂烩更有营养，一个人的口袋里有几块金子也要比装有百来磅的铅更好。正如塞涅卡对教导的观点："管理应该类似于播撒种子，需要强调的不是重量而是质量。"因此，我们在第 5 章的结论也能很好地支持这一点：人类这一微型宇宙中，潜含万物。给予光明，立即可见。

的确，在黑暗中工作的人，一丝最微弱的光线就足够了。因此，我们必须要选择或是编写出范围小且排列实用的科学和语言手册——覆盖整个学科，言简意赅，让人看到你知识丰富，却又沉默寡言（《便西拉智训》，第 32 章第 8 节）——也就是说，通过最简单、最清晰的语言来表达少量的规则和定义，而这些规则本身也能充分将学生引入更深刻的学习当中，由此将所有教材都呈现在学生面前。

问题 6

如何能一次做两件或三件事呢？

41. 自然的示例表明，我们是可以一次或用同一种行动方式完成几件事情的。有一个事实毋庸置疑，一棵树是同时往地上和地下生长的，它的树干、树皮、树叶和果实，全都是同时生长的。同样的观察也可以用于动物身上，它们的肢体都是同时生长、变强壮的。再者，每一个肢体也能有几个行为。例如，脚不仅可以支撑人体，还可以让人以各种方式前进或是后退。嘴不仅是身体的入口，也是一个咀嚼器官，还是一个能在需要时发声的喇叭。肺部只要吸气一次，就可以冷静心情，净化大脑，帮助发声。

42．在艺术方面，我们亦发现了同样的事：①日晷上，指时针的一个阴影就能表示当天的时间、太阳正移动的黄道宫、日夜的长短和一月中的日期，以及几件其他事情。②一根杆可以指路，可以转动，可以截停一辆马车。③一个优秀的演说家或作家能够同时教导别人、激励别人和取悦别人，即使他的题材很难将这三种元素联合在一起。

43．青年人的教导就应该如此组织，如此一来，每样活动都可以出现几种结果。可以拟定这样一条普遍规则，即每门学科都应该结合与之相关的学科进行教授；也就是说，文字应该与文字所涉及的事物联合进行学习；而阅读与写作，文体练习与逻辑思维练习，教与学，娱乐消遣与严肃学习，都应该不断地联合在一起。

44．因此，文字应该要结合事物进行教学，就如同酒要连同盛酒的桶一起买卖，短剑要与剑鞘一起，树要与树皮一起，果实要与果皮一起。没有事物的文字能代表什么呢？因此，在教导任何语言甚至是母语时，都应该指出它所指代的事物；反之，学生也必须学会用语言去表达自己的所见、所闻、所触、所尝的东西，如此一来，他们对语言的运用能力就能与他们的理解力一起增长了。

因此，规则如下：

学生应该受到训练，用文字表达一切所见之物，还应该教导他明白自己所用语言的意义。不允许任何人谈论自己不明白的事，或是懂得某事却无法同时用文字表达出他的知识。因为，一个不能表达自己头脑中思想的人就像是一座雕塑，一个只会说话而不明白自己在说什么的人就像是一只鹦鹉。

但我们想要训练的是人，并且要越快越好，只有语言教导与事实教导同步进行才能达到这一目的。

45．由此可见，我们应该在学校排除那些只教文字，却不同时使人知道有用事物的书籍。我们的劳动必须用在真正重要的事情上，因此（正如塞涅卡在他的第 9 封信中所言），必须要尽力增进我们的理解力，而不是扩大我们的词汇。任何必需的阅读都可以很快地在课外时间完成，不必费力解释或试图模仿；因为花费在这上面的时间不如用于研究自然。

46．读与写的练习要一直联合在一起。甚至学生在学习字母时，也应该通过书写字母来掌握它们；因为再找不到一种更适合的或更能激励他们学习的方法了。因为，所有儿童都有写写画画的天性，这种练习会给他们带来快乐，也可以从感官的双重动作中激发想象力。此后，当他们能够轻松阅读时，他们应该在必须学习的教材上练习自己的能力，也就是说，一些能够给他们提供实际知识或灌输道德、虔诚的教材。在他们学习拉丁语、希腊语或希伯来语时，也可以采用同样的计划。反复阅读和抄写各种词语的变格和动词的变形，直到以此反复的方式彻底学会文字的读、写、意义以及变格词尾的形式，如此非常有益。在此情况下，我们可以从一个练习得出四种结果。这种集中的方法极其重要，适用于学习所有学科，正如塞涅卡所言，从阅读中学来的东西可以通过书写给予形式，又或者如圣奥古斯丁说他自己的，我们进步时可以书写，书写时亦可以进步。

47．一般来说，我们在选择文体练习材料时是不会多注意的，前后材料之间也没有关联，其结果是，它们仅仅是文体练习，对于推理能力几乎不会产生影响。这样的事的确时有发生，在它们身上花费了许多时间和许多精力后，结果却被证明它们是绝对没有价值的，也对人生毫无用处。因此，要教授文学鉴赏，就应该采用那些可以练习班级学生推理能力的科学或艺术的教材。教师应该将学科的开创者和他们所生活的时代告知学生，或是让他们基于教材进行模仿练习。如此一来，通过一次努力就可以得到文体的概念，推理能力也可以得到提高，并且，因为老师和学生都在不断地谈论，说话的能力也得到了练习。

48．在第 18 章结尾，我已经表明，学生可以将刚学过的学科教授给别人，因为，这一过程不仅能使他们自己更加精通，还能使他们更快进步，在这一方面，不应该忽略。

49．最后，如果给学生提供的放松头脑的娱乐活动能够强调生活中更为严肃的方面，能让学生在消遣的时间也受到一个明确的影响，那是极为有用的。例如，可以给他们工具，让他们模仿不同的手工艺品，参加农作、参加政治游戏、扮演士兵或建筑家等。在春天，可以带他们去花园里，或是去乡下，可以教他们认识植物的不同种类，让他们竞争看看谁认识的最多。如此一来，他们就能接触到医学的初步知识，不仅可以看出他们当中有谁对医学有自然倾向，并且还可以让更多的人产生这种倾向。此外，为了鼓励他们，还可以给进步最大的学生以医生、开业医师或医学生等模拟头衔。其他种类的消遣也可以采用同样的计划。在战争游戏中，学生可以成为元帅、将军、上尉或旗手。在政治游戏中，他们可以当国王、部长、大臣、秘书长或大使等，并且按照同样的原则，他们还可以当领事、议员、律师或官员；因为这样的娱乐往往可以引出很认真的事情。如此即可满足路德的心愿，使得青年人在学校里的学习在他们看来就像是整天都在玩球一样快乐，如此一来，学校才可以初次成为现实生活的真正序曲了。

问题 7

如何才能使学科的学习逐渐划分阶段呢？

50．关于如何做到这一点，我已在第 16 章的原则 5、原则 6、原则 7、原则8和第18章的原则5、原则6、原则7中做过介绍。重点是应该为传统的学校编写适当的书籍，这些书籍应该含有教师如何正确使用的提示，如此一来，学识、德行和虔诚都能由一个阶段引向下一个阶段，直到达到最高的阶段。

问题8

论障碍的排除与避免。

51. 有人说得对，如果知识只是学得多，知道得多，对于实际目的却没有用处，那这样的知识是再无用不过了；而且，聪明的人并不是知道得多的人，而是那些知道什么有用的人。因此，如果能够压缩所教学科，学校的任务就会轻松很多。这一点是可以做到的，如果我们省略：

（1）所有不必要的材料。

（2）所有不适合的材料。

（3）所有微小的细节。

52. 所有不能产生虔诚和道德的材料都不是必需的，对头脑的培植不重要的也是不必要的。例如，异教神灵的名字，与他们相关的神话，古人的宗教仪式，还有下流且粗鄙的诗人和剧作家的作品。个别人可能偶尔会需要私下阅读这些东西，但学校是一个奠定智慧基础的地方，不允许这类东西的出现。塞涅卡说："时间如此宝贵，用以学习那么多无用物，这是多么的疯狂啊。"因此，任何东西，不应只因为它在学校里有价值去学习，而是因为它在生活中有用处才去学习，只有这样，学生已获得的知识才不会在离开学校时立刻消失。

53. 如果知识不适合这个或那个学生的头脑，那它就是不适合的知识。因为，存在于人的头脑之间的差异与存在于不同种类的植物、树木和动物之间的差异一样大；一个需要用这种方式对待，另一个又需要用那种方式对待，同一方法不能用在所有人身上。的确有人有着强大的智力能力，可以掌控每一门学科；但也有很多人难以掌握某些事情的基本知识。有些人表现出了对抽象科学的极大能力，但对于实践科学却没有多少天资，就像是一头驴不会弹七弦琴一样。有的人除了音乐样样精通，而有的人就是无法掌握数学、诗歌或逻辑学。那么，在这些情况下，我们应该做些什么呢？如果我们试图去消除一种天生的厌恶，我们就是在与自然作对，这样的努力是无用的。因为，这么做要么没有结果，要么结果与所费精力远不相称。教师是自然的仆人而不是主人，他的任务是培养而不是改变，因此，如果他发现某一门学科不适合学生的天性，他永远不该试图强迫学生学习该学科；因为，很有可能在这一方面的缺失会由另一方面补足。如果一棵树的一根树枝被砍掉，那么其他的树枝就会变得更强壮，因为会有更多的生命力涌向它们；如果学生都不被迫学习不愿学习的学科，我们就不会发现有厌恶和智力受挫的情况了。每个人都是沿着自然的倾向发展的（按照神的旨意），无论是谁，他都会在自己的人生位置上为神和人类服务。

54. 同样，如果必须要学习所有微小的和专门的细节（例如，植物和动物的种类，工匠的不同职业，他们所有工具的名称等），那这就是一个最让人厌烦和困惑的任务。在学校任务中，如果弄清楚了自然界中存在的广泛种类，以及它们最为重要和本质的区分，就足够了。对于更加专业的知识，后来有了机会很容易就能获得。

那些想要迅速制胜于敌人的人，不会将时间浪费在攻打不重要的地点，他们会直接进攻作战的总部；因为，可以肯定的是，如果他们能够在一场激战中占取上风，获取最重要的要塞，其他人一定会自动投降。同样，如果掌握了任何学科的要点，那就可以非常轻松地获得次要的细节。包含一种语言所有文字的大容量字典就属于这一类障碍。因为，既然有大量的文字不会被使用，我们为何还要让学生学习所有的文字，从而为他们的记忆加重负担呢？

现在，关于节约教学中的时间和精力的问题，我们已经讨论完毕。

第 20 章 | 特定的科学的教学方法

1. 现在，我们必须将那些分散在各处的，我们给出的对科学、艺术、道德和虔诚的正确教学的意见收集起来。所谓的正确教学，我指的是把容易、彻底和快速结合在一起的教学。

2. 科学或是自然知识，由内在知觉组成，需要和眼睛的外在知觉同样的附件，即，被观察的一个物体和观察物体的光线。如果有了这些东西，就会产生知觉。内在知觉的眼睛就是头脑或理解力，观察的物体就是我们理解力内的或超出理解力的全部物体，而光线就是必需的注意力。但是，如同外在知觉需要一个特定程序才能理解事物一样，如果想要事物能够呈现在头脑前，使得头脑能轻松地掌握和接纳它们，内在知觉也需要一个特定的方法。

3. 那些想要洞察科学的神秘的青年人，必须要遵守以下四条规则：
（1）他一定要保持心眼纯洁。
（2）他一定要看到放在心眼边的东西。
（3）他一定要集中注意力。
（4）他一定要按照一种适当的方法，由一个物体步向另一个物体。如此一来，就可以有把握地、轻松地理解所有事物了。

4. 对于超出我们能力的，我们便无法控制，因为神已经按照他的意志来分配理解力的明镜，即内在的眼睛。但是，我们有能力阻止它布满尘埃或变得模糊。对于尘埃，我指的是懒惰、无用和对于头脑的空虚占用。因为我们的头脑处于不断的活动中，就像是一块不断转动的磨石，有它的仆人（即外在知觉）为它提供各方面的原料。但是，如果主要的监察者（即理性）不能不断地检查所提供的是无价值的材料，例如谷壳、稻草或砂石，而不是玉米或小麦，其结果是，头脑会成为一个所有角落都布满尘埃的磨石。因此，如果青年人能远离那些无价值的消遣，而是在有价值和有用之事上受到熟练的训练，那么这个内在的磨石，即头脑（也是明镜）就不会布满尘埃了。

5. 为了使镜子能够及时接收到物体的影像，物体必须是固态的、可视的，并且被放在眼前的适当位置。云朵和其他类似的稳定性较小的物体，只能在镜子里留下一个淡淡的印象，而那些不在眼前的物体完全没有印象。因此，所有放在青年人智力面前的物体必须是真实的，而不是物体的影子。我重复一次，它们必须是物体；我所说的物体是指特定的、真实的、有用的东西，是指能够在感官和想象中产生印象的东西。但是，它们只能在足够近的时候产生这种印象。

6. 由此一来，我们可以为教师推导出一条黄金法则。所有物体都应该尽可能地放在感官前。所有可视物体都应该尽可能地放在视觉器官前，所有可听物体都应该放在听觉器官前，所有气味都应该放在嗅觉器官前，所有可以品尝和触摸的物体都应该分别放在味觉器官和触觉器官前。如果一个物体能同时给几个感官留下印象，那它就可以与这几种感官接触，虽然也要受到第18章原则7的限制。

7. 关于这一点，我们有三个有力的理由。第一，知识的开端永远必须源于感官（因为理解力所拥有的材料都源于感官）。因此，智慧当然不仅仅始于学习事物的名字，还始于真正感知事物本身！感官感知了事物后，语言就可以履行它的功能，对事物进行进一步的解释。

8. 第二，相较于其他，科学的真实性和准确性更依赖感官的证明。因为，事物本身是直接印在感官之上的，却要通过感官间接印在理解力之上。有一个事实可以表明这一点，即对于来自感官的知识，我们会立即相信，而对于来自先验的推理和别人的证词的知识，我们却总要求助于感官。对于推理所得出的结论，除非可以用例子证明（例子的可靠性有赖于感官知觉），否则我们也不会相信这个结论。没有人会如此相信别人的证词，以至不相信自己的感觉经验。科学越是依赖感官知觉，科学的可靠性也就越会成比例地增加。因此，如果我们想要使我们的学生能够获得真正且可靠的有关事物的知识，我们就必须格外注意，务必使所有事物都通过实际的观察和感官知觉习得。

9. 第三，因为感官是记忆力最信任的仆人，如果普遍应用这种感官知觉的方法，就可以永远记住已获得的知识。例如，我曾尝过一次糖果，曾见过一头骆驼，曾听过夜莺唱歌，或曾去过罗马，每次都用心地将事实印在我的记忆中，这些事情就会是新鲜、永存的。我们据此发现，孩子们能够轻易从图画中学习《圣经》上的故事和世俗故事。的确，无论是谁见过一次犀牛（甚至是在图画上），或是目击了某一特定事件，都能自己描绘出那种动物，能记住那次事件，这较于听别人向他形容 600 次还要容易得多。因此，普劳图斯[1]说："耳闻十次不如目睹一次。"贺拉斯也说："比起真实呈现在眼前和储存在人内心中的东西，变幻无常的耳朵所听信的事情在头脑中留下的印象更少。"

同样，相比那些读过最详尽的解剖学书籍却从未真正见过一次解剖的人，

---

[1] 普劳图斯（Plautus，前 254—前 184），古罗马喜剧作家，著有 130 部喜剧，代表作有《孪生兄弟》（*Menaechmi*）、《一坛黄金》（*Aulularia*）和《安菲特律昂》（*Amphitruo*）。——译者注

那些见过一次人体解剖的人，对人体各部分的关系一定会知道得、记忆得更加准确。

10. 如果无法得到事物本身，则可以利用它们的替代品。副本和模型可以用作教学用途，植物学家、几何学家、动物学家和地理学家都可以采用同一原则，应该利用自己将要描述的对象的图片来进行描述阐释。物理学和其他领域也应如此。例如，如果采用以下计划，就能通过目击演示的方法很好地解释人体。应该找一副骨骼（可以是通常收藏在大学里的骨骼，也可以是木制的骨骼），这副骨骼中应该有肌肉、肌腱、神经、静脉、动脉以及肠、肺、心、横膈膜和肝。这些部分都应该由皮革制成，其中填满羊毛，大小适当，放在正确的位置上，每个器官上都应该写上它的名字和功用。如果你把学医的学生带到这副骨骼面前，分别向他解释每一个部分，他就可以毫不费力地掌握所有细节知识，之后亦能明白自己的身体结构。知识的每个分支都应该有相类似的作品（即那些无法得到原物的东西的形象）留在学校备用。想要做出这些模型，必然要费时费力，但所得的结果能够抵偿付出的努力。

11. 如果有人不能确定是否所有事物都能这样置于感官前，甚至是精神上的事物和不在面前的事物（天堂或地狱的事物，或者是海外的事物），让他记住，所有事物都是由神和谐安排的，高级的事物可以由低级的事物去代表，不在面前的事物可以由在面前的事物去代表，看不见的事物可以由被看见的事物去代表。这一点可以在罗伯特·福拉特[1]的《大小宇宙论》一书中看到，该书对风、雨、雷的起源描写，能使读者如同身临其境。毫无疑问，甚至还可以做到比该书中所表现的更为具体和更容易的演示。

---

[1] 罗伯特·福拉特（Robert Flutt/Fludd，1574—1637），17世纪初的一名英国医师、占星家、数学家、宇宙学家。代表作有《大小宇宙论》（*Macromicrocosmus*）、《宇宙气象学》（*Meteorologica Cosmica*）等。——译者注

12. 关于将物体呈现在感官面前的讨论就到此为止。现在我们必须来说一说光线，如果没有光线，即使将事物呈现在眼睛前也是徒然。教学艺术的光线就是注意力，有了注意力，学生的头脑才不会四处游逛，才能学习任何置于他面前的事物。没有人能在黑暗中或是闭着眼睛看到事物，无论那个事物离他有多近；同样，如果你对着一个并没有注意的人说话，或是向他展示一种事物，并不能在他的感官上产生印象。我们能从某些人的身上看出这一点，当他们专心思考时，不会注意到眼前发生的事。因此，那些想要在夜晚向另一个人展示任何事物的人，必须要准备好光线，还要将该物擦亮，使它发出亮光；同样，一位教师如果想用知识去照亮一个身处无知的黑暗中的学生，他必须首先引起学生的注意，让他能用贪婪的头脑去汲取知识。关于如何做到这一点，我们已在第 17 章和第 19 章的问题 1 中谈论过了。

13. 关于光线的讨论就到此为止。如果想要印象清晰，现在我们就要说一说将物体呈现在感官前的模式了。如果我们能思考一下视觉的实际程序，就能立刻明白这一点。如果想要清楚地看到物体，则必须：①将它放在眼前；②不能太远，而是要放在一个合理的距离内；③不能放在旁边，而是要直接放在眼睛前方；④它的正面要对准观察者，不可偏离；⑤眼睛要首先看到它的整体；⑥然后再分辨它的各个部分；⑦从头到尾地检查每一个部分；⑧要注意每一个部分；⑨直到通过它们的所有主要属性，全部掌握它们为止。如果能正确地遵守这些条件，就能成功看见；但如果有一个条件被忽略了，就只能取得部分的成功。

14. 例如，如果有人要读一封朋友寄来的信，则必须要：①信要放在眼前（因为，如果看不见信，如何阅读？）；②要将信放在距离眼睛适当的位置上（因为，如果离得太远，就无法辨清文字）；③将信直接放在眼睛前方（因为，如果放在旁边，所见之物易于混淆）；④信的方向要正确（因为，如果一封信或一本书是上下颠倒的或是横着放在眼前，则无法阅读）；⑤必须先看到

信的一般特点，例如地址、写信人和日期（因为，除非知道这些事实，否则就无法正确理解这封信中的特殊词语）；⑥然后，必须要读完信的剩余部分，不得遗漏任何内容（否则就不能知道信的全部内容，也许会遗漏最重要的一点）；⑦一定要按照正确的顺序阅读（如果这里读一句，那里读一句，就会混淆意义）；⑧必须要读懂前一个句子后才能开始读下一句（因为，如果匆忙读完一封信，可能会遗漏一些有用之点）；⑨最后，仔细读完整封信后，读者就可以进一步分辨哪些部分是必要的，哪些部分是多余的。

15. 教授科学的人都应该遵循如此种种，它们可以用9条极为有用的规则表达出来。

（1）凡是应该知道的事物都必须教授。

如果不将应该知道的事物置于学生面前，那他该如何获取与它相关的知识呢？因此，教学的人要注意不能对学生有所隐藏，无论是有意，这就像嫉妒之人和不诚实之人的行为，或是疏忽，这就像敷衍其职责的人的行为。诚实与勤劳是两件必要之事。

16.（2）凡是所教授的，都应该当作能在日常生活中实际应用，并且是有一定用处的事物进行教授。

也就是说，学生应该明白，他所学习的事物不是源于某些乌托邦，或是柏拉图的理念，而是我们身边的事实之一，对它的适当熟识能对生活有很大的帮助。如此一来，他的精力和精确性就能得到增长。

17.（3）凡是所教授的事物都应该以直截了当的方式进行教授，而不是以复杂的方式教授。

我的意思是，我们必须直接去看事物，而不是斜着看，否则眼睛就看不见该看的东西，反而会歪曲和混淆事物。事物应该以它真实的性质呈现在学生眼前，而不应该隐藏于文字、暗喻或是夸张中。如果该事物是出于夸张或贬低、赞扬或诋毁已知之事的目的，那么这些设计就有了它们的用处。但是在获取知识时，就应该避免它们，坦白地说明事实。

18.（4）凡是教授的事物都必须联系它的真正性质与起源，也就是，通过它的原因进行教授。

如果要学习一件事实的真正性质，这种认知方法就是最好的方法。因为，如果没有弄明白它的真正性质，那就不是认知，而是错误。一件事实的真正性质就存在于其产生的过程中。如果它含有的某些因素无法通过该过程进行阐释，那么，显然是有些理解错误。一切事物都是通过它的原因使它存在的。因此，按照"知识在于牢牢把握原因"和"原因是理解力的向导"这两个原则，解释任一事物的原因就等同于对事物的性质做了一个真正的阐述。可以通过事物产生过程的知识，最好、最容易也最准确地认识事物。如果一个人想要阅读一封信，他就要像写信一样拿着那封信，因为要阅读一封颠倒的或是横着的信是一件困难的事，同样，如果想要用产生过程的方法去解释一件事实，那就能容易且准确地理解该事实。但是，如果教师颠倒了自然的顺序，他一定也会使得学生困惑。因此，教学所用的方法应该基于自然的方法。也就是先教授顺序靠前的，再教授顺序靠后的。

19.（5）如果要学习任何事物，都必须先解释它的一般原则。可以考虑它的细节，但不得提前进行。

关于这一点的原因，已在第16章原则6中说过。我们在用必然性质和偶然性质的方法解释一个事物时，就要提出一个基本概念。通过"是什么？""哪一类？"和"为什么？"等问题展示必然性质。"是什么？"这一问题包含事物的名称、种属、功能和目的。"哪一类？"这一问题包含事物的形状或它适应目的的方式。"为什么？"这一问题包含驱使事物适应其目的的有效的或起因的力量。例如，如果我想教给一个学生人的概念，我就该说：人是①神的主要造物，目的在于主宰其他造物；②赋有选择自由和活动自由；③因此他还有理性之光，可以用智慧指导他的选择和活动。这只是人的一个基本概念，但它却触及了事物的根本，说出了与人相关的所有要点。如果你愿意，也可以给这些加上一些偶然性质，依然坚持一般性，为此就必须要问这些问题："起源是什么？""从哪里来？""从何时来？"然后你可以进一步说明他的部分，即身体和灵魂。身体的性质能够通过解剖器官进行证明；而灵魂的性质就要通过检查其能力进行证明。所有这一切都要按照它们的正确顺序进行。

20.（6）对于一个物体的所有部分，甚至是最小的部分的学习，都要顾及它们的顺序、位置及相互之间的联系，无一例外。

没有事物是无故存在的，有时候，较大部分的力量也要依靠最小部分的力量。一座钟即是如此，如果一根针坏了或弯了，或是它的位置移动了，整个机器就会停止。同样，对于一个鲜活的身体，一个器官的损失就可以造成生命的消逝；在一个句子里，整句话的意思所依靠的往往是一个最小的词，例如介词和连接词。因此，只有通过事物每一部分的性质和功能的知识，才能获取关于这个事物的完整知识。

21.（7）所有事物都必须按照适当的顺序教授，不能同时教授一个以上的事物。

视觉器官不能同时接收两种或三种物体（当然读书的人也不能同时读两页，甚至不能同时读两行，即使它们隔得非常近，也不能同时读两个字或两个字母，只能按照顺序依次阅读）；同样，头脑也只能一次掌握一件事情。如此一来，我们应该在从一件事情到另一件事情的进展中，留有一个清晰的间隙，如此才不会使得头脑的负担过重。

22.（8）任何一门学科，在我们彻底理解它之前都不能放弃。

没有什么事情是能在一瞬间就完成的。因为，每一个进程都含有动作，而动作又包含了连续的阶段。因此，在彻底掌握一门科学和意识到已经彻底掌握之前，学生不应该跳过任何一点。应该使用加强教学、考试和复述的方法，直到达到预期效果为止。这就是我们在第 18 章原则 10 中指出过的。

23.（9）应该强调事物之间是有区别存在的，以便获得的关于事物的知识更为清楚和明显。

"善于辨别的人是一位好老师。"这句名言中隐藏了许多意义。因为，事实太多会压倒一个学生，种类过多也会使其糊涂。因此，必须采用补救的办法：在第一种情况下，补救办法就是要有秩序，也就是要一个接一个地学习；在第二种情况下，补救办法就是要仔细思考自然中存在的区别，以便能看清楚一个事物与另一个事物的区别。只有通过这个方法才能获得清晰的、明白的、准确的知识；因为自然物体的种类和现状取决于它们的特别属性，这一点我们已在第 18 章原则 6 中提过。

24. 要求所有教师在开始他们的职业时就具有必要的技巧，这是不可能的。因此，学校里所教授的科学必须按照上述的原则计划好。如果按此方法行动，每个教师都不容易失败。毋庸置疑，如果能严格遵守这些法则，任何一个曾经获准进入皇宫且逗留一段时间的人都很容易掌握里面的全部内容，例如图画、雕像、地毯和其他的装饰；同样，一个获准进入这个世界剧场的青年人，他也很容易用自己的心眼去探究自然的秘密，自那以后，他就能打开双眼，徘徊在神的作品与人的作品之间。

第 21 章 | 艺术的教学方法

1. 维夫斯说:"理论容易且简短,但其结果仅仅只是带来满足感而已。相反,实践困难且冗长,但它却用途极大。"正因如此,我们应该努力找出一种能轻松领导青年人进行实际运用自然力量的方法,这也是艺术中追寻的。

2. 艺术主要要求三件事情:①一个模型或一个概念,即艺术家可以去检查和尝试模仿的一个外在形式;②可以印上新形式的材料;③可以帮助完成作品的工具。

3. 但是,当工具、材料和模型都准备好以后,我们还需要三件事情才能学习一门艺术:①合理使用材料;②熟练的指导;③经常实践。也就是说,应教会学生在何时、如何使用他的材料;在使用的时候,他应该得到帮助,如此一来就可以不犯错,或是如果犯了错也可以得到改正;不应因犯错和被纠正而停止,直到他能正确且迅速地工作为止。

4. 关于这些观点,必须要遵守 11 条规则:其中有 6 条与材料使用相关;有 3 条与指导相关;有 2 条与实践相关。

5.(1)应当要做的事情必须通过实践习得。
工匠们不会用理论耽误他们的学徒,而是会在初期就让他们做实际工作;如此一来,他们会从锻造中学习锻造,从雕刻中学习雕刻,从绘画中学习绘

画，从跳舞中学习跳舞。正因如此，在学校里，就应该让学生从写作中学习写作，从说话中学习说话，从唱歌中学习唱歌，从推理中学习推理。如此一来，学校就可以成为工作繁忙的工场，那些努力取得成功的学生就可以体验到这样一句谚语的真理："我们同时赋予自己形式与材料。"

6.（2）对于必须要做的东西，永远都必须要有一个明确的模型。

学生应该先调查该模型，然后再模仿该模型，就如同他在追寻一个向导的脚步一样。因为，不知道做什么或是如何做的人，是不能自己制作出任何东西的，必须要有一个模型放在面前。的确，强迫任何一个不知道你的愿望的人去做你想做的事，这是很残酷的；也就是说，如果要求他做直线、直角或圆形，除非先给他一把直尺、一把曲尺和一副圆规，并向他解释它们的用法。此外，还要注意教室里要准备所有必需的模型，无论是图画和图表，或是规则和模型，都应该是正确的、明确的、简单的，并且要容易理解和模仿。准备好光亮后让一个人看；在他能够自己站立时让他走；或是他手里有工具时让他使用工具，如此才不会显得荒谬。

7.（3）工具的使用应该通过实践进行展示，而不是通过语言；也就是说，用示范，而不用训诫。

昆体良在多年前说过："训诫之法既漫长又苦难，而示范之法既简短又实用。"可是，唉，一般的学校对这条建议是多不在意啊。初学语法之人已经被训诫、规则、规则的例外以及例外的例外压垮了，大部分人都不知道自己在做什么，在尚未开始懂得任何东西之前就已经被弄迷糊了。工匠们不会在一开始就给学徒们反复灌输规则。他们会把学徒带到工场里，让他们看看已经制成的成品，然后当他们想要模仿这一成品时（因为人类是一种模仿性动物），他们就会将工具放在他们手上，为他们示范如何拿起工具，如何使用工具。然后，如果学徒们犯了错误，他们就会向他们提出建议，予以纠正，相较于单调的言语方法，更多时候采用的是示范方法，而事实也表明，初学者们的模仿是很容易获得成功的。德国人有这样一句俗语非常有道理:"有一个优秀的领队,就会有一个优秀的随行。"特伦斯[1]的话也很适用:"只要你在前方,我一定跟随你。"这种办法就是通过模仿,不需要任何费力的规则,孩子们就能学会走路、奔跑、交谈和玩耍。对于理解力而言,规则就像是一堆荆棘,要掌握它们的意思需要注意力和能力,然而即便是最为愚蠢的学生也能通过示范获得帮助。从未有人仅仅通过训诫就可以掌握任何语言或艺术;而只通过实践,不需要训诫也可能达到这一效果。

8.(4)练习应该从基础之事开始,而不是从野心勃勃之事开始。

一个木匠并不会在一开始就教他的学徒修建角楼,而是会先告诉他如何拿斧头,如何砍树,如何锯木板,如何打孔,如何将梁安装在一起。一个画家不会在一开始就让他的学生画肖像画,而是会教他如何调色,如何握笔,如何画线条;然后尝试画粗略的轮廓,等等。教一个孩子如何阅读的人,不会对他解释书的内容,而是解释字母的名称和性质,向他展示这些字母如何合成音节;随后再延伸到单词,再到句子。同样,初学语法的人应该首先学习单词的变化,随后再学习如何将两个单词组合在一起。然后,他可以进一步地学习简单句和复合句,直到学到连续的散文为止。学习辩证法亦是如此。学生首先应该学习根据事物的属和种类辨清事物和事物的概念;随后将它们根据某一种共同性质进行重新分类(因为所有事物中都有这样的关系);然后再对它们下定义和归类;再联合评估事物的价值和它们的概念的价值,寻找出它们的"是什么?""从何而来?""为何而来?",以及它们是必然的还是偶然的。当他在这一方面充分练习之后,就可以进一步进行推理,从已经给出的预设到如何得出结论,最后他就可以试着进行推论性的推理或是完完全全的辩论了。在修辞学中采用同样的步骤也是有利的。学生应该先花时间收集同义词,然后可以学习给名词、动词和副词添加修饰词。然后他可以进一步学习使用对照,而后学习

---

[1] 特伦斯(Terence,约前195—前159),古罗马著名喜剧诗人。——译者注

使用迂回的方法。再然后他可以用比喻词替代原有词汇，可以为了谐音改变词语的顺序，可以用言语的所有修辞手法去修饰一个简单句。最后，当他彻底学会灵活运用所有这些手法之后，很快，他就可以完成一篇完整的论文了。任何一门艺术，如果有人能按照这里所指出的步骤按步进行，那就不可能不取得进步。

上述的依据已在第 17 章原则 4 进行了探讨。

9.（5）初学者应该先用他们所熟悉的材料进行练习。

这条规则由第 17 章中的原则 9 和原则 4 中的第 6 条推论得出。意思是说，学生不应该承受过重的不适合他们年龄、理解能力和现状的材料的负担，否则，他们将会把时间浪费在与影子的角力当中。例如，当一个波兰孩子在学习阅读或书写字母时，不应该用一本用拉丁语、希腊语或是阿拉伯语编写的书籍进行学习，而是应该用一本用他的母语编写的书籍进行学习，如此一来，他才明白自己正在做什么。此外，如果一个孩子想要懂得修辞学的规则的用法，供他练习的范例就不应该取自维吉尔[1]或西塞罗，或从神学的、政治的或医学的作者而来，而应取自他周围的事物，他的书籍、他的衣服、树木、房屋和学校。如果用以阐明第一条规则的举例，虽然已经熟悉，但也可以保留用以阐释之后的规则。在辩证法方面，可以以一棵树为例，它的属和种类，与其他事物之间的关系，其特性与树这一词汇的逻辑定义与分类，都可以进行探讨。然后我们再进一步探讨关于一棵树的各种描述方式。最后，我们用一种完整的推理，从已发生的事实出发，表明我们可以发现和演示出一棵树的其他性能。如此一来，如果我们每次都能用同一熟悉的举例阐述规则的用法，孩子们就能很容易地掌握它们在其他学科的应用了。

---

[1] 维吉尔（Publius Vergilius Maro，前 70—前 19），也拼作 Virgilius 或 Virgil，古罗马诗人，代表作有《牧歌集》（*Eclogues*）、《农事诗》（*Georgics*）、《埃涅阿斯纪》（*Aeneid*）等。——译者注

10.（6）最初应该严格按照指定形状进行精确模仿，然后可以稍多自由。

越是用心，就越能将一个形状刻画精确，与原型相似。因此，用一个模子铸出来的硬币就会与所用的模子非常相似，并且铸出的硬币相互相似。用金属字模印刷出的书籍，用蜡、石膏或金属铸出来的模型也是如此。正因如此，所有的其他艺术制作，都要尽一切可能地使得模仿（至少首次的模仿）能成为原型的准确副本，直到手、头脑和舌头都更加自信，能自由地沿着自己的路线生产出好的仿制品为止。例如，那些学习写字的人，把一张既透明又纤薄的纸放在他们想要模仿的原件上，如此就能轻松地得到从纸张透出的字母形状了。或者，也可以将字非常微弱地印在白纸上，让学生能够用笔墨在上面勾画，如此一来，就容易养成一种写出这些字的习惯了。如果想要模仿一位古典作家的句法和句子，同样的办法也可以适用于文体方面。如果原本的短语是"富有的财产"，孩子们就应该模仿着说："富有的钱币"，"富有的金钱"，"富有的畜群"，"富有的葡萄园"。当西塞罗说："按照最有学问的人的观点，欧德莫斯[1]是容易成为占星术的第一名的"，这句话就可以做少许改动，模仿出"按照最伟大的演说家的观点，西塞罗是容易成为雄辩术的第一名的"，"按照整个基督教派的观点，圣保罗是容易成为使徒职位中的第一名的"。逻辑学亦是如此，如果给出一个著名的两难论法：这不是白昼就是黑夜。但这是黑夜；所以这不是白昼。同样，孩子们也可以通过相对的矛盾概念，学着模仿这句话。比如，"他不是没有学问就是有学问。但他没有学问；所以他不是有学问"；"该隐不是虔诚的就是不虔诚的，但他不是虔诚的"；等等。

11.（7）事物的模型应该尽量做到最好，如此一来，如果有人能充分练习对它们的模仿，他就有可能在他的艺术上达到完美。

用一把弯曲的尺子无法画出直线，同样，用一个不好的模型也无法做出

---

[1] 欧德莫斯（Eudemus），约公元前 4 世纪下半叶的希腊哲学家、科学史家，罗德岛（Rhodes）学派创始人，著有《几何学史》。——译者注

一个优秀的副本。所以应该十分小心，在学校里或现实生活中都应该准备好精准、简单且易于模仿的模型。它们可以是模型、图片和图画，也可以是训诫和规则；但全都必须非常简短、非常清晰、能自我证实，且绝对正确。

12．（8）初次尝试模仿应尽量精准，不可稍有偏离模型。

也就是说，要尽可能地去模仿。因为，无论初次是什么情况，都会成为以后之事的基础。如果基础牢固，就可以在上面修建一座坚实的大厦，但如果基础不牢固则无法达成。根据医生的观察，消化的初始缺陷在日后是不可能修复的，同样，任何动作在最初所犯的一个错误也会影响后来的所有操作。正因如此，对那些曾经在其他地方学习过音乐基础知识的学生，音乐家提谟修斯[1]收取两倍之多的学费，他说自己也付出了两倍的辛劳，因为，他不得不先教他们清除已经习得的不良习惯，然后才能正确地教导他们。因此，那些学习任何一门艺术的人都应该用心且精准地去模仿他们的副本，使得自己能够掌握基础知识。一旦克服了这一个难点，余下的难点就会不攻自破，就好像一座城的城门一旦被打开，就只能任由敌人处置一般。应该避免所有轻率的行动，避免我们在尚未能精通初级阶段的工作前就进入到高级的工作。不会半途而废的人才是跑得够快的人，而那些为彻底掌握基本原则而造成的耽搁都算不得是耽搁，反而是一种进步，是朝着能够轻松、迅速和准确掌握后续之事的进步。

13．（9）错误必须由教师当场纠正；但同时也要予以训诫，也就是规则和规则的例外。

迄今为止，我们均主张通过示范而非训诫的方法教授艺术，现在我们需要补充：也应该给予训诫和规则，如此一来，它们就可以起到指导工作和预防错误的作用。也就是说，对于模型不够明显的地方，需要做出清楚的解释，还应该清楚地解释应该如何开始工作，以什么作为目标，以及如何达成目标。也

---

[1] 提谟修斯（Timotheus，前450—前360），古希腊音乐家、诗人。——译者注

应该为每一条规则给出理由。如此一来，我们就可以彻底明白那门艺术，能够自信且准确地进行模仿。

不过，这些规则应该尽量简短和简单，因为我们都不想白发苍苍之时才学会。一旦掌握，它们就应该终身可用，甚至是将其置于一旁，就像一个孩子学习走路的护膝一样，即使之后不再需要了，从中获取的益处却仍然存在。

14.（10）艺术的完善教学是基于综合法和分析法之上的。

我们已从自然和工场的例子表明（第18章，原则5），在这一对关系之中，综合法更为重要。下述各点也表明了应该先进行综合法练习：①我们应该总是从简单的开始，相对于别人的努力，我们更易于理解自己的努力。②作家们会刻意隐藏自己获取结果的技巧，使得学生在一开始难以理解或是完全不能理解自己所见。如果一开始学生就自己尝试去练习，完全可以避免这样的困难。③主要目标应置于练习的主要位置，我们的真正目标在于使得学习艺术的学生能够习惯做出原创作品，而不仅仅是模仿那些放置在他面前的东西（参见第18章，原则5）。

15. 尽管如此，还是不能忽视对他人作品的精确分析。只有不断地经历这一点，我们才能知道这条道路及其支路和岔路。此外，自然界中变化莫测，规则不可能将其完全概括，或是由一个人的头脑完全掌握。许多过程需要用许多规则去表达，我们只能通过分析和学习，通过让自己去模仿和竞争，以此制造出相似的结果，只有这样，我们才能学会这些。

16. 我们希望，在每一门艺术中，凡是能够完整、准确地制造出的模型，或是示例，都可以提供给学生。也应该给予他们训诫和规则以帮助他们进行这些过程，引导他们努力模仿，向他们展示如何避免犯错，以及在他们犯错时予以纠正。然后，应该给他们不同的模型，让他们学会对模型分类，并与曾用过的模型进行比较，通过仿制一个与曾用过的模型相似的模型，制作出一个与原

物相似的作品。此后，就可以按照已经熟悉的模型和规则对别人（必须得是名人）的成果进行考察和分析了。如此一来，学生就能更轻松地学会运用规则，学会隐藏自己的技法的艺术。只有经过这样一系列的练习之后，他才能去批判自己或别人的艺术作品。

17.（11）上述练习必须持续，直到艺术作品的产生成为第二天性为止。因为造就一位艺术家的是实践，而不是别的。

第 22 章 ｜ 语言的教学方法

1. 学习语言，并非因为它们本身是博学或智慧的一部分，而是它们是一种方法，既能让我们获得知识，也能让我们向别人传授知识。

因此，不必学习所有语言，这是不可能的；也不用学习许多种语言，这是无用的，那些本应用于获得实用知识的时间也会因此浪费；只学习必需学的语言。现在必需学的语言有：国语，为在本国内使用；相邻国家的语言，为与邻国人民保持交往。例如，对于波兰人而言，德语是必需学的；对于其他的民族而言，匈牙利语，瓦拉几亚[1]语或土耳其语是必需学的。为阅读内容严肃的书籍，拉丁语是必需学的。对于哲学家和医生而言，希腊语和阿拉伯语是必需学的；对于神学家而言，希腊语和希伯来语是必需学的。

2. 无须精通所有这些语言，但也要学到必需的程度。

我们无须将希腊语和希伯来语说得像母语那样流利，因为没有人能与我们用这种语言交谈。只需要学到能读懂以这些语言编写的书籍的程度就足够了。

3. 尤其是在青年时期，语言的学习应该与对事物的学习相联系起来，如此一来，我们就能同时认识客观世界和语言。也就是说，我们对事实的知识和

---

[1] 瓦拉几亚（Wallachia），古国名，今罗马尼亚，位于巴尔干半岛东北、摩尔多瓦之南，东濒黑海，介于喀尔巴阡山和多瑙河之间。——译者注

我们表达事实的能力也能一同进步。因为我们要塑造出的是人，而不是鹦鹉，这一点已在第 19 章问题 6 中讲过。

4. 由此可见，第一，学习文字不应该与文字所指代的事物相分离；因为事物并不是独立存在的，没有文字就无法理解事物，它们是并存的，同时履行它们的功能。正是因为有这样的考虑，才促使我发表了《语言入门》(*Janua Linguarum*) 一书，里面的遣词造句阐释了事物的性质，并且据说其成就还不错。

5. 第二，无论是何种语言，它的完整知识和细微知识都是非常不必要的，如果有人想要达到那样的程度，真是既荒谬又无益。甚至是西塞罗（他被认为是最精通拉丁语的人）也不是完全知道拉丁语的所有细微知识，因为，他曾承认自己并不知道工匠们所用的词语；因为他从未与皮匠和劳工混在一起过，从未看过他们的手工，从未听过他们所用的术语。事实上，他为何一定要去学习那类术语呢？

6. 我的《语言入门》的扩充者们并没有注意到这一点，只是为它填满了不寻常的字眼，填满了非常不适合一个小孩子理解的材料。一本《语言入门》就应该保持一本"入门书"的样子，任何进一步的知识都应留给以后的时间。尤其是从未出现过的字词，又或者是即使遇到也能轻易在其他辅助性书籍（例如词汇表、字典、植物词典等）中查到的字词。正因如此，我才没有继续我的《拉丁语初阶》(*Latinitatis Posticum*)（在书中我介绍了已废弃的和不常见的字词）一书。

7. 第三，应该以能够吸引孩子们的材料对他们的智力和语言进行练习，能够吸引成年人的材料则应该保留至下一个阶段。将西塞罗和其他大作家的作品放在孩子们面前的人都是在浪费他们的时间。因为，如果孩子们并不理解这一题材,又怎么能掌握各种有力表达题材的设计呢?这些时间要是花在没那么有野心的努力上会更为有用,语言知识和一般智力也能同时循序渐进。自然不会跃进,艺术也不会,因为艺术就是在模仿自然。我们在给孩子们上舞蹈课前,必须要先教孩子们走路;在送他们上战马前,要先让他们骑上木马;在教他们说话前,要先教他们牙牙学语;在教他们演讲前,要先教他们说话。西塞罗说,他无法教一个尚未学会说话之人进行演讲。

8. 对于那么多种语言,我们的方法可以归纳为8条规则,可以使得学会不同的语言成为一件易事。

9.(1)每一种语言都能独立学习。

首先必须学习母语,然后再学习一种能代替它的语言,我是指邻国的语言(因为我认为现代语应该放在学术性语言之前学)。然后可以学拉丁语,拉丁语之后是希腊语、希伯来语等。

永远应该在学会了一种语言之后再学习另一种语言,而不能同时学习;否则两者都会学得混乱。只有彻底学会两门语言后,用并行的语法、字典等方法去进行对比才有用。

10.(2)每一种语言都一定要分出一定的时间段来学习。

我们应该注意,不要将一种辅助性的学习当作主要学习,或是将本可以用来获取事物知识的时间浪费在文字的学习上。因为母语与逐渐展现在感官面前的客观世界有着密切的联系,所以需要好几年(我应该说是8年或10年,或者说整个儿童时期和一段少年时期)的学习时间。之后我就可以进一步学习其他现代语言,每一种语言都可以在一年内充分掌握。学习拉丁语需要两年,学习希腊语需要一年,学习希伯来语需要6个月。

11.(3)所有语言都是通过实践学习要比通过规则学习更为容易。

也就是，通过听、读、重读、抄写、用手和舌头的模仿，要尽可能经常进行这些实践。[参看上一章规则（1）和规则（11）]。

12.（4）然而，规则可以帮助和增强从实践中获得的知识。

关于这一点，我们已在上一章的规则（2）中讨论过了。我们特别提出的是只能从书籍上学到的学术性语言，虽然我们也并不排除现代语言。因为，意大利语、法语、德语、波希米亚语和匈牙利语都可以并且实际上已经化成了规则。

13.（5）语言化成的规则应该是语法的，而不是哲学的。

也就是说，它们都不应该探究字、词、句的原因或来历，或者试图找出为何这个或那个结构是必需的，而是应该简单说明什么是对的，应该如何做出这样的结构。对于存在于事物和文字之间的原因和联系、相似或相异、类比和反常的细致研究，这是哲学家的责任，对于语言学家来说只能耽误他。

14.（6）在为新学的语言撰写规则时，必须时时牢记已学会的语言的规则，如此一来，就只需要强调两种语言之间的区别。

要求学生注意它们的共同之处，不仅无益，反而有害，因为头脑惧于那些比实际情况更为烦琐和不规则的假象。例如，教授希腊语语法时就无须重复名词、动词、格与式的定义或是未包含新内容的句法规则，这些都可以被视作已经熟知的。只需要包括希腊语的用法与已知的拉丁语用法的不同之处即可。如此一来，希腊语语法就可以压缩成少许的几页，也就更加清楚、简单。

15.（7）新学一门语言时，最初的练习必须要从已经熟悉的题材开始。

否则，头脑就不得不同时注意文字和事物，注意力就会被分散和削弱。因此，它的努力应该仅限于文字，如此就可以更快、更轻松地掌握该语言了。"教义问答"（Catechism）、《圣经》历史或是其他任何已经充分熟知的材料都可以作为此类题材。（简而言之，可以采用我的《拉丁语初阶》和《语言入门》两本书；尽管它们更适合用于记忆，而上述题材适合于经常阅读，因为它们会不时出现同样的字词，这些字词会变得熟悉，从而印在记忆中。）

16. （8）因此，所有的语言都可以以此方法进行学习。

也就是说，结合只涉及与已知语言不同的极其简单的规则进行实践，以及涉及熟知题目的练习。

17. 论应该认真学习的语言。

正如本章开篇所言，所有语言的学习不必同样精确。母语和拉丁语最为值得注意，我们全都应该彻底掌握它们。语言的学习进程可以分为四个阶段：

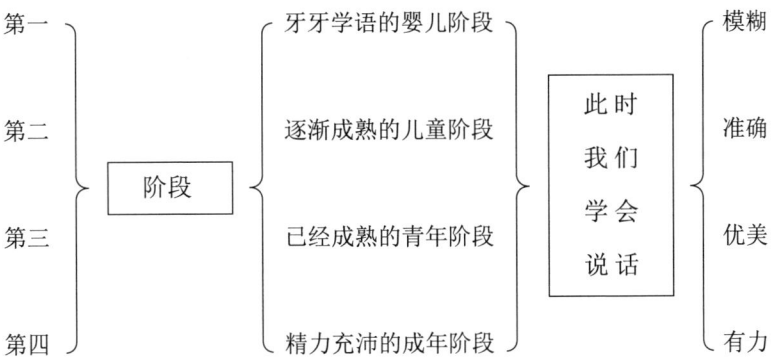

18. 这种分级是唯一正确的原则。

如果采取其他任何体系，所有事情都会陷入困惑和紊乱，就如同我们大多数人曾经历过的一样。但是，通过这四个阶段，只要为语言教学提供了适合的材料，所有想要学习语言的人都能轻松达成；也就是说，适合学生的课本和教师的辅助手册都应该简短且有条不紊。

*19．*适合几种年龄阶段的教材应分为四类——
（1）"初阶书"。
（2）"入门书"。
（3）"升堂书"。
（4）"宝库书"。

20．"初阶书"应该包含一个孩子谈话用的材料——有几百个字，组成句子，加以名词变格和动词变形。

21．"入门书"应该包含该语言的所有常用字，约 8000 字。这些字应组成短句，包括对自然事物的描述。此外，还应附加一些简单明了的语法规则，为该门语言的写作、发音、造词和用字给予准确的指导。

22．"升堂书"应该包含对所有事物的不同论述，用一种变化的、优美的文体进行表达，页边应加以批注，指出所引用的短语的作者。书末应给出多种不同的改造句子或重组句子的方式的规则。

23．"宝库书"是指认真地用优美的文体书写过任何事物的古典作家的作品名称，并附有关于评论、汇集名段、精确翻译习语（最为重要的一点）的规则。在这些作品中，有些应选来在校内阅读；其他的应制成目录，如此一来，如果有人想要寻找任何写过某一题目的作家，他可以找出是哪些作家。

*24．*辅助性书籍，指的是那些能够帮助更快、更有效地使用教材的书籍。
应该为"初阶书"准备一本小的词汇书，国语－拉丁语和拉丁语－国语两种版本都应该准备。
应该为"入门书"准备一本拉丁语－国语词源词典，给出单词、它们的派生词、它们的合成词，并说明它们的意义。

应该为"升堂书"准备一本国语短语词典、拉丁语（如有必要，还有希腊语）短语词典，作为"升堂书"中各种短语、同义词和委婉语的纲要，并注明它们的出处。

最后，为了保证"宝库书"的完整性，应该准备一本综合字典（国语－拉丁语和拉丁语－希腊语），这本字典要包含每种语言的每一个事项，不得遗漏。这本字典应该以一种学者的、精确的方式进行编写，要使得几种语言的意义上的细微差别能够相互对应，并且为习语找出适当的对应语。因为，只要加以判断，世界上不会有任何一种语言如此缺乏文字、习语和谚语，以至对拉丁语中的任何表达都不能提供一种相对应的表达。无论如何，任何一个模仿技巧充足、善用适当材料制造适当成果的人，都可以想出精确的译文。

25. 迄今为止，尚未出现一本这样的综合字典。一位波兰籍耶稣会信徒纳皮乌斯的确为他的国人做出了良好的贡献，编写了一本《波兰语、拉丁语、希腊语字典》；但此书存在三个缺点。第一，国语的字词和短语收录不完全。第二，他并没有按照我们上述建议的顺序，因此，有个别的、假借的、已废弃的字词也没有按照分类进行排列，尽管分类排列后，两种语言的特性、优美性及其来源均可以得到阐释。他对每一个波兰语的字词都做了许多拉丁语翻译，而按照我的计划则只需要一种翻译，但必须是精确的相等翻译。这样，我的字典就为那些将拉丁语书译为国语书，或是把国语书翻译为拉丁语书的人提供了很好的帮助。第三，在纳皮乌斯所编的字典中，例证的排列非常缺乏要领。这些例子不应该随随便便地堆叠在一起。首先，应该提供从历史中抽取的简单例子，其次是演说家那些更有野心的例子，再次才是诗人更为复杂和不常用的例子，最后是已被废弃的例子。

26. 但是，关于此类综合字典的详细描述，必须要留到下次再说了，至于"初阶书""入门书""升堂书""宝库书"这些能让人精准习得语言的书籍，其详情也将留到以后再说。我们在详细讨论各个班级之时再说这些话题才合适。

第 23 章 | 道德的教学方法

1．截至目前，我们已经对比较易于教学科学与艺术的问题进行了讨论。然而，我们应该将塞涅卡的话铭记于心，他说："我们不是应该去学习这些事情，而是应该已经学会"（《书信集》，第 89 封）。的确，它们只是对更重要之事的一项准备，如他所言："我们的开始，并不是我们的成果"。那么我们真正的工作是什么呢？是学习智慧，这能提高我们，让我们得到稳定和高贵的心灵——我们称之为道德和虔诚，通过它们，我们就凌驾于所有其他造物之上，就靠近神本身。

2．因此，我们必须要看看，如何以一种明确的体系贯彻这种灌输真正的德行和虔诚的艺术，如何将其引入学校，使得我们能公正地称学校为"人类锻造地"。

3．塑造道德的艺术基于以下 16 条基本规则：
（1）青年人应该培养所有德行，不得有例外。
在道德方面，任何事情的遗漏都会留下一条间隙。

4．（2）应该率先培养这些所谓的主要德行，即谨慎、节制、坚忍与正直。
如此一来，我们就可以保证建筑物是有基础的，且各部分能组成一个和谐的整体。

5.（3）接受良好的教导、学习事物之间的真正区别和事物的相对价值，如此才能学会谨慎。

对事实情况的健全判断是所有德行的真正基础。维夫斯所言甚是："真正的智慧在于健全的判断，在于由此到达真理。如此一来，我们就不会追寻无价值的事物，仿佛它们是有价值的事物，也不会拒绝有价值的事物，仿佛它们是无价值的事物；就不会责备值得赞扬之事，也不会赞扬应该责备之事。这也是人心中出现错误的源头，人生中再没有比缺乏判断力更不幸的事了，它会造成对事实做出错误的评价。"他还说："健全的判断应该于青少年早期开始练习，将于成年时期发展壮大。一个孩子应该追求正确的判断，避免无价值的判断，如此一来，正确的判断就会成为他的第二天性。"

6.（4）应该教会孩子遵守节制，包括饮食、睡眠与起床，工作与玩耍、交谈与沉默，使之贯彻于接受教导的整个时期。

关于这一点，有一条黄金法则："万事不可过"，应该反复向他们讲述该法则，让他们学会在任何情况下，都能在饱足之前离开。

7.（5）应从自我克制中学会坚忍；也就是说，抑制在错误的时间或是非适当时间想要玩耍的欲望，抑制急躁、不满和愤怒。

该原则强调，我们应让孩子习惯于理性地做事，而不是受到冲动的指挥。因为人类是一种理性动物，应该受到理性的引导，在行动之前，应该仔细想一想如何执行每一个动作，如此一来，他就可以真正成为自己行为的主人。由于孩子们行为的方式还不够谨慎和理性，如果能迫使他们养成一种习惯，先执行别人的意愿，而后再考虑自己的意愿，也就是说，所有事情都即刻服从他们的长辈，这将是教导他们坚忍和节制的一大进展。拉克坦提乌斯说："那些善于驯马之人，会首先教马匹服从缰绳。"并且，教导孩子的人应该从让孩子惯于服从他的命令开始。如果人们在青少年早期就能学会相互谦让，所有行为都受到理性的指导，那我们或许真的可以抱有一种希望，希望满世界的骚动都能为一种良好的情况所取代。

8.（6）青年人应该不伤害他人，各取所得，避免虚伪和欺骗，乐于助人，待人礼貌，由此学会正直。

孩子们必须受到这样的训练，正如我们上面所说，要按照下面所描述的标准。

9.（7）坦率和耐劳是青年人尤为需要的坚忍。

因为，人生必然会消耗于与他人的交往和活动中，必须要教会孩子们正视别人，面对真实的辛劳而不退缩。否则，他们将可能成为隐世之人、厌世之人，或是懒惰之人、碍事之人。德行的习得是依靠行为而非文字。

10.（8）坦率是通过时常与有价值之人进行接触、在他们面前按照所受到的训诫行动而获得的。

亚里士多德如是教育亚历山大，他12岁便能适应各种社交界，适应国王的社交场合，适应各国国王和使臣的社交场合，适应有学之士和文盲的社交场合，适应城里人的社交场合，适应乡下人的社交场合，适应工匠们的社交场合，也能对谈话中的任何话题提出适当的问题，或是给出适当的答案。为了那些接受我们的综合教育的青年人也能学着模仿这一点，应该写下谈话的规则，要求他们坚持每日与导师们、同学们、父母和仆人们进行练习；有任何粗心大意、冒失鲁莽、粗野或粗俗的倾向，教师们也应该特别留心地加以纠正。

11.（9）如果孩子们一直不得空闲，或工作或游戏，他们就能学会耐劳。

只要孩子们有事可做，对于做了什么事、为什么要做事，并没有什么不同。我们能从游戏里学到许多将来环境需要时有用的事情。因此，我们必须通过工作学习如何工作，正如通过行动学习如何行动（如上所述），这样，就可以保持身心有事可忙，同时，还必须避免所有压力，如此一来，就可以形成勤奋的性格，使人变得活跃，无法忍受懒散堕落。届时，我们就可以看到塞涅卡所言的真理了："正是辛劳养育了高尚的心灵。"

12．（10）正直的同源德行，即敏于和乐于为他人服务的德行，必须尽力在青年人身上培养起来。

自私是令人憎恶的恶习，却固有在我们腐败的天性里，正因如此，每个人都只想到自己的利益，头脑中再不考虑他人。这是生活紊乱的一大源头，因为，所有人都忙于自己的事情，都忽视了共同利益。所以，必须尽力地将人生的真正目标传达给青年人，必须教导他们，我们生来并不是只为我们自己，还是为了神和我们的邻居，即为了人类。

如此一来，他们就会认真地信服这一真理，会从童年开始学习模仿神、天使、太阳以及更高尚的造物，换言之，会希望并努力为尽可能多的人服务。如此一来，个人和公众的幸福生活都能得到保障，因为，所有人都已准备好为共同利益一起工作，相互帮助。如果他们受到了正确的教导，就真的会这样做。

13．（11）心灵尚未被邪恶占领之前，应及早授之以德行。

因为，如果你不将好种子播撒到田地里，它就只能生出最差的杂草。但如果你想开垦它，只要在早春时犁田、播种、耕地，你的工作就会更轻松，成功的希望也会更大。的确，孩子们能从小受到良好的训练是最重要的，因为，一只罐子新的时候所浸染的气味能够留存很长一段时间。

14．（12）德行是通过经常做正确的事学会的。

我们已在第20章和第21章说过，从学习中我们能发现该学习什么，从行动中我们能学会该有的行动。那么，孩子们能从走路中轻松学会走路，从谈话中学会说话，从书写中学会书写，同样他们也会从服从中学会服从，从节制中学会节制，从说真话中学会真实，从恒定中学会不变。但同时也有必要让孩子们得到建议和榜样的帮助。

15．（13）作为有序生活的榜样，父母、保姆、导师以及同学的生活必须一直置于孩子们面前。

因为，孩子们就像猿猴，爱模仿任何所见到的事物，无论好坏，即使没有人要求他们那么做；正因如此，他们先学会模仿，再学会运用头脑。所谓"榜样"，我是指鲜活的榜样和书中的榜样；事实上，鲜活的榜样更为重要，因为它们能形成一个更强烈的印象。因此，如果父母是值得尊敬的，是细心的家庭教育的守护者，如果导师们是经过最认真的挑选的、有着卓越德行的人，那么青年人的道德训练就会朝着正确方向迈进一大步。

16．（14）但是，除了榜样，也必须给予行为的训诫和规则。

如此一来，模仿才能得到补充和强化［这一点，读者可以参考我们在第21章规则（9）的论述］。因此，生活的规则应该从《圣经》和智者的言论中收集而来，还应该按照学生的年龄，去处理"我们为什么要反抗嫉妒？""我们应该用什么武器去迎战生活中的遗憾和机遇？""我们应该如何注意欢乐的节制？""我们应该如何控制愤怒？""我们应该如何驱逐违禁的爱恋？"以及类似的问题。

17．（15）必须非常仔细地保护孩子，使他们免于接触不良的社交，否则他们会受到影响。

由于我们腐败的天性，邪恶易于接近我们。因此，青年人必须仔细防备所有腐败的源泉，例如不良的社交、不良的谈话和无价值的书籍（以恶习为例，无论是从眼睛或耳朵进入，都是心灵的毒药）。最后，还应该防备怠惰，避免青年人因懒惰做出恶行，或是养成一种懒散的倾向。重要的是，要让他们一直忙于工作或游戏。绝不容许懒惰。

18.（16）我们不可能做到如此小心，以至任何邪恶都无法找到入口，所以，必须使用严格的纪律控制邪恶的倾向。

因为，我们的敌人撒旦不只是在我们睡觉时守候着，即使我们清醒时他也在守候着，当我们在学生心里播撒良种时，他也会试图在此播种他的草种，有时，腐败的天性也会自行生长出野草，所以，必须强行控制这些邪恶的性情。正因如此，我们必须用纪律的方法去抵抗它们，也就是通过责备或惩罚、责骂或鞭打，具体视情况而定。这种惩罚常常应该当场执行，才能在邪恶刚一出现就立即扼杀它，或者可以尽可能地连根拔起。因此，要经常注意纪律，不是为了强迫学习（如果方法使用得当，学习对于心灵是有吸引力的），而是为了保障清白的道德。

但关于纪律的问题，我们将在第 26 章做更为详细的讨论。

第 24 章 | 灌输虔诚的方法

1. 虔诚是神的礼物，是我们的顾问和指导圣灵从天上给我们的。但是，圣灵常常会利用自然的媒介，并已选择父母、教师和牧师，他们会诚心栽种和灌溉天国的接穗（《歌林多前书》，第 3 章第 6—8 节），他们应该懂得他们的责任范围。

2. 我们已经解释了虔诚的意思，即（在我们彻底掌握信仰和宗教的概念之后）我们的心要学会到处寻找神（因为他用他的造物当作幕布把自己隐藏在幕后，无形地存在于有形的事物当中，指导万物，尽管看不见他），我们一旦找到他，就应该追随他，一旦靠近他，就应该喜爱他。第一点，需要通过我们的理解力做到，第二点需要通过我们的意志做到，而第三点就需要通过我们意识到我们与神的结合而产生的快乐做到。

3. 我们要注意神的所有造物中的神性迹象，以此来寻找神。我们要完全放任自己听从神的意志，无论什么对神有利，我们都会去做、去忍受，以此来追随神。我们喜爱神，愿意接受他的爱和恩，认为天上地下再没有比神更值得期望的了，再想不到比这更令人愉快的了，也再没有比歌颂神更甜美的了，于是我们的心和神的心在爱里联合了。

4. 我们能获得这样的提升的源泉有三，能从中汲取的方式有三。

5. 这些源泉就是《圣经》、世界和我们自己。第一个是神的话语,第二个是他的手工制品,第三个是受到神的启发的。毫无疑问,我们能从《圣经》中获得知识和神的爱。异教徒证明了虔诚是可以从世界中得到的,可以从对世界中神的奇妙作品的智慧的思考中得到的;因为,他们敬畏神只是因为对世界的沉思。苏格拉底、柏拉图、爱比克泰德[1]、塞涅卡和其他人的例子都能表明这一点。但是,从这些人的情况看来,上天并没有给他们特殊的启示,这种爱的感觉也并不完全,方向也是错误的。那些从神的言语和作品中寻求获得神的知识的人们,对神充满了最深切的爱,约伯、以利户、大卫[2]及其他虔诚之人的例子就能表明这一点。

6. 从这些源泉汲取虔诚的方式有三:沉思、祈祷和考验。

路德说:"这三种方式能够成就一位神学家;但实际上它们也是造就一个真正的基督徒所必要的。"

7. 沉思就是恒定地、专注地、热忱地思考神的作品、言语和仁慈;是深思熟虑后承认只因为神的善意(或是主动或是允许)才产生了万物,所有神的忠告都将会以最不可思议的方式达到它们的目的。

8. 祈祷是时常地,或者说是不断地爱慕神,并且恳求神能以他的仁慈供养我们,以他的灵指导我们。

9. 考验是对我们在虔诚方面进步的不断测试,可以是源于我们自己,也可以源于别人。在这一项里,有人类的、恶魔的和神的考验。因为人类应该考验自己是否真诚,是否能忠实地执行神意;我们还需要受到其他人、朋友和敌

---

[1] 爱比克泰德(Epictetus,约55—约135),古罗马斯多葛学派哲学家、教师。著有《爱比克泰德论话集》(*Arrian's Discourses of Epictetus*)。——译者注

[2] 约伯(Job)、以利户(Elihu)、大卫(David),都是《圣经》中的名字。——译者注

人的考验。当那些受命管制人的人机警又专心，试图通过公开的或秘密的审查找出有何进展时；或是当神将一个敌人安放在我们身边，以此教导我们去寻找他的庇佑，去表明我们的信仰如何强烈时，就会是这种情况。最后，神派出撒旦本人，或是撒旦自己要来反对我们，那时我们就能明显表现出我们的心了。

因此，这三种方式必须灌输给青年基督徒们，让他们能学会提升自己的心靠近神，万物的起始和终结，只有在他那里才能为他们的灵魂求得安息。

10. 专门的方法包含在 21 条规则里。

（1）应该注意在童年早期灌输虔诚。

因为，不耽搁这样的教导是有利的，推迟才是危险的，因为，从自然最早出现的、最重要的事着手才是合理的，也是最重要的。但是，还有什么比虔诚更重要的呢？"操练身体，益处还少；唯独敬虔，凡事都有益处，因有今生和来世的应许。"（《提摩太前书》，第 4 章第 8 节）"但是不可少的只有一件"（《路加福音》，第 10 章第 42 节），"你们要先求他的国和他的义，这些东西都要加给你们了"（《马太福音》，第 6 章第 33 节）。推迟是冒险的，因为，除非在青年时头脑就充满了对神的爱，否则就容易对神产生无言的轻蔑、亵渎神，一旦发生，即使不是不可能，也难以驱逐它们了。因此，先知抱怨他的百姓不虔诚得可怕，他说神能教导的人，除了"那刚断奶离怀"的人，即青年人，便再无其他人了（《以赛亚书》，第 28 章第 9 节），而另一个先知说，那些习惯行恶之人不能转为行善（《耶利米书》，第 13 章第 23 节）。

11.（2）因此，一旦儿童能使用他们的眼睛、舌头、双手和脚的时候，就要让他们学习看着天空，向上伸出双手，说出神和基督的名字，屈膝于他不可见的威严前，敬畏它。

要将这些事情教给儿童并不像一些人想象的那么困难，他们不明白离开撒旦、离开世界和离开自己对我们而言是多么重要，也很少思索这一严肃问题。刚开始，儿童并不理解他们所做之事的真正性质，因为当时他们的智力还很微弱；但重要的是他们学会做的事都是正确的，这一点日后的经验会告诉他们。因为，一旦他们养成做那些该做之事的习惯，就更容易向他们解释这样的行为为什么是好的，要如何才能做到最好。神命令我们要将所有初果奉献给他；因此，我们为什么不将我们思想、话语、动作和行为的初果奉献给他呢？

12．（3）在还可能影响孩子们时，让他们牢记这一点很重要，那就是，我们在世上不是为了今世，而是为了永生；我们在世上的生活只是短暂的，是为准备去我们永远的家服务的。

这一点很容易用婴儿、孩子、青年和日将死亡的老人的例子加以教导。这些事实应该尽力印在青年人的身上，如此一来他们就能明白我们在世上的生活是多么短暂。

13．（4）他们也应该受到教导，即我们在世上唯一的任务就是为来世做准备。

因为，如果在意那些将会从我们手中夺走的东西，忽略那些会陪伴我们直到永生的东西，这是愚蠢的。

14．（5）此后，他们还应该受到这样的教导，人们离开这个世界之后有两种生活：要么是和神一起的幸福生活，要么是在地狱里的悲惨生活，而两者都是永恒的。

这也可以用拉撒路和财主[1]的例子进行证明；因为前者的灵魂被天使带进了天堂，而后者的灵魂却被魔鬼带进了地狱。

15.（6）那些自己行为良好的人，才配站在神的面前，他们是十分幸福的。

因为，如果没有神这个光和生命的源泉，剩下的只有黑暗、恐怖、极度苦恼和永恒的、无尽的死亡；所以那些离开神，让自己堕入永远毁灭的深渊的人，不如没有出生更好。

16.（7）但是那些在世时与神相通之人，死后会走向神。

正如以诺和埃利亚斯活着的时候，其他人也是如此（《创世记》，第5章第24节）。

17.（8）那些与神相通之人，就是时时将神放在眼前、敬畏神、履行神的话语的人。

"这是人所当尽的本分"（《传道书》，第12章第13节），基督曾说那是"不可少的只有一件"（《路加福音》，第10章第42节）。这就是基督教徒应该时时挂在嘴边，放在心里的，以免像马大[2]一样，过于在意现世。

18.（9）因此，他们应该养成一种习惯，将在世上的所见、所听、所触、所为及所受都归于神。

---

[1] 拉撒路（Lazarus），《圣经》中一个患病的乞丐，生前受尽苦难，死后进入天堂。经文："有一个财主，穿着紫色袍和细麻布衣服，天天奢华宴乐。又有一个讨饭的，名叫拉撒路，浑身生疮，被人放在财主门口，要得财主桌子上掉下来的零碎充饥；并且狗来舔他的疮。后来那讨饭的死了，被天使带去放在亚伯拉罕的怀里。财主也死了，并且埋葬了。他在阴间受痛苦，举目远远地望见亚伯拉罕，又望见拉撒路在他怀里。"（《路加福音》，第16章第19—23节）——译者注

[2] 马大（Martha），耶稣的朋友。——译者注

关于这一点，应该举出例子。例如（可以指出），那些专注于知识和思索生活的人，应该只有一个目标，即，他们能看到万物中的神的力量、智慧和仁慈，能满载对神的爱，能非常稳固地在爱里与神结合，不会被拆散。还有那些从事实际职业，例如从事农业和机械的人，他们不得不寻求面包和生活必需品；但他们只应该是为了能够过上适当舒服的生活，并且努力只过这样的生活，应该以安静又喜悦的精神服务神，并且通过服务神得到神的认可，他们就能与神永远结合。那些另有目标的人就偏离了神意和神本身。

19.（10）从一开始，他们就应该学习将自己的主要任务放在那些直接引向神的事情中：阅读《圣经》、宗教仪式和其他善行。

阅读《圣经》可以更新并助长我们对神的认知，宗教仪式为神与人类之间创建了一种联系，而善行能够巩固这一联系，因为，它们表明我们的确遵循了神的言语。这三件事应该严肃地推荐给所有注定要过上一种虔诚生活的人们（如所有通过洗礼奉献给神的基督教青年）。

20.（11）《圣经》必然是基督学校的第一个字母和最后一个字母。

亥伯里斯[1]曾说，一个神学家产生于《圣经》，关于这一说法，我们可以在使徒彼得那里得到更为详细的说明。他说，神的儿子们蒙了重生，"乃是由于不能坏的种子，是借着神活泼常存的道"（《彼得前书》，第1章第23节）。

因此，在基督学校里，《圣经》应该排在其他书籍之前；如此一来，所有基督教青年都能从小像提摩太一样明白《圣经》，这圣经能使他们有得救的智慧（《提摩太后书》，第3章第15节），并且在真道的话语上得到教育（《提摩

---

[1] 安德里亚斯·亥伯里斯（Andreas Hyperius，1511—1564），法国新教神学家，马尔堡大学（Philipps-Universitat Marburg）神学教授。——译者注

太前书》，第 4 章第 6 节）。关于这一主题，伊拉斯谟[1]在《劝人研究基督教哲理》（*Paraclesis, or Exhortation to the Study of Christian Philosophy*）一书中写得好。他说："《圣经》适合所有人，小孩子也完全有能力读，它用牛奶养育他们，抚爱他们，支持他们，为他们做所有事情，直到他们在基督中长大。但是，虽然智力最低的人也能理解它，但它仍然是智力最高的人所惊奇的对象。没有任何年龄、性别、人生地位是它不适合的。作为人类的共同财富，太阳提供的并不比基督的教导多。除了那些自己疏远它的人，它不会拒绝任何人。"他还说："愿它能被译成各种语言，如此一来，土耳其人和萨拉森人[2]、苏格兰人和爱尔兰人都能同样明白它。诚然，许多人会嘲笑，但有些人会被它说服。愿农夫在耕作时能将它唱出来，织工在织布机前将它复述出来，旅行者能用它圣洁的故事排遣旅途中的沉闷，基督徒的谈话是从它的里面摘取；因为我们的日常对话能代表我们真正的品性。让人人都能尽力得到《圣经》、阅读《圣经》。让后面的人不要嫉妒前面的人。前面的人也要召唤后面的人前进，不鄙视他们。我们为什么要将人人都信仰的书限定只给少数人看呢？"在临近结尾处，他又说："愿所有在洗礼中献身给基督的人们都能在父母怀里、保姆的照顾里浸透他的教诲。因为，头脑最初汲取的东西会下沉得最深，留存得最久。让基督成为我们最初的牙牙学语，要让我们的婴儿模仿他的福音传教士，应该将他们置于孩子们面前，使得孩子们能喜欢他们。他们应在这些学习中受到训练，直到默默成年，他们的力量都存在于基督身上。在忙于此学习中死去的人是幸福的。因此，让我们全都用心汲取《圣经》，让我们信奉它，让我们至死都从事于它，让我们皈依于它，因为我们的道德与我们的学习联系如此紧密。"在他的《神学纲要》（*Compendium of Theology*）一书中，他也说道："我认为，

---

[1] 伊拉斯谟（Erasmus，1466—1536），荷兰著名人文主义思想家、哲学家，16 世纪初欧洲人文主义运动主要代表人物，反对死记硬背，主张学习自然科学。代表作有《愚人颂》（*The Praise of Folly*）、《论儿童的教养》（*On Civility in Children*）等。——译者注

[2] 萨拉森人（Saracen），指从今天的叙利亚到沙特阿拉伯之间的沙漠阿拉伯游牧民，广义上指中古时代所有的阿拉伯人，所以，也可以说萨拉森人就是阿拉伯人。——译者注

用心牢记《圣经》并非浪费时间，如圣奥古斯丁所言，尽管我们并不明白它。"

因此，基督教学校应该宣扬的不是普劳图斯，不是特伦斯，不是奥维德[1]，不是亚里士多德，而应该是摩西，是大卫，是基督，我们应该想出办法使得《圣经》能作为学习 ABC 的一种方式，给那些献身于神的儿童们（因为所有的基督教儿童都是圣洁的）（《哥林多前书》，第 7 章第 14 节）；如此一来，他们就能对它更为熟悉。因为，如同语言就是由声音和文字的符号组成一样，宗教和虔诚的整个结构也是由《圣经》的元素形成的。

21．（12）从《圣经》中学到的所有东西，都应传达了信仰、仁慈和希望的教训。

这是三种最为高贵的性情，神在《圣经》中透露给我们的，他认为好的所有事情都与它们有所涉及。因为，他向我们透露某事，是为了让我们相信它们，他向我们嘱咐某事，是为了让我们践行它们，他向我们允诺某事，是为了让我们期待他的仁慈，无论是今生还是来世。在整部《圣经》中，没有任何事情不能归入这三项之一。因此，人人都应该受到教导，去理解和聪明地读懂神的启示。

22．（13）信仰、仁慈和希望都应该为实际运用而教导。

如果我们想要完全成为真正的基督徒，在一开始就需要成为实践的基督徒，而不是理论的基督徒。因为，宗教是一件真实的事，不是现实的反映，应该用它产生的实践结果证明它的真实，就像一颗沃土里的种子一样，很快就会发芽。所以，《圣经》需要一种"有功效的信仰"（《加拉太书》，第 5 章第 6 节），没有行为的信心是"死的"（《雅各书》，第 2 章第 20 节），需要一

---

[1] 奥维德（Ovid），即普布利乌斯·奥维修斯·纳索（Publius Ovidius Naso，前 43—约公元 17），古罗马诗人，与贺拉斯、卡图卢斯和维吉尔齐名。代表作有《变形记》(*The Metamorphoses*)、《爱的艺术》(*Ars Amatoria*) 和《爱情三论》(*Los Amores*) 等。——译者注

种"活泼的盼望"(《彼得前书》,第1章第3节)。因此,不断叮嘱,即事情是上天的启示,我们应该去做。基督也说:"你们既知道这事,若是去行就有福了。"(《约翰福音》,第13章第17节)

23.(14)如果孩子们和所有人都受到教导,毫不犹豫地相信神的所有启示,执行他的命令,期待他的允诺,那么,信仰、仁慈和希望就会以一种实际的方式教授给他们。

应该要小心地给青年人们留下这样的印象,即,如果他们希望《圣经》能够以神的力量支持他们,他们就应给它一颗谦逊而忠诚的心,准备随时服从神的召唤,到时也能真正做到。拒绝睁开眼睛的人,阳光无法为他显出任何东西,拒绝吃饭的人,一桌盛宴也无法满足他;同样,提供给我们头脑的圣光,给予我们行动的规则,为敬畏神的人允诺的幸福,全都将是徒劳一场,除非我们能用迅速的信仰、最热忱的仁慈和最坚定的希望去接受。因此,信仰之父亚伯拉罕相信《圣经》,相信不合理的事;服从神的命令,无论它们多困难(吩咐他离开他的祖国,并牺牲他的儿子时);对看似不可能的事抱有希望,相信神的允诺——这种活泼、积极的信仰对他而言就是正义。因此,所有献身于神的人都应该学会亲自履行这些责任。

24.(15)除《圣经》之外,教授给青年人所有东西(科学、艺术、语言等)都应该作为纯粹的附属学科进行教导。如此一来,学生就能明白,与神无关的事情在以后都是毫无价值的。

苏格拉底受到古人的赞扬,是因为他将哲学从空洞棘手的思考变成了道德领域结出的果实。使徒们声称要把基督徒们从棘手的律法问题中召回,将他们领向基督甜蜜的仁慈(《提摩太前书》,第1章第5节以下),同样,许多现代神学家也催促我们远离混乱的争论,它们对教会的摧毁远大于对教会的兴立,并让我们关注我们的良心与虔诚的实践。啊,愿神怜悯我们,让我们能够找出一些通用的方法,使得所有占领人类头脑的东西都与神相关,让我们可以

第24章　灌输虔诚的方法

学会改变人类沉迷其中的俗事，使其全都转作对来生的准备吧！的确，这将是一架圣洁的梯子，我们的头脑可以借此登上万物的永恒保护者的山峰，到达真正幸福的源泉。

25．（16）应教导所有人从内在和外在敬畏神。因为，只有内在没有外在的敬畏会趋于微弱，而只有外在没有内在的敬畏会退化为虚伪。

对神的外在崇拜，在于谈论神，在于传播和听取《圣经》，在于屈膝敬爱他，在于歌唱他的赞美诗，在于参加圣餐及其他公私教会仪式。对神的内在崇拜，在于不断地沉思神的出现，在于敬畏神和爱神，在于自我克制和顺从，在于随时愿意服从或忍受神的所有要求。这两种崇拜形式必须结合在一起，不能拆散；不仅因为我们的身心都要荣耀神，都属于他（《歌林多前书》，第6章第20节），还因为分开了就会有危险。没有内心诚实的外在仪式是神所厌恶的，他说："谁向你们讨这些？"（《以赛亚书》，第1章第12节）因为"神是个灵，所以拜他的，必须用心灵和诚实拜他"（《约翰福音》，第4章第24节）。但由于我们不只是灵，还有身体和感官，我们的感官需要受到外在刺激，如此一来，我们就能内在地去做在心灵和诚实中是正确的事。正因如此，即使他更重视内在的崇拜，也规定了外在的仪式，也希望它们能被遵守。基督使得《新约》的崇拜脱离了仪式，教导人们应该用心灵和诚实崇拜神，而他自己在向他的父祷告时也要低头，他的祷告延续了好几个夜晚；他惯于去参加宗教集会、聆听律法博士、质询律法博士、布道、唱赞美诗。因此，当我们教育青年人时，我们应彻底地、内外兼顾地去教育他们，否则我们教育出的就可能或者是伪君子，即神的肤浅的、不诚的、虚假的崇拜者，或者是因他们自己的想象感到快乐，轻视外在形式而逐渐破坏了教会的狂热者，或者是冷淡的基督徒，他们既缺乏外在的刺激，也缺乏内在崇拜的真实。

26．（17）孩子们应该注意习惯于神所要求的外在行为，使得他们可以知道真正的基督教精神是通过行为来表达信心的。

这种行为是节制、正义、怜悯和耐心的练习，我们应该时时加以注意。因为"信心没有行为也是死的"（《雅各书》，第 2 章第 26 节）。但是，如果它能给我们带来救赎，那它必须是活的。

27.（18）他们也应学习仔细分辨赐福的对象和神的审判，如此一来他们才能加以善用。

傅箴修[1]［在《给加拉斯的第二封信》（Letter II. to Gallas）中］将神的赐福分为三种。据他说，当中有些是永存的，有些是帮助我们得到永生的，而其他的只能为今生所用。第一种是神的知识、圣灵的愉快和我们心中满满的对神的爱。第二种是信仰、希望和对我们邻居的同情。第三种是健康、财富、朋友和其他外界的物品，它们本身既不能使我们快乐，也不能使我们不快乐。

同样，神的审判或惩罚也有三种。这些人（神希望能在永生中赦免他们）在世界上受了大患难，使得他们能够清净洁白（《但以理书》，第 11 章第 35 节；《启示录》，第 7 章第 14 节），就像拉撒路的情况一样。有些人在世上受到饶恕，使得他们在永生中受到惩罚，就像财主一样。其他人就会从现在受到惩罚，持续到永生，就像扫罗、安太阿卡斯、希律和犹大[2]等人的情况一样。

因此，人类必须要学会分辨这些种种，使得他们不会受到肉体的美妙事物的欺骗，把暂时之事优先处理，使得他们能明白今生的不幸并不比地狱之火可怕，并且"那杀身体以后不能再作什么的，不要怕他们……当怕那杀了以后又有权柄丢在地狱里的"（《路加福音》，第 12 章第 4、5 节）。

28.（19）应该告知他们，人生最安全的路就是十字架的路；生命之王基

---

[1] 傅箴修（Fulgentius），5 世纪后期至 6 世纪上半期的一位天主教主教。他捍卫正统教会的观点，反对亚利安派和皮拉基亚斯派的异端邪说。皮拉基亚斯（Pelagius）是英国神学家，否认原罪，主张人有意志自由，倡导人的价值情感乃是正当要求。——译者注

[2] 扫罗（Saul）、安太阿卡斯（Antiochus）、希律（Herod）、犹大（Judas）都是《圣经》中的名字。——译者注

督已先于我们走过了这条路，邀请并引领他最爱的人走向它。

我们的救赎的神秘就是在十字架上完成的，也是依靠十字架的；因为，新亚当用十字架杀了老亚当，效仿神的形象得以生存。因此，那些神所爱之人、所惩罚之人以及与基督一起被钉在十字架上的人，当他们与基督一起上升时，神可以在天上将他们安排在他的右手边。"因为十字架的道理，在那灭亡的人为愚拙，在我们得救的人却为神的大能。"（《哥林多前书》，第1章第18节）因此，我们需要非常用心地将这一教训教给基督徒，使得他们明白，除非他们能克制自己，将基督的十字架背负在肩上（《路加福音》，第14章第27节），生生世世准备跟随神去他引导的地方，否则他们不能成为基督的信徒。

29.（20）在教导这些的过程中一定要注意，不要让矛盾的例子阻挡了道路。

也就是说，孩子们不能听见或看见亵渎神明、背信弃义或是其他不虔诚的行为，但是，无论是从哪一方面，都应该只遇见对神、宗教仪式和良心的敬畏。无论是在家还是在学校，邪恶的行为都应该受到严重的惩罚，如果对亵渎神明的惩罚永远比违反普利西安[1]或其他错误的惩罚更为严厉，那么他们就会得到一种印象，应该更注重防备前一种错误。

30.（21）在世界和人性的这样堕落的情况下，我们从未达成我们应有的进步，或者是，如果我们的确进步了，虽然我们的肉体堕落了，我们也是满怀自满和精神骄傲的。

这是一种极大的危险（因为神反对骄傲），因此，所有的基督徒都应该从小学会，除非基督，神的羔羊，用他的至善帮助我们，将罪恶从世上去除，否则我们的努力和行动都是无用的。我们必须向神祈祷，相信他。

---

[1] 普利西安（Priscian，约500年前后），东罗马帝国的语法学家（中世纪初期），著有《语法惯例》（*Institutiones Grammaticae*）。——译者注

因此，当我们将基石这一重担放在基督身上时，我们得到救赎的希望就终于有保证了。因为，他是天地之间所有尽善尽美的顶点，是我们的信仰、仁慈、希望和救赎的唯一源泉和守护者。出于这一原因，神从天上派他下来，使得他能成为以马内利[1]（或是人中神）并且在神面前将所有人联合在一起，过上他假想的纯洁生活，他可以给人们一个圣洁生活的榜样；但通过他的无辜死亡，以自己为世上的人赎罪，以用他的血洗净我们；使得他用他的复活表示他对抗死亡的胜利，升入天堂或许能派遣圣灵，即我们救赎的保障；使得他能这样统治我们，保护我们，最终带我们去到他面前，使得我们能与他在一起，看见他的荣耀。

31. 愿赞美、荣誉、祝福和荣耀能永远属于所有人的永恒救世主、圣父和圣灵。阿门。

32. 接下来应为各班级描绘一个具体的方法。

---

[1] 以马内利（Immanuel），希伯来语，意为"神与我们同在"。——译者注

第 25 章 | 如果我们想按照真正的基督教法则改良学校，就必须排除校内的异教书籍，至少较以前更为谨慎地使用 [1]

1. 一种不可抗拒的需要迫使我们详细讨论一个主题，该主题我们已经在上一章有所涉及。如果我们希望我们的学校成为真正的基督教学校，就必须要将许多异教徒作家排除出去。因此，我们首先要列出我们观点的理由，然后提出对待这些古代作家的方法，如此一来，我们就不会因为谨慎而失去他们美好的思想、言语和行为了。

2. 我们对这一问题的热衷是源于我们对神和对人类的爱；因为我们看到，主要的学校只信仰基督之名，却最为尊敬特伦斯、普劳图斯、西塞罗、奥维德、卡图拉斯[2]和提布鲁斯[3]等作家。其结果是，我们对世界的认知胜过了我们对基督的认知，在一个基督教国家里却难以找到一个基督徒。因为，最博学

---

[1] 夸美纽斯在本章中强调需在学校中排除异教徒所著书籍，与其他地方的观点有所不一致。——译者注

[2] 卡图拉斯（Caius Valerius Catullus，前84—前54），古罗马著名诗人、政治家。——译者注

[3] 提布鲁斯（Albius Tibullus，约前54—约前19），古罗马诗人。——译者注

的人，甚至是神学家这样拥护神的智慧的人，也只有外在面具是基督所提供的而已，而灵魂却装满了亚里士多德和许多异教徒作家。这是对基督教自由的可怕的滥用，一种无耻的亵渎，一条满是危险的道路。

3. 第一，我们的孩子们是为天堂而生的，是通过圣灵重生的。正因如此，他们必须作为天国的公民受到教育，他们受到的主要教导应该是关于天国之事，关于神、关于基督、关于天使、关于亚伯拉罕、关于以撒、关于约伯的教导。这种教导应该先于其他教导，其他所有知识都应该遮蔽不让学生知道；首先，由于人生无常，谁都不该毫无准备地死去；其次，由于人的第一印象是最为强烈的，并且（如果它们是宗教印象）可以为以后的人生奠定一个安全的基础。

4. 第二，虽然神为他选中的子民预备了一切，除了自己的神殿再不给他们其他学校，在那里他就是教师，我们就是学生，他的神谕就是要教导的题材。为此，他以摩西的口吻说："以色列啊，你要听！耶和华我们神是独一的主。你要尽心、尽性、尽力爱耶和华你的神。我今日所吩咐你的话都要记在心上，也要殷勤教训你的儿女，无论你坐在家里，行在路上，躺下，起来，都要谈论。"（《申命记》，第6章第4—7节）他又以以赛亚的口吻说："我是耶和华你的神，教训你使你得益处，引导你所当行的路"（《以赛亚书》，第48章第17节）；又说，"难道人们不应该寻求他们的神吗？"基督也说："你们查考《圣经》。"（《约翰福音》，第5章第39节）

5. 神用以下的话表明，他的声音对于我们的理解力是最亮的光线，对于我们的行为是最完善的法则，对于我们的弱点是最确信的支持。"我照着耶和华我神所吩咐的，将律例、典章教训你们，使你们在所要进去得为业的地上遵行。所以你们要谨守遵行。这就是你们在万民眼前的智慧、聪明。他们听见这一切律例，必说：'这大国的人真有智慧、有聪明。'"（《申命记》，第4章第

第25章　如果我们想按照真正的基督教法则改良学校，就必须排除校内的异教书籍，至少较以前更为谨慎地使用

5—6节）他又向约书亚说："这律法书不可离开你的口，总要昼夜思想。""如此，你的道路就可以亨通，凡事顺利。"（《约书亚记》，第1章第8节）他又以大卫的口吻说："耶和华的训词正直，能快活人的心；耶和华的命令清洁，能明亮人的眼目。"（《诗篇》，第19章第8节）最后，使徒证明，"《圣经》都是神所默示的，于教训，督责，使人归正，教导人学义，都是有益的，叫属神的人得以完全"（《提摩太后书》，第3章第16—17节）。最智慧的人（我是指已真正觉醒的基督徒）也做过同样的论断。克里索斯托[1]说过："什么是需要知道的，什么是不需要知道的，这些我们都能从《圣经》中学到。"卡西奥多罗斯[2]说："《圣经》是天上的学校，是终生的向导，是知识唯一的真实来源。学生的所有时间都应用于搜寻它们的真正意义，不能让他有闲暇时间被语言学引入歧途。"

6. 神明文禁止他选中的子民与异教徒的学问或风俗有任何关系："你们不要效法列国的行为"（《耶利米书》，第10章第2节），又说："你们去问以革伦的神巴力西卜，岂因以色列中没有神吗？"（《列王纪下》，第1章第3节）；"百姓不当求问自己的神吗？岂可为活人求问死人呢？人当以训诲和法度为标准，他们所说的，若不与此相符，必不得见晨光"（《以赛亚书》，第8章第19、20节）。为什么呢？一定是因为"博大智慧，来自天主，智慧与他，永世相随。谁曾获悉，智慧祖籍何方？"（《便西拉智训》，第1章第1、6节）；"下一代人出生了，生活在这块土地上，可是他们同样没有发现这条知识之路。他们没有发现智慧之路，更不要说得到它了，他们的儿女依然毫无所获。智慧没有被迦南人所发现。它也不曾被以东人所发现，尽管他们追求知识。不管是麦拉和塔玛的商人们，或是那些演说童话的人们，或是任何别的寻求知识的人

---

[1] 克里索斯托（Saint John Chrysostom，约347—407），希腊教父，善于传教和解释经文。——译者注

[2] 卡西奥多罗斯（Cassiodorus，490—约585），中世纪初期罗马城的作家、政治家。——译者注

们，他们全都不曾发现智慧之路。唯有神懂得智慧，他懂得所有的一切。他发现了全部的通往知识的路，并且将智慧赐给了他的仆人雅各和他心爱的以色列"（《巴录书》，第3章第20、21、22、23、32、36节）；"别国他都没有这样待过；至于他的典章，他们向来没有知道"（《诗篇》，第147章第20节）。

7. 无论何时，他的子民离开他的律法，陷入人的想象的网罗时，神不仅会责备他们的愚蠢，离开了智慧的源泉（《巴录书》，第3章第12节），还会责备他们做了两件恶事，就是离弃他那活水的泉源，为自己凿出池子，是破裂不能存水的池子（《耶利米书》，第2章第13节）。他又以何西阿的口吻，抱怨他的子民与列国来往太过，说："我为他写了律法万条，他却以为与他毫无关涉。"《何西阿书》，第8章第12节）但是，我要问，那些基督徒们手里日夜拿着异教徒的书籍，却对神圣的《圣经》并不在意，仿佛它与他们无关，难道他们不就是这样的吗？然而神可以作证，因为这不是虚空的事，乃是我们的生命（《申命记》，第32章第47节）。

8. 因此，真正的教会和神真正的崇拜者们，除了《圣经》之外不会找别的教导，他们从《圣经》中得到的智慧是真实且神圣的，胜过了一切尘世的知识。因此，大卫评价自己说："你的命令常存在我心里，使我比仇敌有智慧，"又说，"我比我的师傅更通达，因我思想你的法度。"（《诗篇》，第119章第98、99节）同样地，人类中的最智者所罗门也承认："因为耶和华赐人智慧，知识和聪明都由他口而出"（《箴言》，第2章第6节）。西拉之子（在他的书的序言里）也证明：他的智慧源自法律和先知。因为，公义的人在神的光中得见光，他们就很是欢欣（《诗篇》，第36章第9节）；"以色列人哪，我们是多么幸福啊；我们有这样好处，知道神喜欢什么！"（《巴录书》，第4章第4节）。"主啊，你有永生之道，我们还归从谁呢？"（《约翰福音》，第6章第68节）

第25章　如果我们想按照真正的基督教法则改良学校，就必须排除校内的异教书籍，至少较以前更为谨慎地使用

9. 各时代的例子向我们表明，每当教会离弃以色列的源泉之时就是一个蹉跎的机会。关于犹太人的教会，我们已从先知的悲叹中获知不少了。至于基督教教会，我们可以从历史上看出，纯洁的信仰与福音一样长久，使徒及其后继者未曾宣扬过其他别的东西。但是，一旦大量异教徒涌入教堂，最初的热情变得冷淡之后，有人读了异教徒的书，起初是私下地读，随后是公开地读，结果就是教义十分混乱。知识的钥匙被那些自诩独有知识的人弄丢了，自此之后，信仰的文章便被无穷的意见所代替，然后就出现了冲突，其结局至今也不可见；仁慈变得冷淡，虔诚已然消失。如此一来，以基督教国家之名，异教崇拜再次出现，至今仍占上风。因为神耶和华的威胁必须要实现了："他们所说的，若不与此相符，必不得见晨光。"《以赛亚书》，第8章第20节)"因为耶和华将沉睡的灵，浇灌你们，封闭你们的眼"，"所有的默示你们看如封住的书卷"，因为他们对神的崇拜不过是领受人的吩咐（《以赛亚书》，第29章第10、11、13节)。啊，圣灵说到异教徒哲学家的话，都在他们的身上是多么真实地实现了啊，他说："他们的思念变为虚妄，无知的心就昏暗了"（《罗马书》，第1章第21节）。总而言之，如果教会要洗净不洁，唯一的方法就是抛弃人类的所有诱惑性教导，回归到以色列的纯净源泉，如此一来，我们自己和我们的孩子们都能听从神和《圣经》的教导和指导。如此一来，预言最终都会实现，"你的儿女都要受耶和华的教训"（《以赛亚书》，第54章第13节）。

10. 的确，我们作为基督徒（是基督使得我们成为了神的众子和天国的后嗣）的尊严不允许我们堕落，不允许我们的孩子们与异教徒作家有亲密关系、赞许地阅读他们的作品。我们不会选择寄生虫、傻瓜或小丑，而是会选择认真的、聪明的和虔诚的人去做我们的国王的儿子和诸侯的儿子的导师。因此，万王之王的众子、基督的兄弟、永生的后嗣的教育被我们限制于滑稽的普

劳图斯、淫秽的卡图拉斯、不洁的奥维德、不敬地嘲弄神的卢西恩[1]、秽亵的马提亚尔[2]以及其他不知道真正的神的作家时，我们难道不该脸红吗？像他们这种人，毫无希望过上一种更好的生活、在尘世人生的泥潭中翻滚，与他们结交的人自然都会被他们拖到他们的水平去。基督徒们，我们做的傻事已经够多了！让我们就此停住，神召唤我们去做更好的事，服从他的召唤是有好处的。基督，神的永恒智慧，已经在他自己的家里为神的众子开了一所学校；在那里，由圣灵进行最高掌控，教授和教师就是先知与使徒，他们都有真正的智慧，也都是圣洁的人，他们通过自己的教导和示例，指出了真理与救赎的途径；在那里，学生就是神选中的子民，人类的初果被神与羔羊所救赎；在那里，检查员和保护人就是天使和天使长，是天上执政的、掌权的（《以弗所书》，第3章第10节）；在那里，教授给学生的所有学科都能被人的头脑所掌握，是今生与来世都有用的真正智慧。因为，神的口是智慧的小溪流出的源泉；神的面容是真光的光线散发的火炬；《圣经》是真正智慧的枝条抽出的根源。因此，凡是面向神的面部的，听取神的言论的，衷心接受神的话语的人就是真正幸福的人。因为，这就是唯一能得到真正的、永恒的智慧的一个真实且绝对无误的方法。

11. 我们既不能忽略神禁止他的子民与异教徒作品有任何关系的所有严肃要求，也不能忽略他们忽视神的禁令的后果："耶和华你神必将这些国的民，从你面前渐渐赶出。""他们雕刻的神像，你们要用火焚烧。其上的金银，你不可贪图，也不可收取，免得你因此陷入网罗。这原是耶和华你神所憎恶的。可憎的物，你不可带进家去。不然，你就成了当毁灭的，与那物一样。"（《申命记》，第7章第22、25、26节）又说："耶和华你神将你要去赶出的国民从你面前剪除"，"那时就要谨慎，不可在他们除灭之后，随从他们的恶俗，陷入网

---

[1] 卢西恩（Lucian，约120—180），古罗马讽刺作家、唯物主义者、无神论者。——译者注
[2] 马提亚尔（Marcus Valerius Martialis，约40—约102），西班牙裔罗马诗人。——译者注

第25章　如果我们想按照真正的基督教法则改良学校，就必须排除校内的异教书籍，至少较以前更为谨慎地使用

罗，也不可访问他们的神"，"凡我所吩咐的，你们都要谨守遵行，不可加添，也不可删减"（《申命记》，第12章第29、30、32节）。在他们得胜之后，约书亚提醒他们这一点，劝告他们要除掉他们的偶像（《约书亚记》，第24章第23节）；但他们并未服从于他，这些异教的作品就成了他们的圈套，以至他们不断地陷入了偶像崇拜，直到两国灭亡。因此，难道我们不应该以他们的例子为鉴，避免他们的错误吗？

12. 有人会说："但是书籍并不是偶像。"我回答：它们是异教的作品，神已经在他的基督教子民面前毁灭了异教徒，就如同他在古时候所做的一样。不，它们比偶像更加危险。因为这些只能领着内心愚蠢的人离开（《耶利米书》，第10章第14节），而书籍可以欺骗最智慧的人（《歌罗西书》，第2章第8节）。前者是人手的作品（正如神在斥责崇拜偶像之人的愚蠢时曾说过的话），而后者是人的理解力的作品。前者用它们的金银的光辉使人眼花目眩，而后者则是用它们世俗的智慧的花言巧语使人失去理智。你还要否认异教书籍就是偶像吗？是什么使得朱利安大帝[1]离开基督呢？是什么削弱了教皇利奥十世[2]的理解力，使得他相信基督的历史只是一个寓言呢？是什么影响了红衣主教本博[3]，使得他阻止了萨多雷托[4]阅读《圣经》（说这样的傻事不适合一个如此伟大的人物）呢？近来是什么使得许多有学问的意大利人和其他人相信无神论呢？愿已改良的基督教会里完全没有那种被西塞罗、普劳图斯、奥维德等发出死亡臭味的作家所引诱而离弃了《圣经》的人。

---

[1] 朱利安大帝，即弗拉维乌斯·克劳狄乌斯·尤利安努斯（Flavius Claudius Iulianus，331—363），英语作"朱利安（Julian）"，君士坦丁王朝的罗马皇帝，君士坦丁大帝之侄，罗马政治家、将军。——译者注

[2] 教皇利奥十世（Pope Leo X，1475—1521），1513—1521年在位，是文艺复兴时期最后一位教皇，被罗马人誉为"智慧之神"。——译者注

[3] 彼得罗·本博（Pietro Bembo，1470—1547），红衣主教、诗人、威尼斯贵族、学者。——译者注

[4] 萨多雷托（Cardinal Jacopo Sadoleto，1477—1547），红衣主教。——译者注

13. 但也有人或许要说：这一滥用不应归因于事情，而应归因于人。虔诚的基督徒读了异教作家的书并没有坏处。使徒回答："我们知道偶像在世上算不得什么"，"但人不都有这等知识（也就是辨别能力）"，"你们要谨慎，恐怕你们这自由，竟成了那软弱人的绊脚石"（《歌林多前书》，第 8 章第 4、7、9 节）。

神以他的仁慈使许多人免于毁灭，如果我们明知故犯，自愿与这圈套（我是指人类的心灵或撒旦的狡猾的各种诡计）有任何关系，那就是没有借口的，因为有些人，不，大多数人，一定会被它们撼动，被领入撒旦的织网。让我们宁可服从神，不把偶像带回我们的家里，也不要用约柜[1]升高大衮[2]，不要将来自天上的智慧与尘世的、兽性的、魔鬼的智慧混合在一起，也不要有任何激起神对我们的孩子的愤怒的机会。

14. 摩西用以举例的事件就正是同样的性质。亚伦的儿子拿答、亚比户和青年牧师们（对自己的责任一无所知），用他们的香炉献上凡火，而非圣火。他们因此被神用火烧灭，死了（《利未记》，第 10 章第 1、2 节）。现在，基督徒的孩子们是什么，岂不是圣洁的祭司，要把灵祭奉献给神（《彼得前书》，第 2 章第 5 节）？如果我们将他们的香炉、他们的心灵盛上圣火，岂不是使得他们遭受神的愤怒？因为，一个基督徒的灵魂的根源处于圣灵之外，那都是异端的，必然是异端的；异教徒哲学家和诗人的胡言乱语就是此类，使徒可以证明这一点（《罗马书》，第 1 章第 21、22 节；《歌罗西书》，第 2 章第 8、9 节）。杰罗姆将诗称作魔鬼的酒，这不无道理；因为，它可以使得粗心大意之人喝醉，让他们睡觉，而在他们睡着的时候，就将一些怪异的意见、危险的诱惑和

---

[1] 约柜（Ark of the Covenant），又称"法柜"，是古代以色列民族的圣物，指放置了神与以色列人所立的契约的柜。据说"约"是指神和以色列人所订立的契约，即先知摩西在西奈山上从神耶和华得来的两块十诫石板。——译者注

[2] 大衮（Dagon），《圣经·旧约》中非利士人的主神，上半身是人，下半身是鱼。——译者注

第25章　如果我们想按照真正的基督教法则改良学校，就必须排除校内的异教书籍，至少较以前更为谨慎地使用

邪恶的欲望强加于他们身上。因此，我们应该提防撒旦的这些迷药。

15. 如果我们不服从神的明智告诫，以弗所[1]人就会做出对我们不利的判决。因为，他们一旦受到神的智慧之光的照耀，就会立刻焚烧所有稀奇的书籍，作为基督徒，这些书籍对他们再没有用处了（《使徒行传》，第19章第19节）。现代的希腊教会也禁止它的信徒们阅读这些书籍，虽然那里存有最卓越的哲学作品和诗学作品，都是由古希腊人所著，而他们被誉为最智慧的人，否则就会被逐出教会。其结果是，他们虽然因野蛮的入侵堕入了无知和迷信的深渊，但神至今仍在保护他们，避免他们犯下反对基督教之错。正因如此，在此事上，我们应该模仿他们，使得（阅读《圣经》能更为受重视）至今仍然存在的异教黑暗能够被清除，使得我们在神的光中必得见光（《诗篇》，第36章第9节）。"雅各家啊，来吧！我们在耶和华的光明中行走。"（《以赛亚书》，第2章第5节）

16. 现在让我们来看看，人的头脑通过什么理论来反抗这些训诫，并如同蛇一般弯弯曲曲地避免服从信仰和服务神的必要性的呢？所用论据如下：

17. （1）从哲学家、演说家与诗人身上能找到大智慧。我回答：那些将眼睛躲避光明之人只能与黑暗相配。对于猫头鹰而言，暮光就像是正午，而对于其他惯于光明的动物而言却并非如此。啊，在人类理性的黑暗面寻找光线的傻瓜们！睁开你们的眼睛看看天上。真正的光是来自天上的，来自光明之父的！任何人类努力就能看见的光都源于一点星火，它们因周围的黑暗得以显现得光亮；但对于手握一个燃烧的火炬（神的光辉灿烂的言辞）的我们而言，这些星火又算得上什么呢？如果有人去调查自然现象，他们只是将酒瓶凑到嘴边，却没有尝到酒；而在《圣经》里，宇宙的统治者却是亲自叙述他的作品的

---

[1] 以弗所（Ephesus），今属土耳其，位于加斯他河注入爱琴海的河口。——译者注

神秘,并解释造物的性质,无论它是可见的或是不可见的。当哲学家论及道德时,他们就像是用生石灰捉住的鸟,竭力地想要挣开,却毫无进展。但是,《圣经》中含有对德行的真实描述,带着深入骨髓的敏锐的劝告。异教作者想要教授虔诚时,他们只是在教人迷信,因为他们未充满神的知识或神的意志。"看哪!黑暗遮盖大地,幽暗遮盖万民,耶和华却要显现照耀你,他的荣耀要现在你身上。"(《以赛亚书》,第60章第2节)光明的众子应自由旅行前往黑暗的众子之地,去看一看二者之间有何区别,如此一来,他们就会更加喜欢光明之路,并同情他们的邻居的黑暗;但是,要将他们的那一点微光提升至我们的光明以上,这是不可容忍的,这是对神以及对我们的灵魂的一种侮辱。伊西多[1]说:"如果只知道人的教义却不知道神的教义,这有什么好处呢?如果追随易腐的经文、轻视天国的神秘,又有什么好处呢?如果我们爱《圣经》,就必须避免那些外表动人、编写优美但内在缺乏智慧的书籍。"对此类书籍多么适合定罪啊!它们只是无米的谷壳。菲利普·墨兰顿也持同一观点:"除了自信和自爱,最优秀的哲学家们还会教什么呢?西塞罗在他的《论至善与至恶》(*De Finibus*)一书中用自爱对每一种德行进行评价。柏拉图是多么的骄傲和不驯!我认为,一个自负的人不可避免地会从布满他的作品的野心中吸入错误的本性。亚里士多德的教导只是一种持久的挣扎,想要证明自己在实用哲学中有一席之位。"[《神学体系》(*System of Theology*)]

18.(2)又有人说,如果他们没有正确地教授神学,至少他们是在教授哲学,而这是无法从给予我们救赎的那些圣洁作品中学到的。我回答:《圣经》是智慧的源泉(《便西拉智训》,第1章第5节)。真正的哲学只不过是神的知识和他的作品的真知而已,这一点最好是从神的口中学习。正因如此,圣奥古斯丁赞美《圣经》,说:"这就是哲学,因为万物存在的缘由都在造物主身

---

[1] 伊西多(Isidorus,570—636),西班牙主教、古典著作学者,著有《词源》(*Etymologies*)。
——译者注

上。这就是伦理学，因为只有应爱之物得到爱的时候，及神和我们邻居得到爱的时候，才能形成善良和诚实的人生。这就是逻辑学，因为真理、理性灵魂之光就是神本身。这里就是国家的救赎；因为，除非共同的善受到爱戴，否则就不能好好保卫国家，不能立足于自信与和平的基础之上，而神就是最高且最真的意义上的共同的善。"近来也有许多人指出，所有科学和哲学艺术的基础都包含在《圣经》里，较别处更加真实，由此可见，圣灵在我们的教育中所扮演的角色的确是惊人的。因为，虽然《圣经》的主要目的在于教导我们那些不可见的、永恒的事，不过它同时也揭露了自然和艺术的法则，教我们如何明智地推理所有学科，如何按照实际的方式运用我们的理性。然而，关于所有这些种种，异教徒哲学家的作品当中就只有一丝踪迹可以追溯了。一个神学作家曾说过，所罗门的非凡智慧在于将神的律法带入了家里、学校与公共场所，如果我们给我们子女的是《圣经》而非异教书籍，让他们的所有人生机遇都能得到指导，那么所罗门的智慧，即真正的、天国的智慧，就没有理由不能再次为我们所用。因此，我们请入家中的目标应该是那些能使我们变得明智的，甚至是那些我们所谓的哲学的外在的或尘世的智慧。那是个不幸的时代，以色列的孩子们不得不将每个人的犁、锄、斧拿到非利士人那里去磨，因为以色列全地没有一个铁匠（《撒母耳记上》，第13章第19、20节）。但是以色列人的资源不应受到这样的局限；尤其是这安排并不好，原因如下：非利士人给以色列人提供耙，但不会考虑提供可能会用来反抗他们的剑。同样，你能从异教徒哲学家那里得到著名的三段论法和华丽的辞藻，却不能从这一源泉得到攻击不虔诚和迷信的剑与戟。让我们盼望大卫和所罗门的时代，当时非利士人被贬低了，而以色列进行统治，并为它的幸运而再次欢喜。

19.（3）但是，为了文体，拉丁语学生应该阅读特伦斯、普劳图斯及其他类似作家。我回答：难道为了让我们的孩子们学习如何说话，就将他们带去酒馆、小餐馆、客栈以及其他罪恶之穴吗？因为，我问你们，难道特伦斯、普劳图斯、卡图拉斯、奥维德及其同类不就是要将我们的青年带去这种不洁的地

方吗?他们放在他们面前的,难道不是滑稽、盛宴、醉酒、风流韵事和欺骗吗?而这些东西,即使基督徒只是偶然遇到,他们也会闭目不见、充耳不闻的。难道自然人还不够堕落,必须要将各种邪恶带到他面前,让他看见,并寻找机会将他抛向毁灭吗?但有人会说:"那些作家的东西并不全是坏的。"我回答:恶事远比善事更容易纠缠,因此,将一个青年人送去一个善恶结伴出现的地方,这是一种非常危险的行为。如果我们想要毒害一个人,我们不会只给他毒药,而是会将它混在某种美味的饮料里,这饮料并不会影响毒药的作用。这些古代的毁人者所用的正是这种方式,把可怕的毒药混在狡猾的虚构和优美的文体里,难道我们知道了他们的手段却不将他们手中的毒药打掉吗?

也许会有人说:"他们并不全是淫秽的作家。西塞罗、维吉尔、贺拉斯等人就是严肃认真的。"我回答:他们也是盲目的异教徒,让他们的读者的心灵离开了真正的神,转向其他的神(朱庇特、玛尔斯、尼普顿、维纳斯、福蒂纳[1]等),尽管神曾对他的子民说:"别神的名,你不可提,也不可从你口中传说"(《出埃及记》,第23章第13节)。这些作家的作品中,只能找到多么混乱的迷信、谬论和各不相同的尘世欲望。他们给予读者的精神必定与基督的精神大不相同。基督将我们唤离这世界,他们却将我们推入这世界。基督教我们克己,他们教我们利己。基督教我们谦恭,他们教我们傲慢。基督要人温驯,他们教我们自作主张。基督吩咐我们如鸽子一样单纯,他们却告诉我们如何将一个议论转变出一千种不同的方法。基督呼吁我们谦逊,他们却将时间用于嘲笑别人。基督喜欢那些容易相信的人,他们却更喜欢那些爱怀疑、好辩与固执的人。我们可以用使徒的话简单总结:"光明和黑暗有什么相通呢?基督和彼列(撒旦的别名)有什么相和呢?信主的和不信主的有什么相干呢?"(《哥林多后书》,第6章第14、15节)诚如伊拉斯谟所说:"蜜蜂避开凋谢的花朵;

---

[1] 均为罗马神话中的众神。朱庇特(Jove 或 Jupiter),主神;玛尔斯(Mars),战神;尼普顿(Neptune),海神;维纳斯(Venus),爱与美的女神;福蒂纳(Fortune),命运女神。——译者注

第25章　如果我们想按照真正的基督教法则改良学校，就必须排除校内的异教书籍，至少较以前更为谨慎地使用

内容不洁的书籍也不应当打开。"又说："睡在三叶草上最为安全，因为，据说那里不会藏有毒蛇，基于同一原则，我们应该限制自己，只读那些无须害怕会有毒药的书。"

20. 此外，这些异教作家还有什么吸引力是无法从我们的圣洁作家之处发现的呢？只有他们才懂得文体的优美吗？给我们语言的最完善的语言大师就是圣灵。他的话语较蜂蜜更甜，较双刃剑更利，较熔炼金属的火更敏锐，较锤石成粉的锤子更重，因为它们将神告知于我们。只有异教作家才会叙述非凡的事迹吗？我们的《圣经》就满是更真实、更稀罕得多的事迹。只有他们才会使用修辞法、谜语，或是写出简洁有力的文章吗？我们的《圣经》就满是这样的文章。大马士革的河亚罢拿与法珥法，岂不比以色列的一切水更好，他的想法如同麻风病人（《列王纪下》，第5章第12节）。认为奥林匹斯山、赫利孔山、帕纳塞斯山比西奈山、郇山、赫尔蒙山、塔博尔山与橄榄山[1]更美的人，他的眼睛是瞎的。认为俄尔普斯[2]、荷马[3]或维吉尔的七弦琴声较大卫的琵琶声更美的人，他的耳朵是聋的。认为内克塔尔、安布罗希亚与卡斯塔利亚[4]的泉水较

---

[1] 奥林匹斯山（Olympus），坐落在希腊北部的山，希腊神话之源；赫利孔山（Helicon），位于希腊中部，为太阳神阿波罗和缪斯女神居所之山；帕纳塞斯山（Parnassus），位于希腊中部，为祭阿波罗和缪斯女神的灵地；西奈山（Sinai），摩西受十诫处；郇山（Sion），位于耶路撒冷，上有皇宫庙宇，为希伯来政教及国民生活之中心；赫尔蒙山（Hermon），位于叙利亚西南部，在罗马时期被尊为圣山；塔博尔山（Tabor），以色列北部著名高地，在下加利利地区，靠近埃斯德赖隆（Esdraelon）平原，传说为耶稣显现圣容之处；橄榄山（Olivet），在大耶路撒冷区内，该山为犹太教和基督教的圣山，在《圣经》及以后宗教文献中屡见记载。——译者注

[2] 俄尔普斯（Orpheus），色雷斯国王河神俄阿格洛斯与缪斯女神卡利俄珀所生的儿子，音乐天资超凡入化。——译者注

[3] 荷马（Homer，约前9世纪—前8世纪），古希腊盲诗人。著有《伊利亚特》(The Iliad)和《奥德赛》(The Odyssey)。——译者注

[4] 内克塔尔（Nectar），希腊神话中神的饮料；安布罗希亚（Ambrosia），希腊神话中神的食物；卡斯塔利亚（Castalian），希腊神话中的神泉。——译者注

天国吗哪[1]和以色列泉水更好喝的人,味觉是坏的。认为神、女神、缪斯和美惠三女神[2]的名字较耶和华、救世主基督和圣灵的可爱的名字更怡人的人,他的心是邪恶的。认为极乐世界胜过天国乐园的人,他的希望也破灭了。他们的所有都只是虚构,只是真理的一个影子,我们的全都是真实,是真理的实质。

21. 但也有人会说,这些作家都有优美的言辞和道德情操,都值得为我们所采用。难道这不是一个让我们将孩子们交予他们的充分理由吗?难道我们不应该夺取敌人的财物、夺取他们的衣服吗?神不是这样吩咐我们的吗?(《出埃及记》,第3章第22节)教会有权侵占异教徒的所有。我回答:当玛拿西[3]与以法莲[4]人要去占领异教徒的土地时,只有男人可以前进;妇女和孩子都要留在后面安全的地方(《约书亚记》,第1章第14节)。我们也应该如此。有智慧、有判断力,并且信仰坚定的人应向前解除异教徒作家的武器;青年人不应冒此风险。假使我们的青年人被杀、被伤或是被囚禁,将会怎么样呢?异教徒哲学已经从基督中夺走了多少人,并交给了无神论了啊!因此,派出武装好的人去夺取那些被上天诅咒之人的金银珠宝,并将它们分发给神的后嗣,这才是最安全的计划。啊,愿神能够激起一些英武的灵去采集茫茫沙漠中生长的花朵,并将它们种植到基督教哲学的花园里,如此一来,那里将什么也不缺了。

22. 最后,如果要支持任何异教作家,那就是塞涅卡、爱比克泰德、柏拉图和有着同类德行的、诚实的教师们;因为,在他们当中找到的错误和迷信较少。这是伟大的伊拉斯谟的观点,他主张,基督教青年人应以《圣经》教导

---

[1] 吗哪(Manna),《圣经》中的一种天降食物。——译者注
[2] 美惠三女神(The Graces),希腊神话中分别代表着妩媚、优雅和创造力这三种品质的三位美丽的女神。——译者注
[3] 玛拿西(Manasseh),以色列从埃及出逃时的十二个支派之一。——译者注
[4] 以法莲(Ephraim),以色列从埃及出逃时的十二个支派之一。——译者注

第25章　如果我们想按照真正的基督教法则改良学校，就必须排除校内的异教书籍，至少较以前更为谨慎地使用

成人，但他补充说："如果他们要与世俗文学有任何关联，就应该是与《圣经》最为相似的书籍"（《神学纲要》）。但是，即使是此类书籍也不应该给青年人，直到他们已经确认了对基督教的信任之后才可以；无论如何，都应该发行审慎的版本，当中神的名字和一般的迷信论调都应该删除。因为异教徒少女只有剃了头发、修了指甲，神才允许她们成为妻子（《申命记》，第21章第12节）。不要误会。我们决不会禁止基督徒去读异教徒的作品，因为相信基督的人被赋予了能力，手能拿蛇，若喝了什么毒物，也必不受害（《马可福音》，第16章第18节）；但神的众子的信仰还薄弱，不应该暴露在这些蛇的面前，给它们喝这种毒药的机会那就是鲁莽了。因此，应该格外当心，这就是我们极力主张的。基督的灵说，神的儿女应该受纯净的灵奶的滋养（《彼得前书》，第2章第2节；《提摩太后书》，第3章第15节）。

23. 但是，那些鲁莽地帮了撒旦，反对基督的人还会有争论。他们说："《圣经》对青年人来说太难懂，因此，应给他们别的书阅读，直到他们的判断力成熟。"

我回答：这是那些走上歧途的，不知《圣经》和神的力量的人所说的话，我将从三个方面来表明：第一，有一个关于著名音乐家提谟修斯的故事，每当他接收一个新学生时，他都会问他是否已在另一位老师那里学过基础知识。如果他的回答是否定的，那么他只收取他适当的学费；反之，他就会收取双倍学费。因为，他说那些已经学过的人会给他带来加倍的麻烦，他不得不先医治好他们的坏习惯，然后才能教他们正确演奏的方式。耶稣基督是我们的师尊，也是人类的师尊，我们不能师从他人（《马太福音》，第17章第5节，第23章第10节）。耶稣说："让小孩子到我这里来，不要禁止他们"（《马可福音》，第10章第14节），难道我们应违反他的意志，领他们去到别处吗？我们害怕基督的任务太轻松，用他的方法教导他们太容易了吗？难道我们就因此要把他们带进餐馆和酒馆里，在他们彻底堕落时再交给基督改正吗？对于那些不幸、天真的孩子们来说，这真是一个可怕的提议；因为，他们要么不得不终生辛劳，以此除

掉他们已有的习惯，否则他们就会完全被基督所拒绝，转而交给撒旦进行教导。难道贡献给摩洛克[1]的不就是神所厌恶的吗？愿基督教的地方官员们和教会首领们——凭借神的仁慈，我恳求——采取措施，防止那些生于基督并受过洗礼的基督教孩子们不被献给摩洛克。

24.《圣经》太过难懂，以至孩子们不能理解的这一说法是完全错误的。神不知道如何使自己的语言适合我们的理解力吗（《申命记》，第31章第11—13节）？大卫不是说过主的律法能够给小孩子智慧吗（注意，给"小孩子"）？彼得不是说《圣经》是神的新生婴孩的奶，使得他们因此渐长，以至得救的吗（《彼得前书》，第2章第2节）？因此，《圣经》是给神的新生婴孩最甜最好的奶。为什么要在这一点上反对神呢？尤其是异教徒的学问需要牙齿去咀嚼；是的，通常会咬碎牙齿。因此，圣灵通过大卫邀请小孩子们进入他的学校，说："众弟子啊，你们当来听我的话，我要将敬畏耶和华的道教训你们"（《诗篇》，第34章第11节）。

25. 最后，《圣经》含有非常深奥的文章，讲的都是真理。如果引用圣奥古斯丁的话，其中有这样一类文章，例如，大象沉到水底，羔羊却容易在其中游泳。当时他想强调那些急于肆意批评《圣经》的世俗智者与谦逊、温顺地靠向《圣经》的基督的小孩子们之间的不同之处。此外，有什么必要去从难懂的文章开始呢？我们可以步步为营。首先，我们应该从"教义问答"着手，然后粗浅地教授《圣经》历史、道德句子以及其他类似易于理解的，但同时又能引导后续更重要的内容的东西。最后，当我们的学生适应之后，我们就可以向他们介绍信仰的神秘。如此一来，他们从小就明白圣洁的作品，它能使你更易于免于尘世的堕落，使你因信基督耶稣有得救的智慧（《提摩太后书》，第3章

---

[1] 摩洛克（Moloch），与其有关的是，在迦南及巴比伦的信仰文化中将孩童烧死献祭的习俗，故称其为火神。——译者注

第25章　如果我们想按照真正的基督教法则改良学校，就必须排除校内的异教书籍，至少较以前更为谨慎地使用

第 15 节）。因为，如果一个人能将自己献于神，坐在基督脚边，听取来自上天的智慧，就不可能不充满恩典的圣灵，点燃他内心真正的理性之光，指出得救的真正道路。

26. 我遗漏了一件事实，即那些代替了《圣经》而置于基督教孩子们面前的作者们（特伦斯、西塞罗、维吉尔等），将其缺陷归于《圣经》的，即它们是难懂的，不适合青年人的。它们并不是为孩子们而写，而是为了有成熟的判断力、习惯了剧院和法庭的人而写的，因此，不言而喻，它们对其他任何人都没有益处。至少有一件事可以肯定，那就是一个成年人读一次西塞罗的作品，其受益必定远超于小时候熟记他的所有作品，因此，此类学习应推迟到一个适当的时候，如果它们确实对任何人有用，就只让那些将来有用的人去读。

之前提过的一点更为重要，即，基督教学校的任务是形成公民，不是为了尘世，而是为了天国，因此，它们都应提供那些熟悉天国之事胜于尘世之事的教师。

27. 因此，让我们以天使的话语作为总结："在即将显露至高神之城的地方，任何人手所造的建筑物都站立不住"（《以斯拉下》，第 10 章第 54 节）。神愿我们能称为公义树，叫他得荣耀（《以赛亚书》，第 61 章第 3 节），我们不应该让我们的儿女变成亚里士多德、柏拉图、普劳图斯、西塞罗或是其他偶然读到作品的作家所栽的灌木："凡栽种的物，若不是我天父栽种的，必要拔出来"（《马太福音》，第 15 章第 13 节）。

第 26 章 | 论学校纪律

1. 波希米亚有一则谚语："学校没有纪律，就像磨坊没有水。"这句话非常正确。因为，如果磨坊里没有水，磨就会停止转动；同样，如果你夺走了学校的纪律，也就拿走了它的动力。田地也是如此，如果从不耕耘，就只能长出野草；树木如果不经常修剪，就会回归野生状态，无法结出果实。然而，我们并不希望我们的学校里回荡着尖叫声和责打声。我们要求的是教师和学生双方都要警觉和注意。纪律只是一种可靠的方法，能让我们的学生成为真正的学者。

2. 因此，关于纪律，青年人的教育者应当知道它的目标、它的内容，以及可以采取的各种形式，如此一来，他就可以知道，为何、何时以及如何运用体系化的严谨。

3. 我们可以从一个无可争辩的命题开始，那就是应该对那些犯错的人施以惩罚。但并不是因为他们犯错（事已至此，覆水难收），而是为了他们以后不再犯错。因此，纪律不应该受个人因素的影响，例如愤怒或不喜欢，而应该带着坦然而真诚的目的执行，甚至学生也能感受到采取这一行动是为了他们的利益，那些派来约束他们的人只是在执行父母的权力。如此一来，他们就会将惩罚视作医生开出的苦口良药。

4. 不应在与学习或文学练习相关方面使用严肃的纪律,它只适用于道德问题。因为,我们已经表明,如果安排得当,学业本身就有充分的吸引力,能通过内在的快乐吸引所有(畸形者除外)学生。如果情况不是如此,那么错误不在于学生,而在于教师,并且,如果我们的技巧无法在理解力中留下印象,那我们的责打也不会有效。实际上,采用任何强制手段,更可能会造成学生对学业产生一种厌恶而不是一种热爱。因此,无论我们何时发现头脑害病、厌恶学习,我们都应该尝试用温和的补救方式将其移除,而决不能采取暴力手段。关于这一点,天上的太阳为我们上了一堂课。早春时期,树木还很幼嫩,太阳并不会炙烤它们,而是逐渐温暖它们,让它们茁壮成长,直到它们完全长大、结出果实之前,不会释放出所有热量。园丁也是遵循同一原则,他不会对未成熟的树木进行修剪。同样,音乐家也不会用拳头或棍棒去击打他的七弦琴,或是因为七弦琴发出不和谐的声音就将它扔到墙上去,而是会按照科学原则操作,调音至恢复正常。我们就是需要这样的技巧和同情方法,将对学习的爱好灌输进学生的头脑中,其他任何做法都只会将他们的懒散转变为反感,将他们的兴致缺失转变为愚蠢透顶。

5. 然而,如果需要找出某种刺激性条件,可以找到比责打更好的方法。有时候,在全班面前说几句严厉的话或谴责就非常奏效,而有时候对其他学生的小小表扬也会有很好的效果:"看某某人多认真!看他对每个知识点明白得多快!而你却像块石头一样坐在那里!"这些话常用来嘲笑后进生:"你这个笨蛋,连这么简单的东西都不明白吗?"每周,或者至少每月,我们可以采取竞争全班第一的方法,正如我们在其他的地方提到过的。但是,我们应格外留意,不要让这些尝试成为学生的消遣,如此一来,就会失去它们的力量;因为,如果它们要成为勤勉的一种刺激,就必须要得到学生的支持,学生要喜爱赞扬、厌恶责怪或害怕失去班级地位等。因此,教师必须一直留在教室里,将大量精力投入到工作中,在全班面前训斥懒散的学生,表扬努力的学生。

6. 只有在道德过失的情况下可以采用一种较严格的纪律：①比如说，在任何不虔诚的情况下，如亵渎神明、淫秽或在任何公共场所违反神的法则。②在执拗倔强、预谋进行不当行为的情况下，如违背教师的命令，或是故意漠视职责。③在骄傲和轻视，或者甚至是嫉妒和懒散的情况下，例如一个学生拒绝同学对他提出的帮助请求。

7. 因为上述的第一种过错是对神的威严的侮辱。第二种是对所有德行基础的损害，即谦卑和顺从。而第三种是对学习的快速进步的阻碍。对神的冒犯是犯罪，应受到极其严厉的惩罚。对人的冒犯是邪恶的，这样的倾向应该及时且严格地加以矫正。但对普利西安的冒犯[1]是一个污点，可以通过训诫将其改正。总之，纪律的目的应该在于鼓励我们敬畏神，帮助邻居，并欣然完成劳动和日常生活中的义务。

8. 天上的太阳教会我们执行纪律的最好形式，因为对生长的万物，它①不断供给光和热，②时常供给雨和风，③鲜少供给闪电和雷鸣，虽然后者并非完全无用。

9. 教师应该模仿太阳，尝试让学生跟进自己的功课。

（1）他应该时常提供行为的榜样供学生模仿，还应以身作则。除非他做到这一点，否则他的所有工作都将白费。

（2）他可以采用建议、告诫以及可以采用责备，但应格外注意阐明自己的动机，准确无误地表明他的行为是基于父母般的爱，目的在于塑造学生的性格，而不是摧毁他们的性格。除非学生能理解并完全相信这一点，否则他会轻视所有纪律，甚至故意违反纪律。

（3）最后，如果有些人的性格是无法以温和的方式影响的，就必须采用

---

[1] "对普利西安的冒犯"，指犯语法错误。——译者注

更强烈的方法，在尝试过所有办法之后才能宣布一个学生不可教育。无疑，很多人都认为，"责打是改善弗里吉亚[1]人的唯一方法"。这句谚语非常有效。可以肯定的是，即使是这样的手段也无法对受惩罚的学生产生太大的效果，但能对其他学生起到很大的刺激作用，引起了他们的恐惧。但是，我们应该格外注意，不能太轻易或过多使用这些极端手段，因为，如此一来，出现本可以以这一方式应对的，刻意不服从的极端情况之前，我们就已经黔驴技穷了。

10. 简而言之，纪律的目标在于使得那些为了神和教会受训之人能够更加坚定，坚定神要求他的子民，即基督教学校的学生的性情，如此他们当存战兢而快乐（《诗篇》，第2章第11节），寻找他们自己的救赎可以与主同乐（《腓立比书》，第4章第4、10节），也就是说，他们可以热爱并崇敬他们的教师，不仅允许自己被引向正确的方向，并且实际上自愿走向正确的方向。

只能通过上述方式完成这一性格训练，即：通过好的榜样，温和的言语，不断地、真诚地、直率地关心学生。突然爆发的愤怒只能用于例外情况，结果能恢复好感才是其目的。

11. 因为（再多举一个例子），有谁见过哪个金匠只用锤子就能生产出一件工艺品的吗？不可能。比起捶打，铸造工艺品更为容易，并且，如果要去掉什么赘物，工匠不会采取猛敲，而是通过一系列轻敲，用锉子或钳子；同时要将作品抛光和磨平，作品才算完成。我们能否相信，用不合理的强制手段也能培养出有智慧的生物，活神的形象呢？

12. 渔夫也是如此，他用拖网在深水中捕鱼，不仅要在渔网上系上铅块，使得渔网下沉，还要在网的另一端系上软木，使得它可以浮出水面。同样，无论谁想要将青年人诱入德行之网，就必须，一方面用严厉的手段使得他们谦卑

---

[1] 弗里吉亚（Phrygia），安纳托利亚历史上的一个地区，位于今土耳其中西部。——译者注

和恭顺，另一方面也要用温柔和喜爱赞扬他们。能结合这两种极端方法的教师是幸福的！能找到这样的教师的学生是幸福的！

13. 在此，我们可以引用伟大的神学博士卢宾的观点，在他出版的希腊语、拉丁语、德语《新约》序言中，他表达了关于学校改革的观点——

"第二点是，青年人决不能被迫做事，他们的任务能够得到他们的喜欢，并用一种他们自愿进行的方式加以安排。因此，我认为这些奴役的武器，棍棒与责打，非常不适合自由人士，也绝不应该在学校中使用，但是，也应该为那些不寻常的、有奴性的学生作保留。这样的孩子容易辨别出来，并且必须立即将其驱除出校，不仅是因为他们懒惰的性情，还因为通常随懒惰而来的堕落。此外，他们获得的任何知识都会用于做坏事，那将像是疯子手中的剑。然而，对于那些生来自由的孩子和性情正常的孩子，也有别种适当的惩罚供我们采用。"

第 27 章 | 论基于年龄和成绩的学校四重划分

1. 工匠们惯于根据行业的情况和难度对学徒的训练时间设定限制（2 年、3 年或 7 年）。有了这种限制，就能形成一个完整的训练，完成这一课程的学徒们会先成为学徒期满的职工，而后成为工头。学校组织必须采取同样的体系，分别为艺术、科学和语言划分出明确的时间。这样，我们就能在特定年限中涉及人类的全部知识，在我们离开这个人类锻造地时，就可以拥有真正的学识、真正的道德和真正的虔诚了。

2. 为了达成这一目标，整个青少年时期都必须致力于智力的培养（在此，我们所指的并非只一种艺术，而是应该获得的所有人文艺术和所有科学）。整个过程应从婴儿时期一直持续到成年为止；这 24 年的时间应该明确划分成几个时期。对此，我们必须追随自然的引导。经验表明，人的身体可以持续生长至 25 岁，以后便只能在力量上有所增长；我们能断定，这一缓慢的生长率是神有远见地给予人类的（因为，身体较大的动物会在数月内完全长成，或者最多几年），如此一来，他便有更多的时间为人生职责做准备。

3. 因此，整个时期应被划分为四个阶段：婴儿时期，儿童时期，少年时期和青年时期，为每一阶段分出 6 年时间，并专设一种学校。

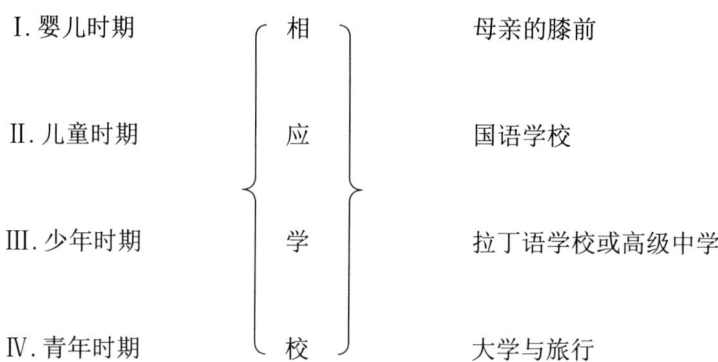

每个家庭都应该有母育学校[1]，每个村庄和乡村都应该有国语学校，每座城市都应该有一所高级中学，每个王国或每个省都应该有一所大学。

4. 这些不同的学校并不是要涉及不同的学科，而是要以不同的方式对待同样的学科，提供全面的教导，能够产生真正的人、真正的基督徒和真正的学者；由始至终，按照学生的年龄和已掌握的知识逐步进行教导。因为，根据这一自然方式的法则，学习的各个分支不应被分散，而应该同时进行教授，就正如一棵树的各部分都会在同一周期一同生长。

5. 这些学校有三个不同之处。第一，在前期的学校中，所有事物都是以一种笼统的、未明确规定的方式进行教授，而在后期的学校中，知识详细且精确；正如一棵树连续每年都生长出更多树枝和嫩枝，长得更强壮、结出更多果实。

6. 第二，在母育学校中，应锻炼学生的外部感觉，应教授学生辨认周围的事物。而在国语学校中，应该结合学生的认知器官，通过读、写、画、唱、

---

[1] 母育学校（Mother-School），夸美纽斯将成年前的教育分为四个阶段，母育学校负责第一个阶段，即6岁以下儿童的教育。——译者注

数、量、称，以及记忆各种东西，锻炼他们的内部感觉、想象力和记忆力。在拉丁语学校中，应该锻炼学生通过辩证、语法、修辞以及其他基于因果原则的科学和艺术的方法对感觉收集来的信息进行理解并加以判断。最后，留给大学的是那些与意志有着特殊关系的学科，即四种专科，其中，神学教我们恢复灵魂的和谐，哲学教我们恢复头脑的和谐，医学教我们恢复身体主要功能的和谐，法学教我们恢复外部事物的和谐。

7. 按照下述方法，我们的能力就可以得到最好的发展。首先要将物体摆在发生作用的感知器官面前。然后，内在感官应养成习惯，表达出由外在感官形成的形象，既能通过回忆在内部表达，还能通过手和舌在外部表达。在此阶段，头脑可以开始运作，并且，通过确切思考的过程，可以比较和评估所有知识目标。利用这种方式，我们就可以获得对自然的熟识和健全的判断。最后，意志（即人的指导原则）的力量可以体现在所有方面，想要在培养智力前培养意志（或是在培养想象力前培养智力，或是在培养感知力前培养想象力）只会浪费时间。但有些人就是这样做的，他们在孩子们彻底熟悉周围事物之前，就教授他们逻辑学、诗学、修辞学和伦理学。其合理性等于教2岁的孩子跳舞，虽然他们只能勉强走路。让万物遵循自然成为我们的座右铭，观察我们的能力应如何逐步发展，使得我们的方法能依据这一连续原则。

8. 这些学校之间的第三个区别是，母育学校与国语学校都会接受所有儿童，无论男女。拉丁语学校为那些追求高于工场的人提供了更全面的教育；而大学则是训练未来的教师和饱学之士，如此一来，我们的教堂、学校和国家就绝不会缺少合适的领袖。

9. 这四种学校可以比作一年的四个季节。母育学校令人想起温柔的春天，充满了各种鲜花的气味。国语学校代表夏天，将丰满的谷穗和早熟的果实呈现在我们眼前。拉丁语学校与秋天相对应，田里和葡萄园里的果实正在丰收，存储在我们头脑的粮仓中。最后，大学可以比作冬天，为各种用途而准备的果实已收集好了，因此我们也就有了足够维持余生的储备。

10. 我们的教育方法也可以比作一棵树的各个生长阶段。有父母温柔照顾的 6 岁孩子就像是被精心培植的嫩芽，已经生根，开始生长萌芽。12 岁之时，就像是一棵年幼的树，长满了许多树枝和树芽，虽然它也不确定它们将会如何发展。18 岁之时，在语言和艺术方面已受到良好的教导，就像树木开满了鲜花，所见所闻都令人愉悦，同时还有结出果实的希望。最后，24 岁或 25 岁之时，在大学里接受了彻底教育的青年人，就像是一棵结满果实的树，需要时就可以采摘和使用。

但现在我们必须详细地考察这几个阶段。

第 28 章 ｜ 母育学校概述

1. 树木最先长出的嫩芽就是日后的主要树枝，我们要在最先就读的学校里把全部知识的种子播种在人身上，这些知识是我们希望他的人生旅程中应当具备的。对知识整体的一个简短调查就可以表明它的可能性，如果我们将所有事物都归入以下 20 个标题，就能轻松完成这一调查。

2.（1）毫无疑问，我们的出发点应是形而上学（所谓的），因为儿童最初拥有的概念都是笼统的、困惑的。他们看、听、尝、摸，但对自己所感觉的确切对象一无所知。因此，他们要从学习一般概念开始：有物，无物，是，不是，因此，否则，何地，何时，像，不像，等等，这些都只是形而上学的主要概念而已。

3.（2）在物理学中，一个孩子在人生中的首个六年内可以学会认识什么是水、土、空气、火、雨、雪、霜、石头、铁、树、草、鸟、鱼、牛，等等。他也可以学会自己身体部位的名字及用途，至少是体外的各部分。在这个年纪，这些东西是很容易学会的，它们也为自然科学铺平了道路。

4.（3）当一个孩子开始区别并能说出光、暗、影的名字，知道白、黑、红等主要颜色的不同之处时，他就学会了光学的基础。

5.（4）天文学的基础知识要包括知道天、太阳、月亮、星星的意思，并包括每天观察它们的起落。

6.（5）当我们根据我们生长之地的地形学会了山脉、河谷、平原、河流、村落、城堡或国家的性质时，我们就认识了地理学的基础。

7.（6）如果孩子懂得一小时、一天、一周或者一年的意思；或者什么是夏天和冬天；或者"昨天""前天""明天""后天"等词语的意思，就奠定好了年代学的基础。

8.（7）历史学的开端包括了对近期发生之事的搜集和报告，或者是这个或那个人达成了这样或那样的成就；虽然这一练习应只限制于某些与儿童生活有关的事件。

9.（8）如果孩子懂得"多"和"少"的意思，能够数到10，能够明白3大于2，1+3=4，那么就是播下了算术的种子。

10.（9）如果他知道我们所说的"大"和"小"，"长"和"短"，"宽"和"窄"，"厚"和"薄"的意思；知道我们说的一条线、一个十字或一个圆的意义，知道我们如何用英尺和码来测量物体；他就掌握了几何学的基础。

11.（10）如果孩子们看到用天平称重东西，或用手称量并说出它的大约重量，就已经学会了静力学的基础。

12.（11）如果允许孩子或是实际教他们不断地锻炼双手，他们就能在机械学方面受到训练。例如，把某物从一处移到另一处，用一种或另一种方式安排其他事物，修建某物，或是将某物撕成碎片，系结或解结，等等，这些都是这个年龄的儿童们爱做的。因为这些动作只不过是一个活跃的头脑在机械生产方面的自我实现的努力而已，它们不应该受到阻碍，反而应得到鼓励和熟练的指导。

13．（12）当儿童观察到对话是以问答的方式进行时，就学会了推理的过程，即辩证法的基础，而他自己也养成了问答的习惯。然而，应教他提出合理的问题和给出直接回答，不要偏离问题的论点。

14．（13）孩童时代的语法包括了要学习正确使用母语说话，即，字母、音节和单词的发音要清晰。

15．（14）修辞学的开始包括模仿发生在家庭谈话中的言语的修辞，尤其是模仿恰当使用手势，以及声音与字词相适应；即，提问时，单词的最尾音节的声音要向上扬，回答时要往下降。这一点和其他相似之处是自然学会的，但如果出现了什么错误，稍加教导就能有很大的帮助。

16．（15）通过学习牢记一定量的诗句，尤其是赋有某种道德情感的诗句，儿童可以获得一些诗学的概念。

17．（16）通过学习简单的圣歌和颂诗，他们就踏出了在音乐方面的第一步。这种练习应该成为他们日常礼拜的一部分。

18．（17）当孩子学会一个家庭的不同成员的称谓，即，父亲、母亲、女仆、男仆等；或是房屋的不同部分，例如大厅、厨房、卧室、马厩；或是家用器具的名称，如桌子、盘子、刀、扫帚等，他们就获得了经济学的基础知识。

19．（18）要预先尝到政治学的味道并不那么容易，因为在这一年纪，理

解力只能发展到领会家务事。然而，仍然可以做一些尝试。例如，可以指出国家就是一些所谓的议员聚在会议室里，他们当中有些是议员，有些是大臣，有些是律师，等等。

20.（19）但尤其要牢固奠定道德（伦理学）的基础，因为，对于一个受过良好教育的青年人而言，我们希望德行的实践能够成为他们的第二天性。例如：

①应以这样的方式践行节制，不过分填充胃部，决不多取超过缓解饥渴所需的食物。

②应在用餐、穿衣、玩偶和玩具上践行清洁。

③儿童应对长辈表现出尊敬。

④应总是甘愿并立即服从命令和禁令。

⑤应一直虔诚地遵守真理。绝不允许谎言和欺骗，无论是开玩笑的还是认真的（因为这种玩笑可能会恶化成一个严重的恶行）。

⑥如果他们决不触摸、拿走、留下或隐藏任何属于别人的东西，如果他们不惹恼别人，不妒忌别人，他们将学会正义。

⑦他们学会践行仁慈更为重要，如此一来，他们便能做好准备，施舍那些迫于无奈向他们求助之人。因为，爱是基督徒特有的德行。基督教要求我们践行爱；而现在，这个世界日渐年迈、趋于冷漠，在人们心中点燃爱的火焰，这一举动很符合教会的利益。

⑧应该教导儿童保持忙碌，无论是工作还是消遣，如此一来，懒散就成为了他们无法容忍之事。

⑨应该教导他们少说话，到了嘴边的话也不要全说出来，不，甚至在必要时要保持绝对沉默；也就是，别人说话时、有名人在场时、环境需要沉默时。

⑩让他们在婴儿时期学习忍耐，这也是很重要的，因为，这对于他们的整个人生都有用处。如此一来，激情会在它们得到力量之前受到削弱，同时占据优势的就是理智而不是冲动。

⑪礼貌助人和乐于助人是青年人的一种光辉，也是所有年龄人士的光辉。这也应在首个六年内学会，使得我们的青年人不会错过任何为遇到的人服务的机会。

⑫我们也不能遗漏对他们进行礼貌行为的训练，如此一来他们就不会做出愚蠢或粗鲁之事。为达此目的，他们应该学习上流社会的礼仪，例如，该如何握手，如何在有需求时提出适当的请求，答谢别人的好意时该如何屈膝及优雅地行吻手礼。

21．（20）最后，在他们6岁时，孩子们应该在宗教和虔诚方面有了相当大的进步，即他们应该学会了"教义问答"的标题和基督教的原则，应该能理解它们，只要年龄允许，就要坚持遵守。因此，他们明白神一直存在，看见神就在他们身边，他们敬畏神，因为他是恶人的正义复仇者，他们会避免做出任何罪恶的行为；他们于是爱神、崇敬神、赞美神，神是正直人士的酬谢人，从生存和死亡两方面都在寻求神的怜悯，他们认为进行所有正直的行为就可以取悦神，就可以养成生活习惯，就如同他们在神的面前一般，并且（如《圣经》之言）将与神同行。

22．如此，我们就能将福音传教士所引用的基督本人的话用于基督教儿童："耶稣的智慧和身量，并神和人喜爱他的心，都一起增长。"（《路加福音》，第2章第52节）

23．现在我们已经描述了母育学校的范围和任务。我们不可能做出一个更加详细的介绍，或是为每年、每月、每天的工作量列出一张时间表（这在国语学校和拉丁语学校都是可能的，也是必要的），有两个原因：第一，因为父母有自己的家务要忙，不可能像专门教导青年人的学校教师一样有条不紊地工作；第二，因为，关于智力和可教性，有些孩子发展得比其他人快。有些儿童2岁就能流利地说话，并且表现出了不凡的智力，然而有些儿童5岁时也难以

达到同一水平。因此，这一早期教育的所有细节都需要留给父母谨慎处理。

24．然而，可以从两个方面予以帮助。首先，要为父母和保姆编写一本手册，如此一来，就可以把他们的责任用白纸黑字写出，放在他们眼前。这本手册应简单介绍孩子所应接受教育的不同学科，应阐明每门学科最适合的时机，最好用什么语言和手势进行灌输。这本书的标题应该叫作"母育学校概览"，仍有待我来编写。

25．另一种对母育学校学习的辅助是一本图画书，应直接将它交到儿童手中。在这一年纪，应主要以感官知觉为媒介进行教导，又因为视觉是最主要的感官，如果我们将物理学、光学、天文学、几何学等学科中最重要的事物的图片给儿童，并按照我们刚才概述的知识学科的顺序进行安排，就能够达到我们的目的。在这本图画书中，应该绘有山脉、河谷、树木、鸟、鱼、马、牛、羊以及各个年龄和身高的人。光明与黑暗、天体以及太阳、月亮、星星、云朵也应该绘出来，并着上主要的颜色。也不该遗漏与房屋和工场相关的物品，例如罐、盘子、锤子、钳子等。应该绘有国家官员；国王及其权杖和王冠，士兵及其武器，农夫及其犁，车夫及其马车，还有疾驰的邮车；并在每一幅图上都应该写上它所代表的事物的名字，如"房屋""牛""狗""树"等。

26．该图画书有三个用途：①它有助于在头脑中形成事物的印象，这一点我们已经指出。②它能让小孩子形成一个概念，快乐源于书籍。③它有助于孩子学习阅读。因为，每一件事物的名称都写在了所绘图片之上，这也就完成了阅读的第一步。

第 29 章 | 国语学校概述

1. 我曾在第 9 章表明,所有青年人不分男女都应该送入公立学校,现在我要补充,应先将他们送入国语学校。有些作者持相反意见。齐博尔[1](《教会国家》,第 1 卷第 7 章)和阿尔斯泰德[2](《学校的争论》,第 6 章)规劝我们说,只有注定从事手工劳作的男孩和女孩才应该被送入国语学校,父母希望能接受高等教育的男孩则应该直接送入拉丁语学校。此外,阿尔斯泰德还补充道:"无疑,会有些人不同意我的观点,但我所提倡的体系是一个希望能为我最关心其教学利益的人所采纳的体系。"对于这一观点,我的整个教学法体系迫使我不敢苟同。

2.(1)我所提倡的教育包含了所有适合一个人的事物,是所有来到这个世界的人都应享有的教育。因此,所有人都应尽可能地一起接受教育,如此一来,他们可以相互激励、相互促进。

(2)我们希望所有人都能得到所有的德行训练,尤其是在谦逊、社交和礼貌方面,因此,在这么小的年纪进行等级限定,或是让某些孩子能有机会极为满意地考虑自己的命运,却轻蔑另一些孩子的命运,这都是没有必要的。

(3)在孩子们才 6 岁时就决定他们的终身职业,或是决定他们更适合学

---

[1] 齐博尔(William Zepper),牧师,活跃于 16 世纪末及 17 世纪初。——译者注
[2] 阿尔斯泰德(John Henry Alsted,1588—1638),被誉为"百科全书之父",在教育学和神学领域有重要影响。——译者注

习或手工劳动，这都为之尚早。在这个年龄，头脑和爱好都尚未得到充分发展，而在此之后就易于在这两方面形成一个健全的观点。同样，植物相当幼小时，园丁也说不出要锄掉哪些，要保留哪些，只有等到植物长大以后才可以。拉丁语学校的入学权也不应只保留给富人、贵族和官员的孩子们，好像只有这些孩子才有能力从事相似职位。风想吹往哪里就吹往哪里，不会总在一个固定的时间开始吹风。

3. （4）另一个原因是，拉丁语并非我的通用法的唯一目标，人们对这个女神的无限崇拜大都被浪费了，而我的通用法寻求的是，每种现代语言都可以教授（如此一来，人人都会越发赞美主）。国语学校受到的完全的、任意的忽视不应该阻碍这一设想。

4. （5）想要先教一门外语再教母语，就如同先教会孩子骑马再教会他走路一样不合理。循序渐进是最为重要的，我们已在第16章原则4中讲过。西塞罗声称，他无法教那些不能说话的人演说，同样，我的方法也承认，不能教不懂母语的人拉丁语，因为前者为后者铺平了道路。

5. （6）最后，我想到的是一种关于我们周围事物的教育，对该教育的简单涉猎可以从母语编写的书籍中获得，书中包含存在于外部世界的一切事物的清单。使用这种初步涉猎能够更容易掌握拉丁语，因为，它只需要对已知的事物采用一种新的术语，同时，对实际事实知识逐渐补充关于事实的潜在原因。

6. 因此，基于我对学校的四级划分，我们可以继续对国语学校定义如下：国语学校的目标和对象应该是将能使所有6—12岁的孩子们受益终身的事物授予他们。即：

（1）能轻松阅读印刷和书写的母语文本。

（2）要按照母语语法规则书写，先是书写得准确，然后是书写得迅速，最后是书写得有信心。这些规则应该用普通形式写出来,应该让孩子们去练习。

(3)能尽量按照实际目的的需要,采用阿拉伯数字和筹码计算。

(4)能熟练地测量空间,例如长度、宽度和距离。

(5)能唱著名的曲目,如果有人表现出特殊的才能,就应学习高等音乐的基础。

(6)能熟记大量国内使用的颂词和圣诗。因为,如果他们从小就赞美神,他们将能(如使徒所言)用颂词和圣诗相互勉励,发自内心地向神歌唱。

(7)除了"教义问答"以外,他们应该知道《圣经》中最为重要的故事和诗句,还应该能逐字背诵。

(8)他们应该学习道德的原则,这些原则应编作规则,附以适于学生年龄和理解力的说明。他们还应该将这些原则开始付诸实践。

(9)他们应该尽量学习经济学和政治学,以使得自己能够理解日常所见的家事和国事。

(10)他们还应该学习世界通史;学习它的起始、它的衰落、它的救赎、有神庇佑才使得它得以持续至今。

(11)此外,他们还应该学习宇宙学中最为重要的事实,例如,球形的天体、悬于天体中的球形的地球、大洋的潮汐、海洋的形状、河流的流向、地球的主要划分和欧洲的主要王国;但尤其要学习本国的城市、山脉、河流以及其他显著特征。

(12)最后,他们应该学习机械工艺中最为重要的原则,如此一来,一方面不会对周围世界正进行的事物一无所知,又能使对某一事物的任何特殊爱好在日后更易于表现出来。

7. 如果能在国语学校里熟练掌握所有这些学科,那么那些开始学习拉丁语的青年人或是从事农业、商业或其他职业的青年人就不会遇到完全陌生的事,而他们行业中的细节、他们在教堂中听到的言语、他们从书籍中获得的知识,对他们而言都不过是已熟识的事实的更为详尽的揭露或更为具体的应用。

如此一来，他们就能发现自己更能运用自己的理解力、行动力和判断力。

8. 为达到这一结果，我们将运用以下方法：

（1）国语学校中的孩子们注定将在这里度过6年的时间，他们应被分为6个班，如果可能，每个班都应该有自己的教室，以避免妨碍其他班。

（2）应该为每个班提供专门准备的书籍，包括该班所学的所有文学、道德和宗教方面的教学书籍。在这个限度以内就不再需要其他的书籍，借助它们就可以切实可靠地达到预期效果。书籍中应包含完整的母语语法，其中应包括所有该年龄儿童都能够理解的事物名称以及常用习语选集。

9. 这些课本也应该有6册，与班数相对应，不仅是教材内容不同，呈现的方式也应不同。每本书都应包含上述所提到的所有学科，但越是靠前的课本就越是应以一种总体的方式进行处理，选择学科中更为人所知、更简易的特征；而越是靠后的课本就越是应注意那些不太为人所知、更复杂的细节，或是指出某种对待该学科的新方式，这样能够激发学生的兴趣和注意力。个中真理很快就能得以显现。

10. 必须要注意，要使得课本适合使用的孩子们，因为孩子们喜欢异想天开和幽默，讨厌迂腐和严肃。因此，要寓教于乐，如此一来，他们就会乐于学习那些日后对他们真正有用的正经事物，并且他们的性情就会被诱导，以预期的方式发展。

11. 这些书籍的标题应能取悦青年人、吸引青年人，同时也要表明其内容的性质。可以借用青年人最为之着迷的花园的名字。如此一来，如果将整个学校比作一座花园，最低一班的课本可以称作紫罗兰花坛，第二班的课本可以称作玫瑰花坛，第三班的课本则称作草地，如此等等。

12. 关于这些课本的内容和形式，我将会在其他地方做更为详尽的说明。我只补充一点，因为它们都是由母语书写的，所以艺术上的专业术语也应该用国语表达，而不是用拉丁语或希腊语。因为①我们希望青年人能尽可能不受耽误地进步。而要理解外语术语则必须要加以解释，甚至解释之后也不能理解正确，不过被认为除专门意义之外再无其他含义。此外，它们也很难记忆。另一方面，如果使用国语术语，就只需要指出每一术语所指代的事物。通过这一方式，我们希望能够排除初等教育路上的所有延误和困难。②除此之外，我们希望能够培植和改进国语，要做到这一点就不能模仿法国人，他们把人们不理解的希腊语词汇和拉丁语词汇包含了进去（这一行为受到了斯蒂文[1]的指责），用于表达的术语应该是人人都能理解的词语。斯蒂文对比利时人给出了同样的忠告（《地理学》，第1册），并在他的数学著作中践行了这一主张。

13. 但是，或许会有人反对，称任何语言都不够丰富，无法为希腊语和拉丁语的术语提供相对应的术语；即使有，学者们也不会放弃他们的用法；最后，那些要学习拉丁语的孩子们最好在此阶段就开始，如此一来就可以避免日后又必须学习新术语。

14. 我回答：如果有任何语言是难以明白的，或是不足以表达其必要观念的，错不在语言而在于使用语言的人。罗马人和希腊人发明形成的文字至今仍在使用，而这些文字似乎非常难懂及粗糙，以至它们的作者们也无法确定它们能否作为思考的工具。但现在，它们已被普遍认为是有充分的表达力的。我的意思可以以这些术语为例说明，比如"本质""实质""偶然""质量""数量"等。由此可知，没有语言是缺乏词汇的，除非是人们缺乏努力。

15. 至于第二种反对意见，让学者们保留自己的术语吧。现在我们正在

---

[1] 斯蒂文（Simon Stevin，约1548—1620），荷兰数学家、工程师。——译者注

寻求一种方法，使其能够引导普通民众理解人文艺术和科学，并能对其产生兴趣，既然这是我们的目的，我们一定不能对他们说一种他们不懂的语言，而这种语言本身也非本土的。

16. 最后，那些后来要学习拉丁语的孩子们会发现，用母语先认识专业术语并不会有何坏处，在用拉丁语赞美神之前用自己的语言赞美神也并不会有何阻碍。

17. 第三个必需的就是一种简单方法，可以将这些课本介绍给青年人，对此，我们将以以下规则做一个简要概述：

（1）班级课程每天不应超过4个小时，午前2个小时，午后2个小时。当天的其他时间可以有益地用于家务（尤其是穷人家的孩子），或是某种娱乐消遣。

（2）午前用于锻炼智力和记忆力，而午后则用于锻炼手和声音。

（3）午前，教师将当堂的课文朗读数次，同时全班同学都应倾听，需要讲解时用简单的语言进行解释，并且其解释一定要能被理解。然后，他应要求孩子们轮流朗读，一个孩子用清晰的声音朗读的同时，其他孩子都应该倾听并跟着他们的课本继续下去。如果这一情况持续半个小时或更长时间，聪明的孩子就会尝试记住刚读过的内容，最后甚至迟钝的孩子也会尝试记住刚读过的内容。但设定的任务一定要简短，对于一小时的课时而言不能太长，也不能使孩子们太难理解。

（4）午后不应做新的功课，而是重复午前已完成的课程。学生应抄写印刷课本的一部分，相互比赛午前的功课谁记得最熟，或比赛谁写得最好、唱得最好或计算得最好。

18. 我们主张所有学生都尽量整洁地抄写印刷课本，这并不是毫无道理的。①手工的抄写练习有助于将抄写的内容印在头脑中。②如果每天练习一次，就能够教会他们写得好、写得快、写得准，这对于他们以后的学习和处理人生事务是极为有用的。③这将是给父母的最好的证明，证明他们的孩子没有在学校里浪费时间，还可以帮助他们判断孩子们取得了多少进步。

19. 现在，我们没有多余篇幅做进一步的详细说明了，我只再提一个观点。如果任何孩子将要学习外语，就应该现在学习，在大约 10 岁、11 岁、12 岁的年纪，也就是在国语学校和拉丁语学校之间学习。将他们送去一个说着将学语言的地方，让他们读、写新的语言，学习国语学校的教科书（书中的内容他们已经熟悉），这就是最好的方法。

第 30 章 | 拉丁语学校概述

1. 在这种学校里,学生应该学习四种语言,并且应该获得对于艺术的一种百科全书式的知识。那些完成整个课程的青年人应受到一种训练,成为:

(1)语法学家,他们精通拉丁语和自己的母语,充分熟悉希腊语和希伯来语。

(2)辩证学家,他们能够熟练地进行定义,能指出区别,能就一个观点进行论证,能解决难题。

(3)修辞学家或演说家,他们能就任何指定的话题谈得头头是道。

(4)算术家和(5)几何学家;考虑到这两门学科在日常生活中的作用,并且它们比其余任何学科更能使人智力敏锐。

(6)音乐家,实践的和理论的。

(7)天文学家,至少他们掌握了基础知识,例如天体及其运行计算,没有这些科学,就不仅不可能理解物理学,也不能理解地理学和大部分历史。

2. 以上就是我们通常所说的七种人文艺术,是哲学博士必须具备的知识。但我们的学生的目标必须更高,此外还要是:

(8)物理学家,他们知道地球的构成、元素的能量、动物的不同种类、植物和矿产的热量,还知道人体的结构。除此之外,他们还能将对这些事物的认知运用到生活中的各种用途中。因此,这一标题下还包括有一部分医学、农业和其他机械艺术的知识。

（9）地理学家，他们熟知地球的外部特征，还知道海洋、海上的岛屿、河流及各个王国。

（10）年代学家，他们能确定时间的周期，追溯自世界开始以来各世纪的过程。

（11）历史学家，他们对于人类、主要帝国、教会的历史都有着丰富的知识，他们还知道各种族和人类的不同风俗和命运。

（12）道德学家，他们能明显区分德行和恶行的不同种类，他们能够遵守前者，避免后者。关于这种知识，他们不仅应该掌握它的一般形式，还应掌握它在家庭生活、国家生活和教会生活中的特殊运用。

（13）最后，我们希望他们能够成为神学家，他们除了理解信仰的原则，还能用《圣经》加以证明。

3. 当青年人完成这一课程时，即使没有在这些学科上获得完全的知识（事实上，以他们的年龄不可能获得完全的知识，因为，他们获得的理论知识还需要经验去完善，学习的海洋不可能在六年内竭尽），至少，这一课程也应当为他们在未来能得到更进一步的教育打下坚实的基础。

4. 由于这六年的课程，就有必要划分出六个不同的班级，从低到高依次命名为：

（1）语法班；

（2）自然哲学班；

（3）数学班；

（4）伦理学班；

（5）辩证学班；

（6）修辞学班。

5. 我想，不会有人反对我将语法放在最前面，因为它是所有知识的钥匙；但对于那些总是受习惯指导的人而言，他们或许奇怪于我将实用学科放在了辩证学和伦理学前面。然而，其他的安排都是行不通的。我们已经表明，事实应该先于它们的组合进行学习，从逻辑上看，内容也应先于形式，这是能够获得可靠且迅速的进步的唯一方式；因此，我们必须要先通过观察学习事实，而后再对它们做出一个健全的判断，或是用巧妙的措辞将它们表达出来。一个人可能对逻辑学和演说术的所有工具都非常精通，但如果他对于自己所谈论的事物一无所知，那么他的研究和证明又有什么价值呢？就像处女不能生孩子一样，对于我们所不熟知的事物，我们不可能谈论得切合实际。事物是本身存在的，完全独立于它们与思维和言语的关系。但思维和言语如果离开了事物，也就没有了意义，它们是完全依靠事物的。除非涉及确定的事物，否则言语只是没有意义的声音而已，因此，在实用学科方面给予我们的学生一种彻底的初期训练，这是绝对有必要的。

6. 虽然许多人持有相反意见，但有学问的作者们明确表示，自然哲学应先于伦理学进行学习。

利普修斯[1]在他的《生理学》第1卷第1章如是写道：

"我完全同意那些主张首先学习自然哲学的著名作家的意见。这样的学习富有趣味性、刺激性，能保持注意力，还可以为伦理学学习形成一种适当的先导。"

7. 数学班是否应该先于自然哲学班，这一问题可以商议。古人对自然的探索始于数学的研究，正因如此，他们将那些探索命名为"科学（The Sciences）"；而柏拉图禁止不懂几何的人进入他的学园。他们持有这一观点

---

[1] 利普修斯（Justus Lipsius，1547—1606），南尼德兰（今比利时）语言学家、哲学家、人文主义者。——译者注

的原因易于理解，因为涉及数字和数量的科学能引起感官的特别注意，从而易于捕捉；此外，它们能给想象力留下强烈的印象，这对头脑学习更抽象的自然做了准备。

8. 这一切全都非常真实，但我们还需要考虑到其他的注意事项：①我们建议在国语学校里进行感官教育，通过感官的方式去发展头脑，此时，由于我们的学生已经学过算术，就不能认为他们对数学一无所知。②我们的方法将逐步推进。在进入到复杂的量的问题之前，我们应先涉及具体的物体，如此一来，我们的头脑才能为掌握更抽象的概念做好准备。③我们所拟定的数学班的课程含有大部分人文学科，没有自然哲学的某些知识就不能彻底掌握。但事实上，如果有人建议用另外的顺序，并能在理论或实践上证明其优越性，我也不想反对他们。我的观点就与他们的相悖，我也为此给出了我的理由。

9. 一旦获得相当的拉丁语知识（借助初级班使用的"初阶书"和"入门书"），学生应该学习第一原则的科学，即通常所说的形而上学[1][尽管我认为应将其称作前物理学（prophysics）或潜物理学（hypophysics），即先于自然的或在自然之下的]。因为该门科学包含了物体存在的首要原则和最重要原则，涉及了必要假设，这一假设讨论了万物及其属性和逻辑差异；它还包括了关于自然的最为一般的定义、公理及法则。他们学会了这些（用我的方法，这并不困难）后，稍做努力即可学会某些特定的部分和细节，因为在某种程度上，他们对此早已熟悉，只需要将一般原则应用于特定实例即可。奠定好第一原则的基础之后，这一过程通常不会超过三个月（因为它们都是纯理性的原则，并且头脑也容易掌握，因此能很快学会），我们就可以论述看得见的宇宙，大自然的奇妙（已经在前物理学中提出）就可以用特定的范例进行越发清晰的阐述。

---

[1] 形而上学（metaphysics），原意为超物理学。——译者注

自然哲学班中将提供这一学科。

10. 从事物的基本性质出发，对事物的偶发特性进行更为精确的研究，这就是我们所谓的数学班。

11. 接下来，学生必须研究人类自身，将其视作一个自由的媒介和造物的主宰。他们必须学会注意什么是我们力所能及的，什么不是，为何万物都必须遵循宇宙的不变法则。

他们将在第四年的伦理学班学习这些知识，但必定不像国语学校似的成为一门历史课或仅仅简单陈述事实。必须给出每件事实背后的原因，如此一来，学生就可以养成关注因果关系的习惯。然而，所有争论性的问题都必须仔细排除于前四个班之外，因为，我们希望将此保留给随后的第五个班。

12. 在辩证学班中，学生在推理的法则方面经过简单的训练之后，就应该涉猎自然哲学、数学和伦理学的全部领域，仔细研究学者们经常讨论的所有重要问题。这就为我们提供了一个机会，可以解释争论的原因和性质，可以分辨命题和反命题，可以展示通过什么论据，真实的或似是而非的，都可以进行辩论。应该揭露对方的错误，清楚指出错误的原因及其所用论据的谬误；同时，如果双方都有真理的因素，矛盾的争论就能得到调和。这一过程非常实用，因为它不仅包含了对已知事实的要点的概括、说明了不熟识的事实，还同时教授了推理的艺术，研究未知事物、解释模糊不明之事的艺术，简化歧义、限制过于概括的陈述、以真理的武器捍卫真理、揭露谎言、整顿混乱的事实的艺术。

13. 最后是修辞学班。在此阶段，我们应教会学生轻松且有用地利用以前学到的知识，此时我们就可以看出，他们迄今为止已经学有所获，并没有虚度光阴。因为，按照苏格拉底所言，"说话吧，如此我就能看出你的性格"，既然我们已经教会了他们正确地思考，就必须训练他们好好说话。

14．因此，他们在演说的最为简短的规则上受过初步训练之后，就应该通过模仿大师们将这些付诸实践。然而，他们不该将自己限制在已学过的学科之内，而是要跨越真理、存在、人类生活、神圣智慧的全部领域；如果他们知道什么是真的、好的、愉快的或有益的，就可以用适当的语言加以表达，或者，如果有必要，可以为它进行辩护。为此目的，他们将在此阶段得到一个决不可忽视的精神装备，即对自然事实的不同认知与对文字、习语和历史知识的丰富储备。

15．但是，关于这一点，我们将在另一个地方进行更为充分的说明，换言之，如果有必要，细节将会在实践中自行证明。我们只再说明一点。在一个人的教育里，最为重要的因素是熟知历史，它就像是整个人生的眼睛。因此，六个班中的每个班都应该教授这门学科，使得我们的学生能对从古至今发生之事无所不知；但是它的学习必须以这样一种方式进行，即减轻他们的功课，而不是加重，作为较为正经的劳动后的消遣。

16．我们的想法是，每一个班都应该有自己的手册，涉及历史的某个分支，例如：

一班：《圣经》史摘要。

二班：自然史。

三班：艺术史及发明史。

四班：道德史。

五班：风俗史，论述不同国家的习俗。

六班：世界通史及主要国家通史；尤其是关于学生的祖国的，对整个学科做一简洁、综合的介绍。

17. 关于要使用的特殊方法，我只做一个点评。每天 4 小时的日常教学应安排如下：午前 2 小时应该用于（举行晨祷后立即开始）形成该班特色学科的科学或艺术。午后的时间，第一个小时应该用于历史，而第二个小时，学生应根据班级的要求进行文体、演说和手工练习。

第 31 章｜论大学

1．我们的方法并非真正关注大学学业本身，但我们也没有理由不表明对它们的观点和寄望。我们已经表明了我们的观点，关于任何科学或能力的完整训练都应当保留给大学。

2．我们的理想安排如下所述：
（1）课程应是真正通用的，应对人类知识的每一分支的学习都做出规定。
（2）所采用的方法应该简单且彻底，使得所有人都能受到一个健全的教育。
（3）荣誉学位只会授予那些已经成功完成大学课程，并且已表明自己适合托付经营事务之人。
我们将对上述的每一点进行简短的详述。

3．如果要使得课程通用，那么大学就必须要具备：①精通各门科学、艺术、学科和语言的才能兼备的教授，他们能在任何学科方面把知识传授给全体学生；②一个供所有人使用的，有着精选图书的图书馆。

4．要使学习可以轻松且成功地进行，只要：第一，只选择有才智的人，人类中的精英，进行这一学习尝试。其余的人最好将其注意力转移到更恰当的职业上，譬如农业、机械或商业。

5. 第二，如果每个学生都把他的全部精力用于明显适合其天性的学科上面。因为，有些人比其他人更适合于成为神学家、医生或者律师，就正如其他人在音乐、诗歌或者演说方面更有天资一样。在这方面，我们时常容易犯错误，试图将每一块木头都雕刻成雕像，而忽视了大自然的意图。其结果就是，许多人进入了自己并没有天赋的学科分支，他们在该方面不会有好的结果，并且，相较于他们选择的行业，却在次要追求的学科分支中取得了更大的成就。

因此，拉丁语学校应该在学生离校时举行一场公开考试，教师根据考试结果决定将谁送入大学，将谁送入其他的人生职业。被选中的人将继续从事学业，根据他们自身的才能和教会与国家的需要，有些人会选择神学，有些人会选择政治学，有些人会选择医学。

6. 第三，应要求那些有杰出天赋的学生研究学问的所有分支，使得他们最终能成为百科全书式的饱学之士。

7. 需要注意的是，只允许那些勤奋和道德品质良好的人进入大学。那些将遗产和时间浪费在安逸和奢侈中的虚伪的学生，将会成为其他人的坏榜样，绝不容许这些学生进入大学。如此一来，就不会有疾病，也就不会被感染，所有人都能专心于自己的工作。

8. 我们说过，应该在大学中阅读各类作者的作品。虽然这是一项繁重的任务，但却非常有用，因此，我们希望有学问的人，包括语言学家、哲学家、神学家、医学家等都同样能使学生受益，就像那些向地理学家学习地理的人一样。因为，他们在日后绘制了各省、各国和世界各部分的地图，用小小的比例将大海和陆地呈现于眼前，让人们能一览无余。画家也画出了许多乡村、城市、房屋和人物的艺术作品，这些作品准确而逼真，不管原物的大小如何。既然如此，为何不能以同样的方式处理西塞罗、李维[1]、柏拉图、亚里士多德、普鲁塔克、塔西佗[2]、格留斯[3]、希波克拉底、盖伦[4]、塞尔苏斯[5]、奥古斯丁、杰罗姆等人的著作，并写出摘要呢？我们的意思并不是指我们常见的摘录语选集和修辞精华。这种摘要应该包括作家的所有著作，只不过将内容进行精简。

9. 此类摘要非常有用。第一，在没有时间详细阅读一位作者的作品之时，可以通过它获得一个大致的概念。第二，（按照西塞罗的建议）那些希望将自己局限于一位作者的作品（因为不同作者的作品适合于不同性情）的人，可能迅速浏览完所有作家的作品，从而根据自己的爱好做出选择。第三，那些打算阅读作家们的所有著作的人会发现，此类摘要更加有利于他们的阅读，就如同一个旅行家，如果先在地图上研究了行程中的细节，将能更轻松地处理这些细节。最后，对于那些想要快速复习自己已读过的作品的人而言，此类摘要也是大有用处，可以帮助他们回忆要点，彻底掌握作品。

10. 这些摘要既可以分开独立出版（为穷困的学生和不能读完全部作品的人使用），也可以与完整的作品合集一块出版，使得想要阅读作品的人在开始阅读之前能对题材有一个概念。

---

[1] 李维（Titus Livius，前59—公元17）古代罗马历史学家，著有《罗马自建城以来的历史》一书。——译者注

[2] 塔西佗（Tacitus，约55—120），古代罗马最伟大的历史学家，继承并发展了李维的史学传统，著有《演说家对话录》《阿格里可拉传》等。——译者注

[3] 格留斯（Aulus Gellius），活跃于公元2世纪，古罗马作家和语法学家，著有《阿提卡夜话》。——译者注

[4] 盖伦（Galen，约130—约200），希腊解剖学家、内科医生、哲学家，著有《解剖操作论》《论医学经验》《论自然力》等，其著作对后世的医学和哲学都产生了影响。——译者注

[5] 塞尔苏斯（Celsus，约前25—约50），罗马百科全书编纂者。这套百科全书是一套迄今保留完整的医学百科全书，包括8个分册。——译者注

11. 至于学术性的练习，我想，参照格留斯学派[1]的模式进行公开讨论应该很有帮助。一位教授在就某一论题授课时，应该将当前关于该问题的最好的论述作品发给学生自行阅读。然后，教授在上午的课程讲授下午即将开展辩论的题目，并且全班都参与这一讨论。一个学生可以就某一个他不明白的地方提问，可以指出在他所阅读的作家的作品中发现了一个观点，该观点有合理的论据支撑且与教授的观点相反。其他任何学生都可以站起来（遵守某种形式的秩序），回答这一提问；然后其他学生就可以断定，此论点是否得到了充分的争论。最后，教授作为辩论的主持人，结束该场辩论。如此一来，每个学生的个人阅读都能对全班学生产生好处，而该话题会深深地印在他们的头脑中，从而使得他们在该学科的理论和实践上取得真正的进步。

12. 辩论的实践可以成为实现我第三个愿望的方法，即只将公认的荣誉称号授予与之相符之人。如果这种荣誉的授予不是由单独一个人决定的，而是经过全体的一致同意，就能达到这一结果。因此，大学应邀请由国王或国家任命的专员进行访问，一年一次，就如同拉丁语学校举行由该校老师们进行的考试一样。如此一来，教授和学生的勤奋就能得到检验，最勤奋的学生应当得到一种公认的荣誉，即被授予博士或硕士学位。

13. 最重要的是，一切都要非常公正，因此，为避免一次辩论就能赢得学位，应采取以下方式。候选人（或同时有数位）应当坐在中间，随后，由理论和实践都很丰富的人们向他提问，尽量去发现他在理论和实践两方面的进步。例如，他们可以测试他《圣经》的经文、希波克拉底的文本以及《法规大全》（*Corpus Juris*）的内容等；询问某文章出于何处，与别的文章如何的一致，如果他知道有哪位作者有不同的意见，那么这位作者是谁？他运用了什么论据？是如何使得相互矛盾的观点协调的？以及其他类似问题。接下来应举行

---

[1] 英文是"Gellian Society"。——译者注

一场实践测试。应该向候选人提出关于良心、疾病和法律等的各种案例，询问他将采取什么方式及其原因。他应该受到大量的案例测试，直到能够证明他已经敏锐地、完全地掌握了他的学科。当然，学生知道自己将公开接受如此严格的考试，也会因此受到激励而更加勤奋。

14. 关于旅行（我们将其安排在六年的最后阶段或结束之时）已无须多说，我们要说的只是，我们认同柏拉图的观点，他禁止青年人旅行，直到他们已褪去年轻人的鲁莽，已经充分精于人情世故，如此才有益处。

15. 几乎无须指出，在世界上任何一个地方建立一所学派学校（School of Schools）或教学法学院（Didactic College）是多么有用。即使实际建成这样一所学院的希望落空，现存的机构保持现状，只要学者们能一起工作，如此去增进神的荣耀，仍然可以达成预期的结果。这些人应该通力合作，力图完整建立该门科学的基础，将智慧之光传播给全人类，取得比从前更伟大的成就，以新的有益发明造福人类；因为，如果我们不想停滞不前或后退，就必须注意将我们的成功开端导向更大的进步。这一点，不是一个人或一代人能做到的，因此，必须要许多人一起合作，将先驱们的研究成果作为出发点。因此，这所通用学院与其他学校的关系将如同人体的腹部与其他部分的关系；因为它将是一个工场，能为整个身体提供血液、生命和力量。

16. 但我们必须回到我们的主题，讨论余下的与我们的学校相关之事。

第32章 | 论教导的通用且完善的秩序

1. 现在我们终于说完了学校改革的必要性，以及使其改革行之有效的方法。如果我们对我们的理念和实现这些理念的方法给出一个简短的总结，这也不是不恰当的。

2. 我们的愿望是使得教学的艺术能达到如此完善的情况，以致新旧方法之间的差异如此巨大，如同旧的方法用手抄书与新的方法用印刷机印书之间的差异一样大。也就是说，虽然印刷的艺术困难、成本高且复杂，却可以比以前更快、更准、更有艺术效果地生产书籍。同样，我们新教学法的困难虽然在刚开始时让人害怕，相比于以前那不得法的方法，却能造就更多的学生，并给他们更好的教育。同时，在这种教育过程中可以获得更多的快乐。

3. 我们能够容易想到，与简单的手抄相比，印刷术的发明者最初的尝试是多么的不切实际，但事实说明了这一发明的伟大用处。因为，第一，同一时间里，两个青年使用印刷机生产的书籍比200人抄写的书籍还要多。

第二，手抄本的页数和书页的大小每本都不同，行与行的间距也不一样，而印刷本却与原稿相像，就如同一个蛋与另一个蛋相像一样，这是一个很大的优势。

第三，如果不对手抄本进行校对，不与原稿进行精准比较，就不能说它是正确的，而校对又是一个费时费力的任务。但在印刷本中，只要修正一份校样稿，就可以保证数千份副本的准确性。对于不了解印刷术的人而言，这似乎难以置信，然而这却是不争的事实。

第四，只有结实、坚硬的纸张才适合书写，而在又薄又脆的纸张或是亚麻布上，也可以进行印刷。

最后，不会写字的人也可以成为最出色的印刷工人；因为他们不是用手指进行操作，而是用经过熟练排列的，不可能出错的活字进行操作。

4. 如果能正确地组织这一新的、综合的教学法，也可以达到同样的效果（迄今为止，这种通用教学法还只是一种期望，并未现实），因为：①相较于当前的方法，少量教师也可以教导大量学生；②这些学生可以受到更彻底的教导；③整个教学过程既精确又愉悦；④该方法对迟缓、后进的学生同样有效；⑤即使是没有教学天赋的教师也能够很好地使用，因为教师无须自己选择教材、研究方法，而只需要知道利用已经安排好的教材和适当的教具，将知识灌溉给学生。一个风琴手可以从音符中读出任何一首乐曲，虽然他不能凭记忆写出来、唱出来或演奏出来。同样，一个在校教师，如果眼前有教材和相应的教法，也应该能教授任何知识。

5. 继续以此类比印刷艺术，通过更详细的对比，就可以表明我们的新教学法的真正性质，因为它表明，知识是可以印刷在头脑中的，同样，知识的具体形式也可以印刷在纸上。事实上，我们可以将"印刷术（typography）"这一术语加以变通，称我们的新教学法为"教学术（didachography）"，但要对这一概念加以详细分析。

6. 印刷艺术包括了一定的材料和工序。材料包括纸张、活字、墨汁和机器。工序就包括了纸张的准备、活字的排版与着墨、校样的修正、副本印刷与干燥处理。所有工序都要按照确定的顺序进行，只有遵守顺序才能确保结果成功。

7. 教学术中（继续使用这一术语）也呈现出了同样的因素。代替纸张的因素，我们有等待在头脑中印上知识符号的学生；代替活字的因素，我们有教科书以及为保障教学顺利进行而设计的其他教具；代替墨汁的是教师的声音，因为是声音将书上的知识传达到了听者的头脑中；而印刷机就是学校纪律，它能让学生跟上任务，督促他们学习。

8. 任意纸张都能使用，但纸张越是干净，接收的活字印刷的痕迹越清晰。同样，我们的教学法也可以应对任何种类的智力，但对天赋异禀的学生效果最佳。

9. 活字与教科书（我们的教学法的所需之物）之间有许多类似之处。首先，印刷书籍之前一定要对活字进行浇铸和打磨；同样，开始使用新教学法之前，我们也必须提供必要的教具。

10. 要印刷一整本书需要用到相当多的活字。同样，教科书和教具也是如此；因为，一旦教学开始后又因缺乏适当的工具而被迫中止，这对于良好教学而言也是恼人的、乏味的、致命的。

11. 一部状况良好的印刷机会备有各种活字，如此才能满足所有需求。同样，我们的教科书也必须包含全面教育所需的一切，如此一来，任何人都能借助它习得应该习得的知识。

12. 活字不能胡乱堆放，而是应该整齐地排列在盒子里，需要使用时随手就能取出。同样，我们的教科书也不是将一堆教材胡乱地堆在学生的面前，而是应分解成部分，指定每年、每月、每日、每时学多少。

13. 只取出那些马上需要使用的活字即可，其他活字保留不动。同样，只发放该年级需要使用的书籍给学生即可，其他的书籍只会扰乱学生，分散其注意力。

14．最后，排字工人会用一条直线帮助自己，将活字排列成行，再将行排列成栏，避免任何部分错位。同样，青年人的教师也应该以某种标准及模式帮助他们工作，即应该为他们编写使用的指导手册。这些指导手册能告诉他们在何种情况下做何事，以及应当预防出错的可能性。

15．因此，将会需要两种教科书，一种是为学生编写的教材，一种是用于帮助教师正确把握学科的指导手册。

16．正如我们之前所说，教师的声音相当于用于印刷中的墨汁。如果我们试图使用干燥的活字进行印刷，就只能在纸张上印出模糊的且易于消失的印记，反而着有墨汁的活字印成的印记更加牢固、几乎不可去除。同样，学生从无声的教师，即书籍上所接受的教导也是模糊且不完善的，但如果是教师的声音给出的教导（教师用一种适合听众的方式解释事物），就会变得生动，能够在学生的头脑中留下深刻的印象，能让他们真正理解所学的东西，并且意识到已经理解了。再者，印刷墨汁不同于书写墨汁，它不是用水制成，而是用油制成（事实上，要做出一种非常上等的墨汁的人，使用的是最优质的油和最好的炭）；同样，能够有说服力地、清晰地教学的教师的声音，也可以像油一样浸入学生的头脑中，把知识一并带过去。

17．最后，印刷机在印刷术中的功能在学校中由纪律履行，纪律本身能十分有力地保证学生不逃学。每一张纸都需要经过印刷机的压制（硬纸需要重压，软纸受压较轻）才能成为一本书的一部分；同样，谁要想在学校中学习，就必须服从学校的纪律。纪律有三个等级：第一，保持警醒；因为，我们永远无法绝对信任孩子的勤勉和天真（难道他们不是亚当的后代吗？）。第二，责备，那些偏离常规道路的人必须以此回归理性和服从的道路。最后，惩罚，如果劝解无效就必须采用惩罚。不过，所有的纪律都必须慎用惩罚，除了用于引导学生完成他们的所有功课，不得再有其他目的。

18. 我曾说过，固定的工序是必需的，而这些工序要以某种固定的方式去实现，这一点值得简短地研究。

19. 如果一本书要印刷一定数量的副本，就应该一次取出所需数量的纸张，用同一样版印刷，再依次使用每一个样版，将书从头到尾进行印刷，纸张数量相同，不多不少；否则，就会有些副本页数不全。同样，我们的教学法也要确定一个必要条件，即，在同一段时间内，整个学校都交给一位教师进行教学，如此一来，所有学生都能由始至终地受到同一个循序渐进的教导，学期一旦开始，就不允许任何人入学，学期结束前也不允许任何人辍学。如此一来，一个教师就可以教授大量的学生，使得所有学生都能够全面地学习知识的各个分支。因此，要使得所有的公立学校同时开学、同时放假（如果学校是在秋季开学而不是在春季开学，那就最适合我们的方法了），以便每年都能完成指定给每个班级的任务，使得所有学生（智力较弱者除外）可以同时达到某一个标准，并一同升入下一个班。这一点是与印刷术中使用方法的精准类比，先行印刷副本的第一页，再印第二页，依次类推。

20. 较好的书籍会分章、节、段，还会在边缘和行间留有空白。同样，我们的教学法也必须要有自己的作息周期，留出一定的时间进行正当消遣。将每年、每月、每日、每时的功课都规划好，如果这些划分都能按时遵守，学年结束时就不会有班级达不到必要的标准。我们有充分的理由说明，为何每天的公开教导时间不得超过4小时，午前2小时，午后2小时。星期六的午后2小时可以免除，星期天一整天都要做礼拜，如此一来，每周就有22小时（为假期留有余地），一年就有大约1000小时。只要这些时间利用得当，可以教授和学习多少知识啊！

21．一旦活字排好，纸张铺平备用，印刷工序就不会再受到任何阻碍。同样，教师也应将学生安排在他面前，使得自己可以看见他们，也能被所有学生看见。我们在第19章问题1中已做过说明。

22．纸张要受潮软化，使其能够更好地承受活字的印迹。同样，必须不断督促在校学生专心，这一点也已做过说明。

23．完成这一工序之后，要对活字着墨，如此便可以印出明显的印迹。同样，教师使用他的声音，朗读并讲解课文，使得所有学生都能听懂，以此使得他的课程变得生动。

24．然后把纸张置于印刷机中，一页接一页，使得金属的活字能把它们的形状印在每一页纸上。同样，在解释结构并举例说明它易于模仿后，教师应要求个别学生重述他的话，如此一来，既可以表明学生不仅是学习者，也是真正的知识的所有者。

25．然后，将已印刷的纸张展开、风干。同样，在学校里，学生的智力也受到了背诵、考试、竞赛的令人振奋的影响，直至确实已经完全学会课程为止。

26．印好的纸张通过印刷机后便依次排序，便于检查它们是否完整，如果没有瑕疵就可以进行装订、出售和使用了。在学校中，年末考试履行了同样的功能，在这一过程中，学生的进步、所受训练的彻底性和全面性都将受到检查员的考查；其目的在于由后者证明学生已经正确学会了指定学科。

27. 迄今为止，我们所说的都限于一般的方面，而详细研究则有待留给一个更适当的时机。现在已经能充分表明，我们的教学术，或者说我们的通用教学法的发现，有利于学者人数的增加，这就恰如印刷术的发明有利于书籍这一学问工具的增加，这一点对人类大有益处，因为"明智者愈多，世界愈安全"（《所罗门智训》，第6章第24节）。因为我们的愿望是增加基督教智慧的总和，给一切献身于神的人的心中播种下虔诚、学识及道德的种子。我们希望神的预言能够得以实现："耶和华的知识要充满遍地，好像水充满洋海一般。"（《以赛亚书》，第11章第9节）

第 33 章 | 论实践此通用方法的前提

1. 我想，如果基督教王国和国家能有我们所期望的那种学校，那该有多么幸福，任何对该问题做过细心考察的人都可以看出这一点。因此，我们必须看看，如何才能使这些思索不仅仅是思索，而是能够以某种特定的方式加以实现。数百年来从未有人对我们的学校和大学的野蛮习俗进行改革，弗雷对此感到惊奇和愤怒，这并非毫无道理。

2. 一百多年来，人们已经对不得法的办学方式产生了诸多埋怨，只是在近三十年，才有人为这种状况认真地尝试补救方式。结果如何呢？学校仍是老样子。如果有任何学生着手学习一门学科，无论是在私下或在学校里，他会发现，自己成了无知之人的笑柄或恶意之人的怨恨，或者因得不到任何帮助，认为自己的努力太过辛苦，最终放弃。于是，此前种种努力全都白费了。

3. 因此，我们必须借助于神的帮助，寻求并找到某种方法能够为已经建设完善的机械提供动力，或者至少在现有基础上建构起来，如果能够明智、坚定地排除目前为止出现的阻碍。

4. 让我们分别对这些障碍加以考查吧。
（1）我们非常缺乏有章法的、能管理公立学校的、能产生我们期许结果的教师（的确，关于我的已在学校内使用的《入门书》，一个富于判断力之人写信向我抱怨道，许多地方都缺乏一件东西，即适合使用它的人）。

5.（2）即便存在这样的教师，即便他们能够利用已备好的作息表和方式轻松完成任务，那又如何保证每个村庄、城镇以及每一个住着在基督里生长的人的地方都能有这样的教师呢？

6.（3）此外，如何安排才能使得穷人家的孩子有时间上学呢？

7.（4）老学究们的反对相当可怕，他们墨守成规、鄙视一切新事物，不过，关于这一点还是容易想到补救办法的。

8.（5）还有一个因素，没有它，学校的整个组织都是无效的；有了它，学校的组织就能得到最高限度的帮助，这一元素就是适当供应内容全面且有章法的教科书。自从印刷术被发明以后，我们容易找到能够并且愿意使用印刷术之人，找到愿意为印刷优质且有益的书籍提供必要经费之人，还有那些会购买此类书籍之人。同样，如果能够为全面教学提供必需的辅助教具，那就容易找到使用它的人。

9. 因此，显然我的计划的成功与否完全依赖于百科全书式教科书的适当供应，而这些教科书只能由几位有创造思维的、精力充沛的学识渊博之人的合作才能得到。因为这一任务超出了个人的力量，尤其是那些不能全力以赴的人，或是不完全熟悉综合计划所应包括的某些学科的人。此外，如果想要达到十分完美的结果，一个人穷其一生也无法完成，正因如此，该项工作必须由一个学者的团队完成。

10. 但除非得到某位国王或某个国家的支持及经费，否则不可能组成这样的团队，同时为保障成功，还必须有一个安静且僻静的地点和一座图书馆。此外还必须，不会有人反对这个赞美造物主、惠及人类的好计划，反而大家都会配合神的恩典进行准备工作，而通过这些新的渠道，神的恩典会更慷慨地给予我们。

11．因此，当你们听到这个健全的忠告时，让你的热情燃烧起来吧。孩子们最亲爱的父母们，神把按照自己形象创造的他最珍视的财宝交予你们，你们应该不断请求众神之神，祈求这些努力能得到成功的结果，用你们的祈祷和恳求去影响那些有权且有学识之人的头脑。同时，要敬畏神，虔诚地抚养你们的孩子，以此为我们所说的更为通用的教育铺平道路。

12．啊，青年人的教师们，你们的任务就是培植并浇灌天国娇嫩的接穗，应该热忱祈祷，帮助完善你们的辛劳的事得以完成，尽快用于日常生活中。因为，既然你们已经被称作"要裁定诸天，立定地基"（《以赛亚书》，第51章第16节），还有什么能比你们的劳动尽可能丰收能令你们高兴的呢？因此，让你们神圣的使命，让那些将他们的子女交托给你们的父母的信任，成为你们心中的火焰，让你们和受你们影响的人不要停下脚步，直至你们的祖国全都被这熊熊火炬照亮。

13．你们这些学者，神已赐予你们智慧及敏锐的判断力，你们已能够批判这些问题，并用你们的忠告加以改进，你们应毫不迟疑地用你们的火花，不，是用你们的火炬和扇子来助燃这圣火。让所有人都来思考我们的基督所言："我来要把火丢在地上；倘若已经着起来，不也是我所愿意的吗？"（《路加福音》，第12章第49节）。如果他希望他的火燃烧起来，那些有机会为火焰添加燃料却只贡献了嫉妒、恶意和反对的烟雾的人，就应被降灾难。记住他对他那又良善又忠心的仆人们的奖赏，他们用神托付予他们的银子赚取银子，也要记住基督对懒惰的仆人的威胁，他们将那些银子埋于地下（《马太福音》，第25章第25节）。因此，不要满足于自己有知识，而是要倾全力推进对别人的教导。以塞涅卡的例子为向导，他说："我愿将我所知道的一切授予他人"；又说："如果给我的知识只能自己独享，不可与他人共享，那我拒绝接受这样的

知识"(《书信集》,第27封)。因此,不要对基督教的民众隐瞒教导和智慧,而是要像摩西所说:"愿耶和华的百姓都受感说话!"(《民数记》,第11章第29节)。教会和国家的改革都在于青年人得到正确的教导,我们知道了这一点,还能在别人着手工作时袖手旁观吗?

14. 愿我们能一起行动,用尽一切可行办法,通过忠告、警告、规劝、改革,用尽一切方法推进为了神和后代的工作,去促进这样一个有价值的目标。不要让任何人认为他没有受邀参与。虽然一个人或许天生不适合做教师,或忙于从事牧师、政客或是医生的职务,但如果他认为可以以此理由不参与学校改革这一共同事业,那他就大错特错了。如果他要证明他对自己职业的忠诚、对邀请他的人和派他进行服务的人的忠心,他就必须不仅仅是服务于神、教会及他的国家,还要培养其他的人跟随他做这些事情。苏格拉底之所以受到赞扬,是因为他将时间用于教导青年人而不是用于担任公职。他说:"我训练他人进行管理,比自己管理更为有用。"

15. 啊,知识渊博的学者们,我恳求你们不要因为这些建议源于一个学问不如你们的人就轻视它们。请记住克利西波斯[1]的话:"许多菜贩的话颇为对题。一头驴也可能知道你所不知道的东西。"还有基督的话:"风随着意思吹,你听见风的响声,却不晓得从哪里来,往哪里去。"[2] 我在神的注视下声明,我之所以宣传我的这些观点,并非是因为我的过分自信,或是对名誉或个人利益的追求,而是出于对神的爱和希望改善人类状况的希望,这促使我前进,当我的本能告诉我应该做什么时,不容许我保持沉默。因此,如果有任何人反对我的努力,或是阻止我实现我的观点而不是给予帮助,那么他就应该明白,他在进行一场战争,对象不是我,而是神,是他自己的良心,是自然,而自然的意

---

[1] 克利西波斯(Chrysippus,前280—前207),斯多亚学派哲学家。——译者注
[2] 经文出自《约翰福音》,第3章第8节。——译者注

愿是：凡为了大众好处的，都应交给所有人使用。

16. 神学家们，我也恳求你们，因为你们有能力对我的设计给予最大的帮助，或是设置最大的阻碍。如果你们选择后者，伯纳德的名言就会成为现实："除了自己的门徒，尤其是当中居于首位之人，基督再没有更厉害的敌人。"但是，让我们希望你们的行动能更有价值，或是更适合于你们的职业。请记住，主命令彼得不仅要喂养他的绵羊，还要喂养他的羊羔，并嘱咐他对后者特别照顾（《约翰福音》，第21章第15节）。这是一个合理的命令，因为牧羊人认为绵羊比羊羔更易喂养，羊羔尚需要用羊群的纪律和牧羊人的棍棒加以训练。当然，如果一个人更喜欢他的听众没有学问，他就暴露了自己的无知。哪个金匠不会尝试得到最纯的金子？哪个鞋匠不会尝试得到品质最佳的皮革呢？同样，让我们成为光明的后代、时代的智者，让我们祈祷学校能尽可能多地为我们提供受过教育的听众吧。

17. 啊，神的仆人们，别让嫉妒进入你们的内心，而是要引导别人到往不嫉妒、不追寻个人利益、不思及邪恶的仁爱。如果其他人想到了你们未曾想到的计划，不要心生嫉妒，而是要甘愿向别人学习；为了（如格雷戈里所说）所有充满信仰之人都能赞美神，都能成为传播真理的工具。

18. 尤其是以神的名义管理人类事务的统治者们和地方长官们，我要恳求你们。就像是托付诺亚一样，托付你们在可怕的大洪水中造一艘方舟，以此保存《圣经》（《创世记》，第6章）。你们的责任与古代帝王的一样，要去帮助建立圣所的建筑，要去注意不要在工匠的路上设置障碍，神已为他们注满他的灵，并教会他们设计奇巧的做工（《出埃及记》，第36章）。就像大卫和所罗门一样，你们应当召集建筑家们开工建造耶和华的殿，并为他们提供必要的材料（《列王纪上》，第6章第1节；《历代志上》，第29章第1节）。如果你们爱基督的百姓，为他们建造学校，你们就是他爱的百夫长（《路加福音》，第7章第5节）。

19. 为了基督,为了使我们的孩子获得救赎,我请求你们听从于我。这是一个严肃的问题,涉及神的荣誉和人类的救赎。我深知你们多么爱你们的国家。如果有一个人来到你们面前,承诺他能告诉你们如何只花少量费用就能强化城镇防御工事,如何使得所有青年人都能受到战术上的教导,如何使得你们的所有河流都适于通航且满是商船,总之,如何使得你们的国家可以更进一步繁荣和安全。对于这个如此关心你们福祉之人,你们不仅会仔细倾听,还会衷心感激他。而现在,相较于这些我已向你们表明的事情,更为重要的是一种真正万无一失的方法,它可以提供许多对国家大有帮助的人,他们能用我所说的各种发现帮助国家。规劝德国各城市建立学校时,圣路德所言甚是:"花 1 达克特[1]去建筑城市、堡垒、纪念碑和兵工厂,就应该花 100 达克特去正确教育一个青年人。因为,当他成年时,他就可以引导他的同伴从事有益的工作。因为一个又善良又聪明的人是一个国家最宝贵的财富,比起宫殿、成堆的金银、铜制的大门和铁制的栅栏有价值得多。"对此,所罗门也持同样观点(《传道书》,第 9 章第 13 节)。如果我们承认,为给青年人一个全面的教育,就不能吝惜费用,那么,当面向所有人的通用教育的大门、通向能万无一失地发展理解力的大门被打开时,我们能说什么呢?当神允诺将他的礼物施予我们时,我们能说什么呢?当我们的救赎似乎唾手可得,神的荣耀在地上与我们同在时,我们能说什么呢?

20. 啊,众帝王们,打开你们的城门,那荣耀的王将要进来(《诗篇》,第 24 章第 7、9 节)。你们是神的子民,将荣耀和美名归于耶和华。愿你们每天都像大卫那样,向耶和华起誓,向雅各的大能者许愿:"我必不进我的帐幕,也不上我的床榻。我不容我的眼睛睡觉,也不容我的眼目打盹。直等我为耶和华寻得所在,为雅各的大能者寻得居所。"(《诗篇》,第 132 章第 3、4、5 节)

---

[1] 达克特(ducat)金币,第一次世界大战前欧洲古代贸易专用货币,主要为贸易所使用。
　　——译者注

不要停留于考虑花费。交给耶和华，他将以千倍回报于你。那些说"银子是我的，金子也是我的"（《哈该书》，第 2 章第 8 节）的人有权利来要，然而，由于他的仁慈，他又补充说（在规劝百姓建造他的圣殿时）："以此试试我，是否为你们敞开天上的窗户，倾福予你们，甚至无处可容"（《玛拉基书》，第 3 章第 10 节）。

21. 因此，耶和华啊，我们的神，愿你给我们每个人一颗快乐的心，以此竭力为你的荣耀服务。尊大、能力、荣耀、强胜、威严都是你的。凡天上地下的都是你的。耶和华啊，国度也是你的；你高于所有帝王。丰富、尊荣、大能、大力都是你的；你喜悦什么，什么就能得到荣耀和赞美。我们只不过是从你的手中接过礼物的人，算得上什么？在你的眼中，我们与我们的列祖一样，只是客旅。我们在世的日子只不过是影儿，不能长存。耶和华啊，我们的神，我们所做之事都是为了你的圣名，都是从你而来。给你的所罗门们一颗诚实的心，他们会尽一切努力成就你的荣耀（《历代上志》，第 29 章）。"神啊，求你坚固你为我们所成全的事。"（《诗篇》，第 68 章第 28 节）"愿你的作为向你仆人显现，愿你的荣耀向他们子孙显明。愿主我们神的荣美，归于我们身上。愿你坚立我们手所做的工。"（《诗篇》，第 90 章第 16、17 节）耶和华啊，我已经信任于你，愿我永不困惑。阿门[1]。

---

[1] 阿门（Amen），希伯来语，意为"但愿如此"。——译者注

附录 |《大教学论》评论[1]

莫里斯·沃尔特·基廷

这一部分主要是从现代[2]的视角来思考夸美纽斯的作品，以帮助那些学习教育理论的学生评估他的作品的价值。

假如一位现代的教育工作者研读教育史，想要从中获得指导，以引领日常的教育实践，或者想要从中获得支持，以推动教育理念的发展，那么他肯定会失望的。他会发现，从教育史中读到的东西是平淡无奇的，甚至可以说是荒谬可笑的。在历史上被认为是先进的教育理论与实践，已经融入现代优秀教师的工作和思想中。而其余的部分，则显得微不足道，或者是不切实际。当然，在伟大的作家或教师的作品中，有很多优秀的内容适合于所有的时代。对于今天的教师来说，夸美纽斯是一个可以产生共情的同人，因其特别执着于课堂管理[3]。作为一个了不起的校长，夸美纽斯努力促使那些盲目而又固执的教员革新教学方法，这一定会引起那些面对同样艰巨任务的人的共鸣。对于学习教育理论的学生来说，夸美纽斯所具有的主要是其历史意义，因为他代表着教育史缓慢进程中的一个阶段，我们当今的教育理论大厦正是建立在这样缓慢发展的历

---

[1] 这个评论出现在莫里斯·沃尔特·基廷于1910年增补并出版的《大教学论》英文版第二版中，是基廷当时对夸美纽斯思想的一个反思。——译者注
[2] 这个"现代"指的是基廷写作本文的时间，即1910年前后。——译者注
[3] 这里所说的"课堂管理"，除了"纪律"之外，更多的是指教学方法的组织。——译者注

史之上的。如果把夸美纽斯的观点与当今的理论进行对比，我们就会因为近些年来所取得的重要进展而对教育科学这一发展缓慢的研究有所宽慰。

我们的探究可以从四个方面展开：①研究的方法和论证的模式；②目标的设定；③研究的对象；④采用的工具。

就一门成熟的应用科学而言，例如医学，可以轻而易举地、简明扼要地给予一一解答。①方法上，一方面是归纳的，依赖临床经验和直接的药物试验；一方面是演绎的，依赖其他若干学科所取得的成果的应用，例如生理学和化学。②目标是恢复身体健康、预防疾病。③研究对象是健康的和患病的人体。④工具是药物、卫生保健的措施和建议采用的方法。

而对教育而言，因素就复杂得多了，但也可以做一个相似的分析。

1. 直到最近以来，研究教育问题所采用的方法一般都是不加控制的经验，其结论至多是一些被认为是基于"常识"的观点，但无法说明任何主张是被证明有效的，因为一位教育家的常识与另一位教育家的常识往往并不一致。近年来，心理学中采用的实验法和统计法为教育实验开辟了道路，教育实验由此得以产生。这里难以系统地说明已经产生的诸多成果，但下面几个例子足以作为证明。

很多年来，有的教育家一直都在强调开发记忆力的必要性，而有的教育家则武断地认为记忆力无法加以训导，也没有为这个断言给出证明。最近，就这个问题进行了直接实验，于是那些常识性的言论或被修正、或被否定。特别是梅伊曼[1]教授的研究成果，确凿地论证了某些背诵的方法比其他的方法更为有效，而且在不同的学科之间存在着一定的迁移。当然，这些实验成果在将来的研究中会有所修正，但无论如何，这些实验成果都是客观的，所采用的具体方法都是有案可稽的，所获得的结论都是清清楚楚的，可供反驳或者验证。与

---

[1] 梅伊曼（Meumann），全称是厄恩斯特·梅伊曼（Ernst Meumann，1862—1915），德国教育学家和心理学家，实验教育学的创始人之一。——译者注

记忆问题紧密相关的，是关于课程表中每个科目每周两节课的安排，这曾被认为是最为有效的一种方法。通常情况下，所采用的课程计划是，让一节课与另一节课之间间隔的天数尽可能地多，而就这个问题所做的实验已经证明，这种方法是错误的，间隔应该只有一天，这些研究结论得到了有关研究成果的支撑，而这些都是基于艾宾浩斯[1]教授有关记忆实验研究的演绎应用。数量的精确性在20年前被认为是不可能做到的，而通过运用相关分析的公式，现在已经应用在了教育统计的方法中，这一点特别体现在伯特[2]先生的优秀专著中，即《普通智力实验测试》（*Experimental Tests of General Intelligence*）。对于倦怠问题，也已经有了许多有用的实验研究，特别建议读者参阅温奇[3]先生的研究，他证明，在夜间学校的学习中，由于学生的精神不够充沛，学习效果在很大程度上被削弱了。最后，对于一些本能上的倾向性也有定量化的观察研究。教育者们一直以来都很清楚，无论在男生中还是在女生中，收集的本能都是比较强的。最近，通过问卷调查的方法，人们发现（基于这个方法所保证的确定性）这个本能逐渐发展，于10岁达到最高峰，表现出与某些东西而非其他东西有着更为明显的联系；通常情况下，这种本能的表现是非常不科学的，但可以确定的是，这种本能为分类的科学习惯的形成提供了基础。

  由于心理学所取得的进展，教育理论在演绎和归纳上也取得了相当大的进步。假如要研究"注意"的问题，那么教育研究者就可以对其过程进行全面的分析，从而较为充分地说明促进这一问题的方式方法。而教育实践者则没有

---

[1] 艾宾浩斯（Ebbinghaus），全称是赫尔曼·艾宾浩斯（Hermann Ebbinghaus，1850—1909），德国心理学家，提出了著名的"遗忘曲线"。——译者注

[2] 伯特（Burt），全称是西里尔·洛多威克·伯特（Cyril Lodowic Burt，1883—1971），英国教育心理学家，以提出心理测验中的因素分析及研究遗传对智力和行为的影响而著名。——译者注

[3] 温奇（Winch），全称是威廉·亨利·温奇（William Henry Winch，1838—1892），此研究成果见于《夜间学校青少年学生的倦怠测量》（"Some Measurements of Fatigue in Adolescent Pupils in Evening Schools"），刊载于《教育心理学杂志》（*Journal of Educational Psychology*），第一卷，第13、83页。——译者注

以分析作为基础，只是督促新手教师要强调注意的重要性，告诫新手教师如果学生缺乏注意，或是注意到了其他方面，那么课堂教学就是白白浪费时间。除了这些，就没有其他可以谈论的了。

分析者就处在了一个更有优势的状态下：可以论证注意依赖的条件；可以表明这基本上是"意动（conative）"的，必须基于以需求为导向的持续的期待；可以指出这种态度能够通过某些方法和手段发生。例如，对某一节课的注意取决于：①教师的人格特征，课堂教学方法的程序；②教师在教学中导向某一个知识点的方式；③教师教学的前后发展顺序，作为一门课程如何实现确定的目的；④一门科目的教学在多大程度上与另一门相协调，并且为另一门做了明确的准备工作，从而让学生在心理上认为这是值得注意和学习的，所需掌握的内容是一个井然有序的整体中的一部分。在这四个方面，还有很多的内容可以讨论，这个过程就是心理学分析的一个演绎运用，所针对的是教育问题，前导则是来自实际经验的教育洞察力。

夸美纽斯在研究他的问题时，采用的方法既非归纳也非演绎，不是这里所论述的任何科学方法。如果说他没有受到《新工具论》[1]出版的影响，这也是不正确的。但可以确定的是，他并不理解这本书。那么，他就很自然地缺乏一些概念：可以通过统计学的方法来调查社会问题，可以通过实验的方法来研究思想问题。然而，他还是本能地感受到了这一点，这就是他的伟大之处。一位经验丰富的、天资敏捷的校长的"附带意见"需要进一步的证明，从而才能说明其效度。他想遵循培根方法论中的自然法则，同时又不理解"遵循自然"到底是什么意思，这两个方面的结合就产生了他所提出的教育者应遵循的模仿自然过程的方法。例如，他想要证明一个命题（这里并不涉及其有效性）：在教

---

[1]《新工具论》（*Novum Organum*），英国哲学家弗兰西斯·培根（Francis Bacon, 1561—1626）于 1620 年所著。这里的"新工具"指的是"新方法"，是相对于亚里士多德的方法而言。亚里士多德的《工具论》包括三段论的逻辑推理和形而上学的内容，而培根的《新工具论》强调了经验和实验的路径。培根所提出的方法对于推动科学发展起到了重要的作用。——译者注

育中，我们应该从一般到特殊（第17章，第2节，第3点）。一个现代人首先会认真思考这个过程在逻辑学上和心理学上有什么含义，然后会质疑在什么情况下才是较为理想的。夸美纽斯继续阐明：

（1）他武断地指出需要模仿的自然法则。

自然发展所有事物都是从源头开始的，虽看似无关紧要，却含有巨大的潜在力量。（第17章，第21节）

产生一只鸟的东西只是蛋壳里的少量物质，然而潜在地包含了整只鸟的生命。

（2）他在艺术中也给出了关于这个过程的一个模仿方法。在这种情况下，这同样是对自然的一个阐释。

一棵树亦是如此，无论它有多大，它都是潜伏在果核里或是树枝末端的一根嫩枝里的。（第17章，第22节）

（3）学校的偏差。教师在土壤中所种下的是植物而非种子，是树木而非幼苗。

（4）纠正。

①每一门艺术都应该用最简短的规则来表达。

②每一条规则都应该用最清晰的语言来陈述。

③每一条规则都应该由范例来展示。

很显然，夸美纽斯在这里对他所思考的"一般"问题并不是很清晰，他开始论述的原则和最后落脚的纠正之间也缺乏关联。但是，他还是做出了努力，给出了一些理论基础。否则，这三个纠正措施就只是三个相互孤立的格言警句了。

紧接着以上所讨论的问题，再来看下面这个命题。在教育中，我们必须：

从简单的到复杂的（第17章，第2节，第4点）。

这个过程依然是：

（1）一个武断的陈述。

自然是从简单的发展到更为复杂的。（第17章，第25节）

在一个鸡蛋的形成过程中，不是蛋壳这个最硬的部分而是蛋壳中的所含之物首先形成。

（2）模仿。一个木匠首先要学会砍伐树木，然后把树木锯成木板并绑扎牢固，最后再用来建造房屋。

（3）偏离。所以，通过未知的知识来教已知的知识是错误的。例如，给刚开始学习拉丁文的学生教授拉丁文语法规则。

（4）纠正。所有解释都应该以学生能够理解的语言告知学生。

对于这种方法上的古怪和论证上的不足，我们也许会哑然失笑。但是，这里面却包含着教育理论中科学方法的第一个萌芽：证据是必要的，程序的孤立陈述是缺乏说服力的。能够首先做到这一点，是非常值得我们称赞的，而夸美纽斯的贡献并非仅此而已。所有科学研究的一个前提就是，要对研究对象有一个逻辑分析，并对所要研究的问题加以切分。就这方面而言，教育理论中的不少经典作品就非常匮乏，往往是漫谈式的概述或反思，少有体系可言，或者说根本就没有什么体系。在夸美纽斯的作品中，每一个要点都是以单独的一个章节进行论述的。现代的作者也可能会就这些章节的标题展开论述。

"如果要造就一个人，理应通过教育来塑造"（第6章）；"一个人在青少年早期最容易被塑造，过了这个阶段就无法恰当塑造"（第7章）；"年轻人必须接受共同的教育，所以学校是必需的"（第8章）；"所有男女青少年都应该上学"（第9章）。

所有这些都说明了夸美纽斯的努力：把一个复杂问题中的诸多因素进行拆分。尽管在拆分之后，对每一个因素的研究方法尚显粗陋，但这不能不说是一个卓越的贡献。

2. 与对方法的探讨相比，夸美纽斯对教育目的的论述就显得较为薄弱。在这个方面，现代的教育者其实和他是类似的。夸美纽斯的薄弱之处在于，他没有认识到这个任务的艰巨性，现代人的薄弱之处在于，被这个任务的艰巨性所淹没。在刚刚过去的历史时期中，我们往往把我们的教育目的罗列为"性格的塑造""能力的和谐发展"或"人的锻造"。这些说法其实立意甚少，即便是用了许多大写字母[1]。我们现在才认识到，这些只是宗教领袖、学校校长、商业巨头在学校的颁奖仪式上所讲的话。对于严肃的教育组织者来说，就需要进一步做出详述。教育的目的是复杂的，能够认识到这种复杂性就是一个进步。个体和国家都提出了要求：个体为自己的利益而寻求发展，国家的目的即是为了实施控制；个体需要在逻辑、伦理和审美方面加以培养，并在这几个相互竞争的目标之间达到平衡；谋生的需要是一个实用主义的目的，不可以排除在外；多数人都会认为培养责任感是非常必不可少的，然而优生学这门新的学科则强调身体健康教育的必要性。众说纷纭，令人无所适从。一个让众人都接受的有关教育目的的结论性陈述是不存在的，因为我们对教育目的的把握和对人生目的的理解都不是完全确定的。虽然如此，但还是有所进展，因为我们在价值观方面不断取得了更为清晰的判断。

对于夸美纽斯来说，教育的目的并不复杂。他的目光凝视在了来世："人的终极目的是与神同享永恒的幸福。"他的论证方法是："随着我们在今世不断地追求学识、德行与虔诚，我们会逐步地接近我们的终极目的。"学识、德行与虔诚这三者之间的关系并没有清晰呈现，但通过泛智主义的中介，"学识"对个体来说绝不仅仅意味着获得信息而已。因此，在夸美纽斯的作品里，我们很少发现有什么内容是现代"目的"理论的萌芽。我们所能从中发现的，主要是那些措辞、那些大写字母是多么内容空洞并富有欺骗性。

---

[1] 这里所说的"大写字母"，是指那些英文中的专有词汇，表示是专业术语或理论流派。——译者注

3. 对于教育所针对的对象,即未成年人,《大教学论》也没有予以详细阐释。当然,其中的确提到了一些概念和过程,如模仿、性格、注意力和记忆,这些将会在下一节有关夸美纽斯在方法上的贡献中进行论述。然而,要求在观察心理学(observational psychology)发端之前就写出这本书的人采用现代的研究方法,即便是现代研究方法的萌芽,是不切实际的。现代心理学在我们认识儿童的特点上的一个重要贡献,即是引入了发生的观点。现在,我们已经清醒地认识到,儿童期、青春期、青年期必须要严格加以区分,每一个阶段都有着各自的问题,没有什么教育理论可以完全适用于所有的阶段。每一个阶段表现出不同的天性、不同的能力、不同的倾向,那么就应采用不同的方法,并且抱有不同的目的。

夸美纽斯关于思想的概要论述往往通过宗教类比来表达。"我们能力的发展遵循着这样一个路径:先发展的为后发展的铺平道路,做好准备。"(第3章,第2节)"人能够自然而然地学习有关万物的知识,首要的原因即是人是神的形象。"(第5章,第4节)"对于知识的渴求已经深入人的内心,除此之外,人还天然地忍耐劳动,甚至是热爱劳动。"(第5章,第7节)唯一一处像现代心理分析的分析出现在第12章第18节,这是关于性格的分析:"有的人聪敏,有的人迟钝;有的人温和谦逊,有的人刚烈倔强;有的人渴求知识,有的人却喜欢获取机械技巧。从这样三对相反的性格中,我们总共能得出六种不同的分类。"然后,他又进一步进行了探讨。

这里值得注意的是,他承认人与人之间总是存在着巨大的差异。但这绝不是说他已经达到了这个高度,他往往把他的研究对象视为统一的,他相信教育中的结论是普遍的,是可以运用到所有的个体中的。他说:"迄今为止,教导的方法仍然很不可靠,很少有人敢说,'在多少年之内,我能把这个青年人教育到某一程度;我会用某种方法去教育他'。"(第16章,第4节)于是,他暗示他的方法将会实现这一点。他没有认识到教育中的教条只能适用于特定群体。如果我把一个班的学生划分为三组,即聪明的、一般的、愚笨的,我就可以就每一个组的学生做出确定的概要论述。但在每一组学生中,总会有某个人与论述的原则相悖。教育科学研究的是群体，而教师面对的是个体。

4. 在方法这个方面，夸美纽斯做得比其他方面都好。在这个方面，他的观点最具有启发意义，总是与现代的观点相契合。人们对"方法"这个术语的教育学意义的理解较为模糊，在使用时，其意义各不相同。因此，在论述夸美纽斯在方法层面的贡献之前，需要对方法这个术语所传达的意义予以明确说明。

其中的许多混淆来自这样一个事实：这个术语一直以来都可以用于任何一个指导教育程序的论断或分析。这包括影响课堂教学方法的一般心理过程分析，虽是确定无疑的但是较为空泛，也包括针对某一科目中的某一特定问题而采取的某种手段，这种手段已被证明适合于某一类学生。"方法"这个术语可以多方面地应用于以上诸多问题中，以下按照从普遍到具体的次序予以罗列：

（1）最为普遍的，也是和课堂教学程序的关联最不现实的，就是心理过程的一般描述。"通过两种感官比通过一种感官能够学得更好"这样的教条；"5岁的男童需要活动是一种正常而健康的本能"这样的知识；"收集的本能是普遍的，按照既定的规律发展和衰退"；"习惯、模仿和想象的特征在感知层面或者概念层面都不尽相同"。如果没有对此赋予某种统一性的意义，如果没有预设教学实践应该如此这般地遵循心理过程的特质，那么把"方法"这个术语运用到这些方面就是完全错误的。失去了这种意义，这些方面就只是人的心理现象而已，完全不具备指导作用。

（2）接下来就是传统上常常论述的问题，例如——

①从已知到未知。

②从近到远。

③从特殊到一般。

④从具体到抽象。

⑤从部分到整体。

这几个方面用以作为确定的指导性论断，都是为了对某个问题的阐述做出引导。对此稍做分析，我们就可以发现这些论断在具体的情境中立意甚少。

这几个论断,特别是最后三个,都是可以前后颠倒的。我们经常有必要从抽象到具体,或者从整体到部分。换句话说,演绎的或分析的方法往往和归纳的或综合的方法一样都是不可或缺的。从这个角度来理解和探究,我们就会发现这些论断表达的只是如何诱发心理过程的一些方式,从中有所选择,从而应对实践中急需解决的问题。然而,这几个方面的论述立场却明显是规范性的。

(3) 在展示、启发和建议这三个重要的方法之间做出选择,或就某个问题的教学需要对这三个方法进行混合,从而向学生传授知识,这同样具有普遍性,同样要求教师的阐释适合自己的需要,但这明显接近课堂教学的实际问题。

(4) 在我们从普遍性的论断发展到具体的方法之前,我们要经历一个起着联系作用的阶段。这个阶段即是齐勒尔[1]对赫尔巴特[2]所提出的方法的一个修正,使之成为一个普遍性的公式,或是系列性的步骤,符合心理过程的规律,可运用到任何一个科目的教学中。这就是著名的五阶段:预备、展示、联系、总结、应用。

由于篇幅所限,这里不再从赫尔巴特心理学的角度探讨这个公式了。实际上,这是一种归纳的模式,前有引导,后有练习。显而易见,教师需要在教学发展过程的某一个阶段预留他所设计的联系。而且,也不能忽略了演绎在所有的推理和说明中所起的重要作用。假如从原初意义上来理解这些术语,假如这个模式被当作一个普遍意义的公式,教师就会被限制在一种方法中,无法适用于每一项工作,其虚假的简明性也会极大地掩盖教学中的实际困难。如果这些术语及其应用都是如此这般地予以理解,从而仅仅是作为思想背景,只是用以排列教学中的各个程序,那么我们就似乎回到了第一个阶段的普遍性了。在这种情况下,这个独特的模式以一种可恶的方式把教学的持续过程拆分成了数

---

[1] 齐勒尔(Ziller),全称是图里康·齐勒尔(Tuiskon Ziller, 1817—1882),德国教育学家,赫尔巴特的学生,参与推动了赫尔巴特教育理论的发展。——译者注

[2] 赫尔巴特(Herbart),全称是约翰·弗里德里希·赫尔巴特(Johann Friedrich Herbart, 1776—1841),德国哲学家、心理学家、教育学家,被认为是"现代教育学之父""科学教育学奠基人"。——译者注

节各自孤立的课程，其必要性也就不那么明确了。

（5）进一步接近课堂中的实际工作，我们就会逐渐发现课程可以归为四到五类。在此过程中，我们可以简单地把传授知识的课程与传授技能的课程相对比，把传授新知识的课程与巩固旧知识的课程相对比，把旨在运用旧知识以解决问题的课程与旨在激发学生好奇心的课程相对比，等等。

在此阶段，我们也会认真思考方法中那些跨越单节课的问题。例如，一个学期中用来复习的应该有多少节课，到底有多少节课可以让学生独立学习，这些课的安排又如何与后面的考试相一致等类似的问题。

（6）最后，我们终于谈到了形式上最为具体的特定方法。对于用一个公式来教授所有科目的普遍方法，我们对此不再关注。我们所关注的是针对某一个班级的学生，教授某一个科目的内容，所采用的特定的方式。我们会思考一节英国历史课，例如"宗教改革运动"，是如何传授给"四级上"这一层次的学生的。他们或许已经在英国历史方面学到了不少扎实的知识，或许只是泛泛而学，或许根本就没有接触过这类知识，这都要视具体情况而定。只有那些教龄较长的教师才能恰当地运用这样的方法，他们既熟悉教学的普遍方法，在课堂中又能熟练教授某一特定的科目。

现在，我们按照前面所采取的从普遍到特殊的顺序，逐一思考夸美纽斯在方法上的贡献。

（1）把对心理过程的普遍描述作为一个背景。——在这方面，夸美纽斯由于不具备心理分析的知识，给出了一些教学形式管理的实践性规则，而不是我们所探讨的心理学背景知识。例如，当谈到注意时，他并没有谈到多少内容。①他采用类比的方法来描述："教师的嘴是一个源泉，可以流出知识的涓涓细流，流过他们，无论何时他们看见这个源泉打开，就应该将注意力置于下方，像一个蓄水池一样，不让任何东西溜走"（第19章，第19节）；又说，"教学艺术的光线就是注意力"（第20章，第12节）。②他建议了一些具体的手段（第19章，第20节），一位教师想要让他的学生有所注意，就需要：a. 引入有趣的内容；b. 引入激发学生兴趣的内容；c. 站在讲台上，让所有的学生都看到；d. 利用感官；e. 在解释中插入问题；f. 依次提问若干学生，而不再重复该问题；g. 不但要纠正学生的错误，还要说清楚错误的根源；h. 允许个别学生在课堂结束时当着全班的面提出问题。所有这些都是把各种各样的建议奇怪地混合在一起。

（2）准则阶段。——我们作者的书里存在着大量的准则。以第17章中罗列的"教与学的便利原则"为例，如今看来，这些原则代表的就是普遍方法中的若干传统准则。

教育的进程将会变得很容易：

①如果它开始得早，早于头脑的腐坏。

②如果头脑已经准备好了接受它。

③如果它的进程是从一般到特殊的。

④是从简单的到复杂的。

⑤如果学生不会承受太多学科的负担。

⑥如果在每种情况下都进程缓慢。

⑦如果按照学生的年龄，使用正确的方法，不强迫智力去进行与天性不符的事情。

⑧如果每件事情都能以感官为媒介进行教授。

⑨如果能一直记住所教的每件事情的用途。

⑩如果每件事情都是采用同一种方法进行教授。

这其中的第二条非常像赫尔巴特提出的一个关键词，但夸美纽斯又在这一章中明确表示，他所说的"预备"并非是指知识的认知系统中的一项内容，而是为了激发学习的欲望。但是，在另外一个地方（第12章，第17节），他的语言明显带有赫尔巴特的意味："我要问，谁曾想过教师在把知识传授给学生之前，同样也需要让学生渴求知识、能够接受引导，从而准备好接受多方面的教育？"第三条和第四条都是以前讲到的内容。后面的五条带有很典型的夸美纽斯风格。最后一条似乎显现了方法的严密性，我们将在后文加以探讨。

（3）展示、启发和建议。——这三个元素在夸美纽斯的方法里有多少体现呢？"建议"并未出现在他的视野里，除了与"模仿"有点关联的地方外，"模仿"是他所强调的。在培根的忠实的追随者中，"启发"或者某种调查法是最为常见的非常重要的方法。虽然夸美纽斯在若干问题的论述中的确就要朝着这个方向发展了，但是从未有所深入。他有时会倡导所谓的"苏格拉底式提问"[1]："毕达哥拉斯常说，一个人能够通晓万事万物，这是自然而然的事情，即便是对一个7岁的男孩来说也是如此，如果审慎地问他任何哲学上的问题，他都能够给出一个正确的答案"（第5章，第5节）。而且，他褒扬了自学："那些自学成才的例子非常清晰地表明，人在自然的引导之下，能够完全掌握万事万物的知识"（第5章，第8节）。另外，"人类这种理性动物，不应受到别人智力的引导，而是该受到自我智力的引导；不仅仅是阅读别人的观点、领会其意义、记忆并加以重述，还应该亲自深入事情的根源"（第12章，第2节）。他还抱怨："教授物理学的人鲜少会运用目击演示和实验"（第18章，第25节）。在所有这些篇章中，他很有可能走向卢梭[2]的思想，但在阐释他的方法时，就只展示了这一个方面。只要合理划分层次并恰当呈现于感官中，任何知识都可以教授给任何人（第12章，第16节）。"所有事物都必须按照适当的顺序教授，不能同时教授一个以上的事物。"（第20章，第21节）然而，前后排序只是进行因果解释的一个预备工作："凡是教授的事物都必须联系它的真正性质与起源，也就是，通过它的原因进行教授"（第20章，第18节）。夸美纽斯甚至认为，神也是用他所说的方法来安排这个世界的，他也认为校长的

---

[1] 苏格拉底式提问，即通过不断诘问，让对方发现自己观念中的不合理之处，引导对方得出结论，可概括为助产术或产婆术。但是基廷认为，如果按照柏拉图在《美诺篇》中所记录的苏格拉底的对话方式，这在教学中不是最好的，甚至是不允许的。——译者注

[2] 卢梭（Rousseau），全称是让-雅克·卢梭（Jean-Jacques Rousseau，1712—1778），法国启蒙思想家、哲学家、教育家、文学家，作品有《论人类不平等的起源和基础》《社会契约论》《忏悔录》《新爱洛漪丝》等，另外还有教育论著《爱弥儿》，其教育思想强调顺应儿童天性发展的自然历程。——译者注

形象代表的就是神的形象:"所有事物都是由神和谐安排的,高级的事物可以由低级的事物去代表,不在面前的事物可以由在面前的事物去代表,看不见的事物可以由被看见的事物去代表"(第20章,第11节)。

(4)夸美纽斯是否像新赫尔巴特主义者一样提出某种方法,作为公式应用于所有科目的教学呢?他有时候是这么认为的:"所有学科和语言都应该用同样的方式进行教授"(第19章,第14节)。他想要解决他那个时候的一个棘手的教学问题,即师资配备问题,他为学校管理和课堂管理做出了严格的规定。但在具体的细节上,他远远超越了这个层次,大部分的论述与第五个阶段相对应。

(5)区分了一些特定的教学类型。"所有科学只有一种自然的教法,所有艺术和语言也只有一种教法。任何一种必要的偏离都不足以构成一种新的方法。"(第19章,第39节)也就是说,有两种类型的教学:我们需要解释的——科学;我们传授如何创作的——艺术。以此看来,语言为这两类所共有。教授科学的方法在第20章有所详述,可概述如下:①尽可能地呈现于各种感官;②如果没有办法取得实物,就用图片和模型;③牢记较高级别的事物可以被较低级别的事物所代表;④通过探究原因来学习。

教授艺术的方法在第21章有所详述,同样可概述如下:①艺术创作需要三样东西——模型、材料和工具;②教学的阶段分为教师的呈现、学生的模仿和练习;③融会整合,即创新性的工作,要优于对别人作品的分析。

(6)夸美纽斯对特殊方法的论述局限于语言科目,这并不令人意外。因为在那个时候,语言是学校里唯一教授的科目,所以他需要面对的现实问题主要是语言问题,学生不得不通过拉丁语来认识世界。母语和一门现代语言应该优先学习,然后才能学习拉丁语;不同的语言应该先后学习,而不应该同时学习——这都是他的论断。特别引人注意的是,如今这些论断几乎是逐字逐句地写在了"古典文化协会"[1]的建议中。而且,大约20年前,在索南夏因[2]教授的支持下,他所要求的并行的语法也终于得以实现。

还有两种方法值得我们注意,夸美纽斯分别用一个章节进行了论述,即道德的教学方法和灌输虔诚的方法。

当他论述道德的教学方法时(第23章),他采用了亚里士多德的观点。美德的学习在于不断地做正确的事情,节制的养成在于不断进行实践,坚忍的获得在于不断克制自我。这事实上就开启了道德教育:"接受良好的教导、学习事物之间的真正区别和事物的相对价值,如此才能学会谨慎"(第23章,第5节)。然而,如今的"直接道德教育"方法所探讨的道德教育,并不是夸美纽斯所推崇的。他指责说:"没有人从行为的内在根源去追求形成道德,而是纯粹用外在的解释和对德行的分析给出一个道德的表面虚饰"(第18章,第25节)。在道德和课堂教学所教授的知识与习惯的系统之间,并没有一个非常明晰的关联。在泛智主义的理念中,这一关联是明确给出的。但在《大教学论》中,夸美纽斯和J. H. 纽曼[3]一样,把人文教育和道德训导相分离,分别置于互不相干的领域。与此相似,他专门论述了"灌输虔诚的方法"。这个方法很简单,其要义在于给年轻人"孜孜不倦地灌输"宗教的真理。这个方法与其他很多教育方法一样,都忽略了人性的复杂:没有考虑到抵制教育的倾向,而叛逆的倾向是青少年心理的一个重要特征。

---

[1] 古典文化协会(the Classical Association),1903年建立于英国的一个世界性组织,旨在推动古典文化研究的发展和繁荣。古典文化指的是有关古希腊和古罗马的语言、文学、哲学等方面的文化内容。——译者注

[2] 索南夏因(Sonnenschein),全称是爱德华·阿道夫·索南夏因(Edward Adolf Sonnenschein,1851—1929),英国古典文化学者,曾编写拉丁语语法。——译者注

[3] J. H. 纽曼(J. H. Newman),全称是约翰·亨利·纽曼(John Henry Newman,1801—1890),英国神学家、教育家、诗人。——译者注

 ￥42.00

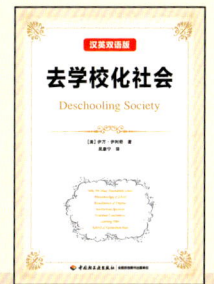 ￥58.00

《课程与教学的基本原理》（汉英双语版）

【美】拉尔夫·泰勒 著
罗康 等 译

"现代课程理论之父"泰勒的代表作，被誉为"现代课程理论的'圣经'"。高等院校教育专业师生和中小学教师的必读经典。

《去学校化社会》（汉英双语版）

【美】伊万·伊利奇 著
吴康宁 译

当代著名教育思想家伊万·伊利奇的代表作。著名教育社会学者吴康宁教授倾情翻译并解读这一思想巨著。

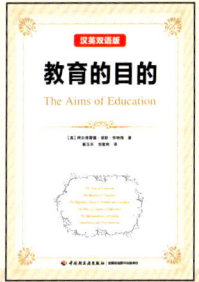 ￥48.00

 ￥58.00

《教育的目的》（汉英双语版）

【英】阿尔弗雷德·诺斯·怀特海 著
靳玉乐 等 译

英国哲学家、教育家和数学家怀特海的教育代表作。著名教育学者靳玉乐教授等翻译，译者注释丰富，汉英双语对照，十分有助于品味经典。

《论教育学·系科之争》

【德】伊曼努埃尔·康德 著
杨云飞 邓晓芒 译／邓晓芒 校

全面地反映了德国哲学家和教育家康德的教育思想。我国著名哲学家邓晓芒教授和其弟子杨云飞博士根据德文原著历时一年多精心翻译。

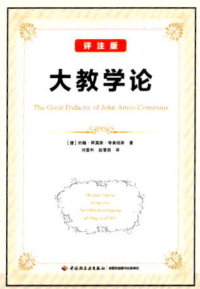 ￥48.00

￥48.00

《大教学论》（评注版）

【捷】约翰·阿莫斯·夸美纽斯 著
刘富利 等 译

捷克教育家夸美纽斯的代表作，标志着教学论的诞生。牛津大学教育学者莫里斯·沃尔特·基廷在书中做出了精彩的评论。

《爱弥儿》（精选本）

【法】让-雅克·卢梭 著
檀传宝 等 译

法国启蒙思想家和教育家卢梭的代表作，一本小说体教育名著。著名教育学者檀传宝教授领衔选译《爱弥儿》全书的精华部分。

"世界教育经典名著丛书"阅读推广计划

尊敬的老师：

您好！感谢您对"万千教育"的关注与支持！

近年来，我们策划出版了"世界教育经典名著丛书"。该丛书包括16部世界著名的教育家、哲学家和心理学家的教育代表作，由国内十余位权威专家精心译校。大量的译者注和精彩的"译者导读"有助于读者领略名著的思想精髓。用纸考究、印刷清晰和软精装使丛书可读宜藏。我们有幸取得了数部著作在中国大陆的独家中文版权和英文版权。

其中《课程与教学的基本原理》《民主主义与教育》《教育的目的》《去学校化社会》《经验与教育》等7种名著采用了汉英双语的出版形式，可满足读者阅读原汁原味的经典之需。这些图书也适合作为高校师生专业外语教学文本。

为了让更多的人走近经典，值此"万千教育"编辑部成立20周年之际，我们制订了"世界教育经典名著丛书"阅读推广计划。

如果您对我们出版的经典名著感兴趣，我们将特别为您提供下列服务：

1. **免费样书**。如果您选用上述名著作为教学文本或为了便于您推荐给学生阅读，我们可以免费向您提供教师样书。

2. **优惠折扣**。若您所在院校的学生欲团购上述名著，我们将给予特定的优惠折扣。

欲了解"世界教育经典名著丛书"及阅读推广计划的详情，请扫描右边的二维码。此计划长期有效。

欢迎您与我们联系！

万千教育编辑部

咨询电话：010-65125990
读者邮箱：1012305542@qq.com
万千教育客服微信号：wqjy1998